FILMBIBLIOTHEK

Scorsese über Scorsese

Herausgegeben von
David Thompson und Ian Christie

Aus dem Amerikanischen von Renate Gehlen

Verlag der Autoren

Titel der Originalausgabe: *Scorsese on Scorsese*

Die Deutsche Bibliothek – CIP-Einheitsaufnahme

Scorsese über Scorsese / hrsg. von David Thompson und Ian Christie.
Aus dem Amerikan. von Renate Gehlen. – Frankfurt am Main :
Verlag der Autoren, 1996
  (Filmbibliothek)
  Einheitssacht.: Scorsese on Scorsese [dt.]
  ISBN 3-88661-163-9
NE: Thompson, David [Hrsg.]; EST

2. Auflage 1998

Lizenzausgabe mit freundlicher Genehmigung von Faber and Faber
Publishers, 3 Queen Square, London WC 1 N 3 AU
© Faber and Faber, London 1990, 1996
Satz: SVG – Satz- und Verlags-Gesellschaft, Darmstadt
Umschlag: Bayerl & Ost, Frankfurt am Main unter Verwendung eines Fotos
vom Deutschen Institut für Filmkunde, Frankfurt am Main
Druck: betz druck GmbH, Darmstadt
Printed in Germany

Dieses Buch ist dem Andenken von Jacques Ledoux gewidmet, bis zu seinem allzu frühen Tode 1988 vierzig Jahre lang Kurator der Cinémathèque Royale de Belgique: ein leidenschaftlicher Archivar, der an die Zukunft wie an die Vergangenheit des Kinos glaubte und wie kaum ein anderer Filmemacher und Filmhistoriker gleichermaßen inspirierte.

Inhalt

Vorwort

Es gibt zwei Momente, die mich mit Martin Scorsese verbinden und die ich nie vergessen werde. Der erste war in Berlin bei den Filmfestspielen 1981, als er über die Notwendigkeit sprach, alte Filme zu konservieren und zu restaurieren. Ich saß mit meiner Frau im Zoopalast und sagte zu ihr: »Mit diesem Menschen möchte ich einmal einen Film drehen.« Ich hatte alle seine Filme gesehen, und Scorsese war für mich der größte Filmemacher. Damals schien diese Möglichkeit weiter entfernt zu sein als der Mond.

Der zweite Moment war in Portugal. Ich drehte mit Peter Lilienthal DAS AUTOGRAMM in einem winzigen Ort »am Ende der Welt«. Da bekam ich einen Anruf aus Los Angeles von diesem von mir so heiß verehrten Regisseur, der mich fragte, ob ich THE LAST TEMPTATION OF CHRIST mit ihm drehen wolle. Ich hatte inzwischen drei Filme in Amerika gedreht – einer davon war RECKLESS mit Aidan Quinn, den Marty als Jesus besetzen wollte. In diesem Film gibt es eine sehr dynamische 360-Grad-Fahrt (achtmal rum), die ihn so fasziniert hatte, daß er unbedingt mit mir arbeiten wollte. Er kannte meine Arbeit auch durch einige Fassbinder-Filme.

Ich war so aufgeregt, daß ich zwei Nächte nicht schlafen konnte. Dann traf ich Marty zum ersten Mal in Los Angeles, bedeutsamerweise an seinem Geburtstag. Er sprach mit der Geschwindigkeit eines Besessenen, aber obwohl mein Englisch noch nicht so perfekt war, verstand – oder besser – erfühlte ich jedes Wort.

Doch THE LAST TEMPTATION OF CHRIST sollte nicht unsere erste Zusammenarbeit werden. Das Projekt – damals bei Paramount – wurde sechs Wochen vor Drehbeginn gestoppt. Ich fiel von höchster Begeisterung in tiefste Depression. Erst Monate später war es dann soweit. Wir drehten gemeinsam AFTER HOURS.

Rückblickend weiß ich heute, daß es besser war, diesen Film mit ihm zuerst gedreht zu haben.

Marty war beruflich in einer schwierigen Situation. Er hatte drei Jahre keinen Film gedreht. Mit 3,8 Millionen Dollar war das Budget dieses Films im Vergleich zu seinen vorherigen Produktionen sehr klein, und Marty mußte beweisen, daß er einen Film mit solch einer Summe und in der geplanten Zeit machen konnte. In dieser Situation konnte ich ihm mit meiner Low-Budget-Erfahrung aus Deutschland wahrscheinlich mehr helfen als viele meiner amerikanischen Kollegen.

Als der Film nach vierzig Nächten fertig war und wir jede Einstellung, die Marty geplant hatte, gedreht hatten, sagte er mir, ich hätte ihm die Hoffnung wiedergegeben, daß man Filme auch unter anderen Bedingungen machen könne.

»Es wurde der Anfang einer langen und wunderbaren Zusammenarbeit.«

Wir haben fünf Filme in den letzten zehn Jahren zusammen gedreht, es waren die wichtigsten meiner Karriere, und ich möchte keinen einzigen missen.

Für mich ist Martin Scorsese der bedeutendste Filmregisseur in Amerika. Wie kein anderer, mit dem ich gearbeitet habe, denkt er nicht nur in Bildern, sondern plant den Rhythmus eines Films. Er inspiriert seine Mitarbeiter, und obwohl er über jede Szene, jede Einstellung sehr genau nachgedacht hat, gibt es einen großen Freiraum für Kreativität. Ich kann das Gefühl schwer beschreiben, das ich habe, wenn ich seine Anmerkungen zu einer Szene lese. Es ist eine große Freude, seiner Phantasie zu folgen, und es ist gleichzeitig immer wieder faszinierend, in seine Bilderwelt einzutauchen.

Marty ist immer voller Überraschungen.

Ich entsinne mich an die erste Vorführung von GOOD-FELLAS. Wir hatten drei Monate gedreht, und Marty hatte danach sechs Monate an dem Film geschnitten. Es war für mich, als hätte ich keines der Bilder vorher gesehen. Der Rhythmus, die Musik, die Verkürzungen, die neuen Zusammenfügungen – all das war so überraschend, daß ich dachte, einen neuen Film gesehen zu haben.

Ich habe mit keinem Regisseur gearbeitet, der seine Geschichten so konsequent und auf seine ihm eigene Weise erzählt, ohne sich von Studio-Bossen, von Agenten oder Produzenten davon abbringen zu lassen. Martin Scorsese ist kein Außenseiter. Er will großes Hollywood-Kino machen, er will erfolgreiche Filme drehen, aber er weicht nicht ab von seiner Vision eines Films.

Bei meinem letzten Treffen mit Marty vor ein paar Tagen sprachen wir über unser nächstes gemeinsames Projekt und auch über CASINO, seinen neuesten Film, der im November 95 in den USA ins Kino kommt. Leider konnte ich CASINO aus einer Reihe sehr unglücklicher Umstände nicht drehen. Marty beschrieb seine Schwierigkeiten mit dem Projekt. Der Film ist bisher 3 Stunden und 5 Minuten lang, und das Studio möchte natürlich einen 2 1/2-Stunden-Film. Möglicherweise wäre dieser Film sogar erfolgreicher, aber Marty hat eine Vision von diesem Film, und ich bin sicher, er wird 3 Stunden lang sein.

Eine solche Besessenheit haben nur wenige Menschen, die in dieser Branche arbeiten. Martin Scorsese ist einer von ihnen, und ich bin unendlich dankbar, daß ich mit diesem Mann arbeiten darf.

Michael Ballhaus
New York im September 1995

Vorwort der Originalausgabe

Was ist ihm Hekuba?

Der erste Martin Scorsese-Film, den ich gesehen habe – oder der mich gesehen hat – war ALICE DOESN'T LIVE HERE ANYMORE. Die Schauspieler waren sicher geführt. Es gab keine überflüssige Einstellung. Ich sagte mir: Michael Powell, du wirst viel Spaß haben – dieser Mann kennt seinen Weg, und du wirst ihn begleiten. Auf der Leinwand betraten wir einen Fast-food-Palast mit zwei glänzenden Schauspielerinnen, die sich gegenseitig Wörter und Sätze wie Bälle zuwarfen. Es war, als ob man einem Einzel auf dem Centre Court von Wimbledon zwischen zwei Champions zusah. Ein solches Spiel hatte ich seit PAT AND MIKE nicht mehr gesehen.

Bei einer internen Vorführung von TAXI DRIVER rief ich: »Stop! Stop! Wer ist dieser teuflische Schauspieler, der in der Szene mit Robert de Niro den Teufel spielt?

»Das ist Scorsese«, sagte mein Freund, der die Vorführung arrangiert hatte.

»Was! Kann er auch spielen?«

Er lächelte. »Willst du mehr sehen?«

»Gibt es mehr?«

Er nickte nachdrücklich. »Viel viel mehr.«

Er arrangierte eine Vorführung von MEAN STREETS. Sie fand in einem kleinen Vorführraum hinter der Wardour Street, Londond W 1, statt. Wir waren zu viert – und der Vorführer. Als der Film zu Ende war, sahen wir uns an, wir waren überwältigt. Alle fünf überquerten wir die enge Straße und gingen in einen Pub, der gerade schließen wollte. Niemand sonst war dort. Wir sagten noch immer nichts. Es gab nichts zu sagen.

Es gibt nur eine Kunst, und jeder Künstler ist seiner Kunst verpflichtet. Wir können einen Meister erkennen, wenn wir ihn sehen, weil er uns etwas zu sagen hat und uns früher oder später daran teilhaben läßt. Der Unterschied bei den Filmen von Martin Scorsese besteht darin, daß er bei ALICE DOESN'T LIVE HERE ANYMORE und TAXI DRIVER wie ein Meister mit den Stoffen umgeht; bei MEAN STREETS hält er von Anfang bis Ende unmittelbar Kontakt zu seinem Publikum. Das ist die seltenste Gabe, die einem Filmregisseur gegeben ist. Die meisten Regisseure, wie klug, erfahren, erfindungsreich oder kühn sie auch sein mögen, haben sie nicht und werden sie nie haben. Marty hat sie immer gehabt.

Er hat diese große und großzügige Gabe, für ein Publikum eine Situation zu schaffen und es daran teilhaben zu lassen. Er ist der Bauchredner und die Puppe, der Sänger und das Lied. In seinem letzten Film LIFE LESSONS vollbringt Marty dasselbe Wunder: er ist der Maler und seine Palette, er ist der Schüler und der Lehrer, er ist schlau wie ein Fuchs und unschuldig wie ein Kind, er ist die Stimme vom Tonband, die ruft: »Das Blasse etwas weißer.«

Wenn Hamlet die Tränen in den Augen des Schauspielers sieht und Horatio fragt:

Was ist ihm Hekuba, was ist er ihr,

Daß er um sie soll weinen?

stellt er dieselbe Frage, die wir uns stellen, wenn uns Scorsese in THE LAST TEMPTATION OF CHRIST einen ersten flüchtigen Blick auf den Golgatha genannten Hügel gewährt. Denn während uns die Tränen in die Augen schießen, wissen wir, daß wir diesen Hügel wiedersehen werden, und dann wird es unser letzter Anblick auf Erden sein – und seiner.

Michael Powell
März 1989

Einführung

Martin Scorsese – Geschichtenerzähler, Illusionist, Schmuggler und Bilderstürmer

Seit der Erstausgabe dieses Buches, die 1989 erschien, und nach der Kontroverse, die THE LAST TEMPTATION OF CHRIST hervorgerufen hatte, galt Martin Scorsese vielen als der größte Filmemacher, noch immer auf der Höhe seiner Schaffenskraft – als König des amerikanischen Kinos, wenn auch noch ungekrönt durch die Academy of Motion Picture Art.

Das sind Titel, die Scorsese selbst sofort bestreiten würde, da er, anders als die meisten Filmemacher oder Kritiker, sich dessen bewußt ist, was vor ihm gewesen ist. Für den hundertsten Geburtstag des Kinos, der 1995/96 überall gefeiert wurde, hat er eine dreiteilige Geschichte des amerikanischen Films gemacht, eine beredte Verneigung vor Meistern – und den Einzelgängern –, die ihn sein Handwerk gelehrt und die Filme zu einer wesentlichen Kunst und Industrie Amerikas gemacht haben. Obwohl er ein sehr zeitgenössischer Regisseur ist, fühlte er sich immer berufen, die Filmgeschichte lebendig zu halten und für das Kino zu werben. Es ist tatsächlich grundlegend für Scorseses Auffassung von Kino, das Gegenwart und Zukunft von der Vergangenheit gespeist werden, gespeist werden müssen, auch wenn das heute durch andere Medien wie Videokassetten oder Laserdisketten geschieht. Indem er diesem Bedürfnis durch seine PERSONAL JOURNEY THROUGH AMERICAN MOVIES nachkam, reflektierte Scorsese gleichzeitig sehr genau, wie die Regisseure der Vergangenheit mit den künstlerischen Problemen umgingen, mit denen sie in Hollywood konfrontiert waren.

Heutzutage amerikanischer Filmemacher zu sein, bedeutet, über außerordentliche Macht zu verfügen und gleichzeitig die Risiken einzugehen, die zu einer solchen Macht gehören. Und Scorsese hat wenig Illusionen. Wie er 1987 bei einer der öffentlichen Diskussionen, die die Basis für dieses Buch bildeten, sagte: »Ich bin ein amerikanischer Regisseur, das heißt, ich bin ein Hollywood-Regisseur.« Nachdem sie gerade THE COLOR OF MONEY gesehen hatten, fragten manche der Zuschauer, ob sich der Regisseur von MEAN STREETS, TAXI DRIVER und RAGING BULL nicht an das Studiosystem verkauft habe, indem er einen Film für den Star Paul Newman und den vielversprechenden Tom Cruise gemacht hatte. War er nicht eigentlich einer jener intelligenten Ostküsten-Regisseure, die zwischen den Fleischtöpfen Hollywoods zu Demütigung und Kompromissen verdammt sind? Tatsächlich, argumentiert Scorsese, habe ihn THE CO-LOR OF MONEY bei denen, die in Amerika das Filmemachen kontrollieren, rehabilitiert. Und genau zu diesem Zeitpunkt – er und sein Publikum wußten es noch nicht – sollte er ein Studio, Universal, finden, das bereit war, gerade jenes Projekt zu unterstützen, unter dessen Abbruch er kurz zuvor so sehr gelitten hatte, THE LAST TEMPTATION OF CHRIST.

Die Kontroverse um den Film nach seinem Erscheinen machte seinen Regisseur zu einem Begriff. In der Folge erntete er viel Kritikerlob für GOODFELLAS, den er für Warner Brothers gedreht hatte. Aber als Ausgleich für ihr Risiko verlangte Universal als nächsten Film ein ›kommerzielles‹ Projekt von ihm. Seine Antwort war CAPE FEAR, der sich tatsächlich als sein bis dahin größter Kassenerfolg herausstellte. Der Regisseur vertritt den Standpunkt, daß der Film trotz der Anforderung, ein leicht zu vermarktendes Genre zu bedienen, in vieler Hinsicht ›Ein Martin Scorsese Film‹ bleibt. Aber wichtiger war, daß CAPE FEAR ein Licht auf das Dilemma von Regisseuren in Hollywood warf, wo man die großen Budgets, die heute auch für ein ›persönliches‹ Projekt erforderlich sind, nur um einen bestimmten Preis erhält.

Das Faszinierende an Scorseses Karriere wie an seinen Filmen ist, daß sie eine Parabel des Kinos nach dem ›Goldenen Zeitalter‹ darstellen. Scorsese tauchte zu spät auf, um zu den großen europäischen Nachkriegsbewegungen des italienischen Neo-Realismus oder der französischen Nouvelle Vague zu gehören, geschweige denn zum Studiosystem Hollywoods, in dem die Helden seines eigenen Landes groß geworden waren. Aber er hatte das Glück, der ersten amerikanischen Generation von Filmstudenten anzugehören, die gleichermaßen von dem, was sie studierten, und dem, was in den frühen Sechzigern um sie herum vorging, inspiriert wurden.

Er war Zeuge des alltäglichen amerikanischen Lebens, das zum ersten Mal in ungeschminkten, ethnisch differenzierenden Bildern von den Dokumentaristen des *New American Cinema* auf amerikanische Leinwände geätzt wurde. Er erlebte die aufregende Explosion des europäischen ›Kunstkinos‹ – Fellini, Antonioni, Visconti, Resnais, Godard, Truffaut, Bergman –, als sie auf unvoreingenommene amerikanische Leinwände traf. Und er gehörte, kurz gesagt, zu der daraus resultierenden Vorhut: Er stieß zu der radikalen *Newsreel*-Bewegung und zum internationalen unabhängigen Kino, indem er auf einem der in dieser Hinsicht vielfältigsten Festivals, in Knokke, einen Preis gewann. Es war eine Taufe, die inzwischen genauso bemerkenswert erscheint wie vieles in der legendären Vergangenheit des Kinos; und sie hinterließ eine permanente Spur in seinen künstlerischen Bestrebungen.

Das Beispiel John Cassavetes und besonders der außerordentliche Eindruck, den SHADOWS 1960 hinterlassen hatte, hatten ihm gezeigt, daß Filmemachen *persönlich* sein mußte und dies ganz besonders, wenn es den größten technischen und industriellen Aufwand erforderte. Nur dieses Beharren auf durchgängiger Autorenschaft läßt etwas *authentisch* werden, die Forderung, daß der Filmemacher jede Geste und jeden Satz aufgrund persönlicher Erfahrungen und Gefühle überprüft. Die dazu eingesetzten Techniken müssen vor allem *expressiv* sein, Auge und Gefühl des Zuschauers auf die Vision des Filmemachers lenken, wie bizarr oder entlegen sie auch sein mag. Und die sich daraus ergebende

Schönheit wird der Definition des Surrealisten André Breton entsprechen: sie wird konvulsiv sein oder gar nichts.

Aber für Scorsese gab es, anders als für seine europäischen Zeitgenossen und Helden, wie den Bertolucci von PRIMA DELLA RIVOLUZIONE, auch noch Hollywood. Nicht nur als nostalgischen Mythos oder als Quell vielfältigster Einflüsse, sondern als lebendige, betriebsame Realität – das ›Mekka des Kinos‹, wie es der französische Dichter Blaise Cendrars genannt hat. Mekka, Babylon, Burbank, die Traumfabrik – welchen Bezugsrahmen auch immer, es zog den jungen Scorsese zu seinem Schicksal: ein Hollywood-Regisseur zu sein. Er nutzte die letzte noch vorhandene Ausbildungsmöglichkeit, indem er kommerzielle Filme für Roger Corman drehte, und er fand in diesen letzten Tagen des Werkstatt die Freiheit, seine radikalen ästhetischen Ambitionen gegen die Disziplinierung durch Genre-Gesetze und Publikumsgeschmack zu erproben.

In den Siebzigern, während der ersten triumphalen Dekade seiner Karriere, gelang es ihm besser als irgendeinem anderen amerikanischen Regisseur seiner Generation, das Persönliche mit dem Mythischen, das Innerste mit dem Klassischen zu verbinden. Der große Bogen, der von WHO'S THAT KNOCKING AT MY DOOR? zu RAGING BULL führt, ist zugleich eine Reise durch die italo-amerikanische Psyche, durch die Gründungsmythen Amerikas und durch die vorangegangenen vierzig Jahre Kino. Der Preis in persönlicher und beruflicher Hinsicht war enorm hoch; viele hielten Scorsese nach den frühen Achtzigern für verbraucht.

Aber er wehrte sich und blieb seinen ursprünglichen Prinzipien treu. Während THE COLOR OF MONEY ihn als einen ernsthaften ›Spieler‹ zeigte, war THE LAST TEMPTATION OF CHRIST in einem eher persönlichen Sinne eine Überlebensfrage. Die Geschichte nach dem Evangelium erinnerte ihn nicht nur an einige seiner wichtigsten Kindheitserlebnisse, die sich zwischen den magischen Polen von Kirche und Kino bewegten, sie war auch eine Herausforderung: an seine Phantasie und Schaffenskraft und an die Filmindustrie, die ihn zähmen wollte. Die Kontroversen, die die Herstellung und das Erscheinen des Films begleiteten, dauern heute noch an (in Großbritannien setzte eine ängstliche BBC die für 1991 geplante Ausstrahlung ab und die Fernsehpremiere fand erst 1995 auf Channel 4 statt). Und GOODFELLAS, in dem sich Scorsese nicht nur als überragender Dokumentarist des italo-amerikanischen Gangstermilieus erwies, sondern auch als Virtuose des Filmhandwerks, verwickelte ihn in die immer noch anhaltende Debatte über Gewalt im Kino. Auch CAPE FEAR, das Remake eines Films, der seinerzeit selbst Probleme mit der Zensur hatte, wurden Exzesse vorgeworfen, was allerdings seinen Erfolg beim Publikum nicht beeinträchtigte, dem größten, den er bisher gehabt hatte.

Im Laufe von Scorseses Karriere sind häufig Kontroversen entbrannt. Einen Anlaß hat er selbst gegeben: 1981 führte er eine Kampagne an, die die zu sorglose Industrie wegen des Ausbleichens von Farbfilmen wachrütteln sollte. Eine aggressive Aktion, die einerseits Eastman Kodak dazu brachte, haltbares Filmmaterial herzustellen, und andererseits die Frage nach der Erhaltung von Filmen neu stellte. Aber im selben Jahr begründete ein gewisser John Hinckley Jr. seine Obsession für Jodie Foster darauf, daß er fünfzehnmal TAXI DRIVER gesehen habe und dies der Auslöser für sein Attentat auf Präsident Ronald Reagan gewesen sei. In dem Prozeß wurde der Film den Geschworenen vorgeführt, die Hinckley daraufhin wegen Unzurechnungsfähigkeit für ›nicht schuldig‹ erklärten.

Der extreme ›Realismus‹, den manche Kritiker Scorseses Filmen vorgeworfen hatten, war offensichtlich Wirklichkeit geworden. Scorsese antwortete, bewußt oder nicht, mit dem höchst satirischen THE KING OF COMEDY, in dem die Welt besessener Fans in die abgeschlossene Scheinwelt der Superstars einbrach und sich beide Welten als gleichermaßen unbefriedigend erwiesen. Aber Scorseses ›Realismus‹ entspricht einer durchweg modernen Konzeption, die völlige Authentizität *und* Expressivität miteinander verbindet. Die visuelle und akustische Umsetzung dieser tieferen Authentizität umfaßt eine künstlerische Vielfalt, die selten marktschreierische Selbstdarstellung, aber immer von einer einzigartigen Leidenschaft durchdrungen ist. Michael Powell sagte einmal in einem Interview mit Bertrand Tavernier: »Ich bin kein Filmregisseur mit einem persönlichen Stil, *ich bin Kino.*« Was für Powell gilt, scheint auch für Scorsese zu gelten, wie sein eigenes Zeugnis beweisen wird.

Das Leben eines Scorsese-Protagonisten drückt sich wesentlich durch Emotion aus, sei es die Erfahrung, in einer von der Mafia dominierten Gesellschaft aufzuwachsen (MEAN STREETS), sei es die Psychose, die durch urbane Einsamkeit hervorgerufen wird (TAXI DRIVER), die Verzweiflung eines Mannes, der nur durch die Gewalt lebt (RAGING BULL), oder die Verwirrung eines Menschen, der eine besondere Berufung erfährt (THE LAST TEMPTATION OF CHRIST). Häufig beschäftigt sich Scorsese mit Menschen in extremen Krisen, mit von Ehrgeiz getriebenen Männern und Frauen. Seine Porträts menschlicher Beziehungen suggerieren nur gelegentlich, daß Erfüllung auch Glück bringt. Eher gehen seine Figuren, wie sie selbst sagen, trauriger, aber weiser aus diesen Krisen hervor – eine alltägliche Erlösung. Scorseses Leben war alles andere als frei von Schicksalsschlägen (mehr als ein Kritiker hat versucht, seine Filme aus der turbulenten Biographie des Filmemachers zu interpretieren), und das autobiographische Element der frühen Spielfilme rückte wieder ins Blickfeld, als er schließlich seinen Jugendtraum, das Leben Christi zu verfilmen, verwirklichte.

Von da an nahmen Scorseses Filme eine gewisse Distanz zu ihren Protagonisten ein. GOODFELLAS war weniger das Porträt eines Individuums in der Auseinandersetzung mit Gangstern, als ein vibrierendes, lebendiges Gemälde, das einer ganzen Gesellschaft bei ihrem Spiel mit Revolvern, Geld, Essen, Trinken, Drogen und ungeschriebenen Verhaltensregeln zusieht. CAPE FEAR zeigte die Instabilität einer Familie und ihre Verletzbarkeit gegenüber der Gewalt von

20

außen. Aber THE AGE OF INNOCENCE belegte, daß sich der Regisseur jetzt eng mit einer Rolle indentifizieren konnte, die sich scheinbar weitab von seiner eigenen gesellschaftlichen Erfahrung befand: mit einem Mitglied der New Yorker Aristokratie des späten neunzehnten Jahrhunderts, – weil es sich bei dem Gefühl, um das es vor allem ging, um den ewigen Schmerz unerfüllter Liebe handelt. Scorseses Meinung nach markierte der Film eine neue Entwicklungsstufe in seinem Schaffen, wobei es ihm gleichzeitig gelingt, den Historienfilm wiederzubeleben, ein Genre, das Gefahr läuft, in seinem eigenen Klischee zu erstarren. Es war ein gewagtes Unterfangen und ein teures Spiel – etwas, zu dem Hollywood immer weniger Neigung verspürt.

Mit CASINO, einem anderen Projekt, das auf realen Personen beruht, hat Scorsese die erzählerischen Risiken, auf die er sich zuvor bei GOODFELLAS einließ, sogar noch ein Stück weiter getrieben, indem er zwei zentrale Erzählerstimmen (voice-overs) verwendete und die in CAPE FEAR begonnenen technischen Experimente fortsetzte. Seine Erzählstrukturen, die auch vorher schon selten den Hollywood-Normen entsprochen haben – ein Musical, das eher ein *film noir* als ein MGM-Glamourfilm war, das Leben eines Boxers ohne den Höhepunkt eines finalen Kampfes, ein Gangster, der einfach in der Anonymität verschwindet – lassen sich auf die Inspiration jener ihn formenden sechziger Jahre zurückführen, als der Traum eines persönlichen Kinos wahr wurde. Die Freiheit der Siebziger, als die Studios bei Budgets und Drehzeiten großzügiger waren, ist vorbei – jedenfalls für alles, was nicht ein alle Kassen sprengender Sommerhit ist. Sogar für einen allseits anerkannten Regisseur wie Scorsese ist dieser Markt, auf dem er sich bewegen muß, sehr hart. Außerdem muß er immer noch ein Riesenpublikum gewinnen – und die Würdigung durch einen Oscar. Während einer Pressekonferenz bei der Berlinale 1992 bekannt er offenherzig: »Ich glaube, die Academy ist in gewissem Sinne eine Organisation, die an den Werten von Hollywoods ›Goldenem Zeitalter‹ festhält. Meine Filme stellen wohl irgendwie das Gegenteil dar. Ja, ich möchte wie John Ford sein und vier Oscars gewinnen. Aber ich habe eine andere Herkunft. Ob ich einen kriege oder nicht, meine Filme sind mir allemal wichtiger als ein Oscar.«

Kindheit in Little Italy –
New York University

»I love movies – it's my whole life and that's it.«
Martin Scorsese, 1975

Martin Scorsese wurde am 17. November 1942 in Flushing, Long Island, als zweiter Sohn von Charles und Catherine Scorsese geboren. Beide Eltern waren Kinder sizilianischer Einwanderer, die sich um 1910 in New York niedergelassen hatten. Wie in ITALIANAMERICAN *erzählt wird, verkaufte Charles zunächst Herrenbekleidung und zündete am Sabbath den Juden die Gasherde an. Die Elizabeth Street, in der die Scorseses wohnten, war damals überwiegend jüdisch, es gab nur wenige irische und italienische Familien. Charles' Vater arbeitete auf den Werften und im Obst- und Gemüsehandel. Catherines Vater war in Italien bei der Kavallerie, bevor er ihre Mutter überredete, mit ihm nach Amerika auszuwandern. Er hatte seinen eigenen Wein angebaut, sie konnte gut schneidern. Charles und Catherine wurden am 10. Juli 1934 in St. Patrick's Old Cathedral getraut. Er arbeitete als Bügler und sie als Näherin. Beide sind häufig in den Filmen ihres Sohnes aufgetreten.*

Die Familie als Zentrum in der Kultur italienischer Einwanderer, ihr nachdrückliches Streben nach Erfolg, ihre engen Bindungen zur römisch-katholischen Kirche und die alltägliche Nähe des organisierten Verbrechens – all das dominierte Martin Scorseses entscheidenden Jahre. Statt wie sein älterer Bruder Frank in dieser geschlossenen Gesellschaft mit ihrem ausgeprägten Stolz und der zugleich tief empfundenen Isolation zu bleiben, bestand für den jungen Martin die Alternative darin, in die Phantasiewelt des Kinos einzutauchen.

23

Elizabeth Street, Blick aus Scorseses Fenster (1961)

Meine Eltern wurden in der Elizabeth Street in der Lower East Side von Manhattan geboren und arbeiteten im Kleiderviertel. Bis ich sieben oder acht Jahre alt war, lebten wir jedoch im Bezirk Corona im Stadtteil Queens. Es war eine hübsche Gegend, wir hatten einen Hinterhof mit ein paar Bäumen. Dann bekam mein Vater geschäftliche Probleme, und wir mußten nach Manhattan zurückziehen in ein Miethaus in dem Block, in dem ich geboren worden war. Bis wir eine andere Wohnung gefunden hatten, blieb ich vier oder fünf Monate bei meinen Großeltern. Das war eine schreckliche Erfahrung, ich war nämlich schon alt genug, um festzustellen, daß es in der Gegend einige üble Typen gab. Man spielte im Sandkasten, und irgendwas knallte hinter einem herunter – kein Müllsack, wie man denken könnte, sondern ein kleines Baby, das vom Dach gefallen war!

Damals lebte die italo-amerikanische Gemeinde über etwa zehn Blocks verteilt, von Houston Street hinunter bis nach Chinatown an der Canal Street. Die drei zentralen Blocks lagen an der Elizabeth Street, Mott Street und Mulberry Street. Little Italy war in sich scharf abgegrenzt, so daß Leute aus dem einen Block kaum mit denen aus einem anderen zusammenkamen. Elizabeth Street war vor allem sizilianisch, wie meine Großeltern, und die Leute hatten hier ihre eigenen Gesetze. Wir kümmerten uns nicht um die Regierung, Politiker oder die Polizei: Wir hatten unsere eigenen Regeln.

Manchmal gingen wir zur 42nd Street, um einen Film zu sehen, oder fuhren nach Staten Island oder Queens; dort gab es ähnliche Einwanderergemeinden. Aber ich war nur ein einziges Mal auf der Westside von Greenwich Village gewesen, bevor ich auf die New York University kam! Wenn Freunde zu mir sagten: »Ich kann gut verstehen, daß ihr Jungs da unbedingt rauswolltet«, antwortete ich: »Oh nein, *wir* hatten damit kein Problem, *ihr* wart nicht richtig angezogen und fuhrt die falschen Autos.« In MEAN STREETS bleibt Charlie dort hängen: er denkt nicht darüber nach, daß er ein Restaurant im Village bekommen soll, denn seine Seele ist hier zu Hause. Die Vorstellung, daß ich eines Tages Filme machen könnte, war damals vollkommen undenkbar.

Als Kind wollte ich Maler werden und fing an zu zeichnen. Aber auch Filme faszinierten mich, und da ich Asthma hatte, wurde ich oft ins Kino mitgenommen; man wußte nicht, was sie sonst mit mir anfangen sollten. Am meisten staunte ich über die Größe der Bilder auf der Leinwand, und wenn ich nach Hause kam, zeichnete ich, was ich gesehen hatte. Ich erfand meine eigenen Geschichten, angeregt von Comic strips in Zeitungen und durch Bücher, und obwohl ich es damals gar nicht merkte, fing ich bald damit an, Großaufnahmen zu zeichnen. Schließlich war ich ganz verdorben und kopierte nur noch Comics, aber ich war zugleich fasziniert von den Bildproportionen des Kinos und machte diese kleinen Zeichnungen im Format 1:1,33.[1] Meistens waren das Kriegsfilme, fast immer von United Artists hergestellt und mit Hecht und Lancaster im Abspann.

Und natürlich liebte ich biblische Monumentalfilme – nur waren meine nicht auf 70 mm, sie hatten 75 mm! Ich entwarf ein gigantisches römisches Epos in Wasserfarben, kam aber nur bis zu einem Gladiatorenkampf am Anfang, zur Heimkehr des Kaisers aus einem Krieg. Ich habe diese Strips noch, und wenn sie gerahmt werden, sehen sie beinahe so aus wie die traditionellen sizilianischen Puppenspiele von Ritterkämpfen.

Das erste Bild auf einer Kinoleinwand, an das ich mich erinnere, war ein Trucolor-Trailer für einen Film mit Roy Rogers, in dem er ein Fransenkostüm trug und von einem Baum auf sein Pferd sprang. Mein Vater fragte mich, ob ich wüßte, wer Trigger sei, und ich imitierte eine Schießbewegung. »Nein,« sagte er, »das Pferd heißt so. Ich nehme dich nächste Woche mit, dann siehst du es.« Deswegen liebe ich Trailer immer noch sehr, und mit drei Jahren träumte ich davon, Cowboy zu werden. Western blieben meine Lieblingsfilme, bis ich etwa zehn war.

Mit drei Jahren wurde mein Asthma schlimmer, so daß mein Vater mich sehr oft mit ins Kino nahm. In den Dreißigern war er ein großer Filmfan, und Kino war ein Luxus, den er sich immer leistete, auch wenn nur wenig Geld da war. Wir waren eine der ersten Familien im Block, die sich 1948 ein Fernsehgerät anschafften. Ich weiß noch, wie ich im Hinterhof spielte und mein Cousin Peter herausstürzte und schrie: »Komm rauf, wir haben einen Bildschirm, der ist größer als das ganze Haus!« Natürlich war es nur ein Sechzehn-Inch-RCA-Victor. Ich nehme an, mein Vater hatte gute Beziehungen, weil er immer Arbeit im Kleiderviertel fand. Als er sich zur Ruhe setzte, saß er nur noch zu Hause und machte meine Mutter verrückt. »Sorg dafür, daß er aus dem Haus kommt!« sagte sie, und ihre Idee war es, daß ich ihn bei den Kostümen für meine Filme mitarbeiten ließ. Das war goldrichtig, denn er wußte alles über die Mode von 1941 bis 1964, die Zeit, in der RAGING BULL spielt. Ich weiß noch, daß meine Mutter mich in DUEL IN THE SUN mitnahm, der von der Kirche abgelehnt wurde. Ich konnte am Ende nicht mehr hinsehen, alles war so furchterregend – die sengende Sonne, die blutenden Hände der Frau und diese beiden Menschen, die sich so sehr liebten, daß sie sich gegenseitig töten mußten. Ich glaube, auch die Musik von Dimitri Tiomkin machte das Ganze zu einem Horrorfilm, aber meine Mutter rief immer wieder: »Sieh hin, du hast mich hergebracht, du wolltest ihn sehen, jetzt sieh auch hin!« Natürlich wollte ich zuallererst in Filmen mitspielen. Ich hatte keine Ahnung, daß irgend etwas hinter der Kamera passierte.

Da die großen Studios damals noch nicht ans Fernsehen verkaufen wollten, gab es meistens britische Filme. Daher sah ich THE THIEF OF BAGDAD mit sechs – das perfekte Alter – und viele andere Filme von Alexander Korda, wie THE FOUR FEATHERS und ELEPHANT BOY. Es waren auch frühe Western im Programm und Freitag abends italienische Filme wie LADRI DI BICICLETTE, ROMA, CITTÀ APERTA und PAISÀ, die unsere Familien aufwühlten und zum Weinen brachten.

In den fünfziger Jahren gab es ein Programm, das ›Million

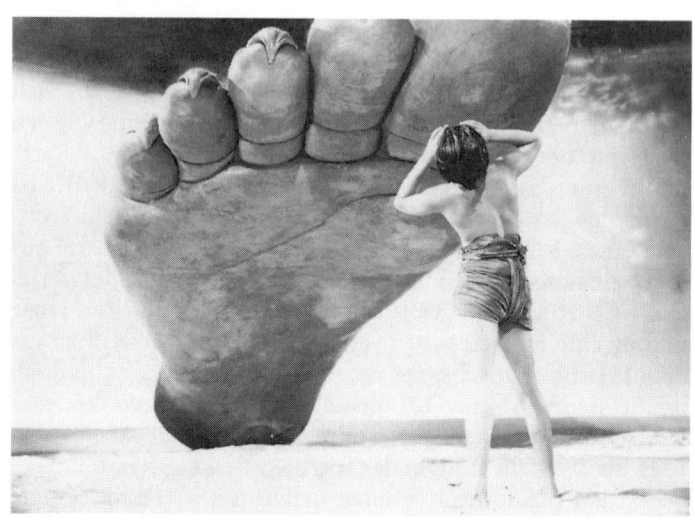

Alexander Kordas Märchen THIEF OF BAGDAD (1940)

Die ehemalige Ballerina Ludmilla Tscherina in THE TALES OF HOFFMANN (1951)

28

Ballett in Powell und Pressburgers THE RED SHOES (1948)

DAS SIEBTE SIEGEL (1956), Regie: Ingmar Bergman

Dollar Movie‹ hieß und an Wochentagen dieselben Filme zweimal zeigte, um 19.30 Uhr und 21.30 Uhr, samstags und sonntags dreimal. Wir lebten zu viert in einer kleinen Vier-Zimmer-Wohnung, und wenn ich denselben Film wieder und wieder sehen wollte, war es für alle anderen eine Zumutung – meine Mutter schrie: »Läuft schon wieder dieser Film? Schalt ihn ab.« Ich erinnere mich, daß ich THE TALES OF HOFFMANN von Powell und Pressburger in diesem Programm gesehen habe: er war schwarzweiß, gekürzt und von Werbung unterbrochen (erst 1965 sah ich ihn in Farbe). Aber ich war elektrisiert von der Musik, den Kamerafahrten und der theatralischen Gestik der Schauspieler, von denen die meisten Tänzer waren. Man kann viel gegen THE TALES OF HOFFMANN einwenden, aber ich habe immer gesagt, daß ich durch dieses wiederholte Betrachten im Fernsehen etwas über die Beziehung von Kamera und Musik gelernt habe: ich habe sie mir geradezu einverleibt, so oft habe ich diesen Film gesehen. Sogar heute gibt es kaum einen Tag, an dem mir die Partitur des Films nicht durch den Kopf geht, und natürlich beeinflußte sie mein Vorgehen bei den musikalischen Sequenzen in NEW YORK, NEW YORK und den Kämpfen in RAGING BULL. Ich zog noch eine weitere Lehre daraus: Für TAXI DRIVER drehte ich die Großaufnahmen von de Niros Augen mit 36 oder 48 Bildern pro Sekunde, um den Effekt aus der Venedig-Episode in THE TALES OF HOFFMANN zu reproduzieren, in der Robert Helpmann das Duell auf einer Gondel beobachtet.[2]

Ich weiß noch, daß ich das Archers-Logo von Powell und Pressburger, die Pfeile, die das Ziel treffen, zum erstenmal in Farbe sah, als mein Vater mich zur Academy of Music in der 14th Street in THE RED SHOES mitgenommen hatte, und natürlich war ich wie hypnotisiert.

Ich glaube, bis dahin hatte mich nichts im Kino so gewaltig beeindruckt, vielleicht mit Ausnahme eines anderen Films, den ich mit meinem Vater im selben Theater gesehen hatte, Renoirs THE RIVER, in dem es auch eine Tanzsequenz gab.

Aber die Tanzsequenzen in THE RED SHOES waren außergewöhnlich; ich weiß noch, daß ich unbedingt herausfinden wollte, wie Robert Helpmann während des Traum-Balletts in einen Fetzen Zeitungspapier verwandelt wurde. Aber besonders zog mich das Geheimnis, die Rastlosigkeit des Films in Bann, das war damals ganz erschreckend für mich. Als er schwarzweiß im Fernsehen lief, sah ich ihn mir immer wieder an; und später, als ich ihn in Farbe wiedersah, faszinierte mich Anton Walbrook als Impresario Lermontov, dessen Besessenheit alles um ihn herum zerstört. Was mich reizte, war die Grausamkeit und Schönheit seiner Rolle, besonders die Szene, in der er voller Selbsthaß den Spiegel zerschmettert. Ich besaß sogar ein Kosakenhemd, das von Berman & Nathan's im gleichen Stil wie seines angefertigt war, und ich trug es noch 1980 bei der Eröffnung der Powell- und Pressburger-Retrospektive im Museum of Modern Art.

Viele Filme in der ›Million Dollar Movie‹-Reihe waren gekürzt: CITIZEN KANE hatte zum Beispiel am Anfang nicht die Wochenschau-Sequenz, daß sie fehlte, habe ich allerdings nicht bemerkt. Aber die Möglichkeit, dieselben Filme immer wieder zu sehen, war sehr wichtig für mich. Ich glaube auch, dadurch, daß ich CITIZEN KANE mit vierzehn, fünfzehn Jahren gesehen habe, wurde mir zum ersten Mal bewußt, was einen Regisseur ausmacht. Ich mochte Orson Welles bereits als Schauspieler – besonders in Carol Reeds THE THIRD MAN mit seiner Rede über die Kuckucksuhr.[3] Aber hier war ich erschlagen, wie dynamisch und ambitioniert dieser Film war, den er inszeniert hatte. Dann entdeckte ich, daß CITIZEN KANE im Thalia Theater auf der 96th Street zusammen mit John Fords THE INFORMER gespielt wurde. Ich werde es nie vergessen: es war eine regnerische Nacht, und eine Menschenmenge versuchte hineinzukommen. Die Leinwand war klein, aber das machte nichts – ich war wieder überwältigt. Anschließend liefen beide Filme in ganz New York, und ich schleppte meine Eltern und meine sämtlichen Freunde hin. Davor war ich auf Regisseure wie

Ford oder Hawks vor allem wegen der Stars wie John Wayne aufmerksam geworden, die regelmäßig in ihren Filmen auftraten.

Anfangs mochte ich Abenteuerfilme am liebsten. George Sidneys THE THREE MUSKETEERS war der Favorit meiner Kindheit; ich liebte alles, was in ferner Vergangenheit spielte, mit Kostümen und aufwendigen Bauten. Erst Mitte der Fünfziger sah ich mir alles an, was unmittelbar mit meiner eigenen Situation zu tun hatte. ON THE WATERFRONT hat mich sehr beeindruckt, und ich muß ihn wohl zwanzigmal gesehen haben; dann kam EAST OF EDEN, der ebenfalls einige meiner eigenen Gefühle und Erfahrungen widerspiegelte.

Aber meistens ging ich nicht davon aus, daß Filme etwas mit meiner eigenen Umgebung zu tun haben könnten, und natürlich zollten wir ihnen in unserem Arbeiterviertel keinen besonderen Respekt. Wir gingen einfach mitten in einer Doppelvorstellung hinein, blieben während des zweiten Films und sahen den ersten bis dahin, wo wir hereingekommen waren. Auf die Art schaute ich mir Filme an, bis ich fünfzehn oder sechzehn war. Dann kam eine neue Offenbarung.

Jeden Sommer wurden in der 96th Street täglich zwei ›klassische‹ Filme gezeigt, zusammen mit all dem anderen Zeugs. Ich las in einer Zeitschrift, daß ALEXANDER NEWSKI lief, und ging wie üblich mittendrin hinein. Es war, als sei ich in einer Zeitmaschine, als nähme ich bei der Schlacht auf dem Eis von 1242 als Beobachter teil! Angesichts des Stils dieses Films verfiel ich der Magie Eisensteins und seiner Schnittechnik.

In meinen ersten Jahren auf der Filmschule galt es nicht als besonders originell, für Nicholas Ray-Filme oder John Wayne zu schwärmen. Amerikanische Filme waren nicht sehr angesehen, außer den ›seriösen‹ wie WUTHERING HEIGHTS oder A PLACE IN THE SUN; die meisten, die in den Fünfzigern herauskamen, waren peinlich, damals am Ende des Studio-Systems. Man mußte wirklich nach ausländischen Filmen Ausschau halten, wie Ingmar Bergmans

WILDE ERDBEEREN und DAS SIEBTE SIEGEL, um etwas anderes, Eindrucksvolles zu entdecken. Und da ich eine katholische Schule besucht hatte, hat mich DAS SIEBTE SIEGEL in religiöser Hinsicht tief berührt.

Das Leben auf den Straßen von Little Italy bestimmte sowohl den Stil als auch den Inhalt von Scorseses eigenen Filmen. Nachbarschaftsklatsch, vermischt mit eigenen Erlebnissen sollten die wichtigsten Quellen für seine ersten, deutlich autobiographischen Filme werden. MEAN STREETS spielt während des San Gennaro-Festes, einem lauten jährlich stattfindenden Ereignis, das die gesamte italo-amerikanische Gemeinde einbezieht; der Film holt seinen Impuls aus dem Konflikt und der Freundschaft widersprüchlicher Figuren, die auf Scorseses Altersgenossen zurückgehen.

Meistens trieb ich mich mit einem Jungen namens Joey herum, einer der mich später für MEAN STREETS anregte – er warirgendwie eine Kombination von Charlie und Johnny Boy. Wir haben praktisch alles gemeinsam unternommen. Wann immer es eine Schlägerei gab, schrien alle: »Kommt schnell rüber!« Wir sagten: »Gut«, dann gingen wir langsam los, so daß, wenn wir ankamen, alles vorbei war. Die Burschen vom einen Ende des Blocks gingen nicht allzu freundlich mit denen vom anderen Ende um, und natürlich gab es immer einen, der die ganze Gegend kontrollierte, nur wußte man nie, wer oder wo er war. Man entwickelte einen Sinn fürs Überleben. Lange Zeit versuchte ich, wo ich auch hinging, mit dem Rücken zur Wand zu sitzen!

Joey und ich sind eines Nachts gerade noch einmal davongekommen, und darauf geht das Ende von MEAN STREETS zurück. Es war drei Uhr morgens, und wir saßen hinter jemandem in dessen rotem Convertible; das war super, weil niemand von uns ein Auto hatte. Er hatte noch einen Teenager neben sich sitzen und sagte, er würde uns durch die Gegend fahren, aber wir fanden ihn etwas zu großspurig. Er

33

Die Erstkommunion: 26. Mai 1951

Der gewalttätige, vom Leben in Little Italy inspirierte Höhepunkt in
MEAN STREETS (1973)

Brandos Golgatha in ON THE WATERFRONT (1954)

hätte ein Polizist sein können – in der Gegend war der Unterschied zwischen denen und den Ganoven nicht so groß! Weil nicht viel los war, langweilten wir uns, und er warf uns in der Elizabeth Street hinaus. Drei Minuten später gab es eine Schießerei. Der Klugscheißer im Convertible hatte sich über einen anderen Fahrer geärgert, der seine Spur blockierte, und ihm seine Pistole gezeigt. Ein paar Blocks weiter fuhr der andere Fahrer neben ihn und feuerte eine Salve auf ihn ab. Der Teenager wurde im Auge getroffen, überlebte aber. Das hätte sehr leicht auch uns passieren können. Genau zwei Monate später wurde Präsident Kennedy ermordet.

In meiner Nachbarschaft hatten die harten Burschen auf der Straße und die Kirche die Macht. Die organisierten Gangster zogen den Hut vor einem Priester, hüteten ihre Zunge und ließen ihre Autos und Haustiere segnen. Damit mag zusammenhängen, daß ich mit acht oder neun beschloß, Priester zu werden. Jedenfalls blieb das so, bis ich meinen ersten Film machte. Die erste Messe in St. Patrick's Cathedral, die ich kurz nach der Aufnahme in die katholische Schule besuchte, mit dem ganzen Prunk und Theater und all diesen alten Italienern, die lateinische Hymnen sangen, machte einen tiefen Eindruck auf mich. Auf der St. Patrick's-School lernte ich Aufsätze schreiben, und die irischen Nonnen schienen mich zu mögen, weil ich Missionar werden wollte. Ich erinnere mich an den Besuch eines Missionars, der uns erzählte, wie er auf den Philippinen einen vom Teufel besessenen Jungen exorziert hatte. Vor allem wurde uns immer wieder vorgehalten: »Viele sind berufen, doch wenige sind auserwählt.« Es wurde aber nicht weiter erklärt, wie man damit umgehen sollte; sie förderten nur die paar wenigen Schüler, die sich vom äußeren Glanz der Religion faszinieren ließen.

Wenn uns die Geschichte vom Pater Damian erzählt wurde, der sein Leben den Leprakranken geweiht hatte und selbst an Lepra gestorben war, konnten wir kaum fassen, daß dies wirkliche Menschen waren, die versuchten, im Einklang mit Gottes Wort zu leben und fast heilig waren. Ich

dachte viel über Erlösung nach und hielt den Priesterberuf
für die beste Garantie, gerettet zu werden, so als könne man
dann jederzeit zum Telefon greifen und mit Gott sprechen.

Etwa 1953 kam ein junger Priester von Anfang zwanzig in
unser Viertel. Er spielte uns klassische Musik vor, nahm uns
mit ins Kino und trieb Sport mit uns. Ich war kein begeister-
ter Sportler, aber ich begann, mich an ihm zu orientieren,
und er wurde ein stärkeres Vorbild für mich als die Gang-
sterbosse der Gegend. Natürlich war er gegen Rock'n'Roll –
wir haben versucht, ihm Platten vorzuspielen, er wurde böse
und legte Tschaikowsky oder Beethoven auf –, das Wichtigste aber war, daß ich seine Ansichten zu begreifen begann
und auf diese Weise eine neue Erfahrung machte. Er hielt
ON THE WATERFRONT für einen sehr wichtigen Film, wegen der Szene, in der Karl Malden als Priester versucht,
Brando zu zwingen, aufzustehen und das letzte Stück zu
dem Kumpel hinaufzugehen, der dann sagt: »In Ordnung,
gehen wir arbeiten.« Es ist eine Art Golgatha, nur daß Brando nicht stirbt; der Priester glaubte, wenn der Film in bezug
auf die Zustände in den Docks auch überhaupt nicht realistisch sei, wäre es doch wichtig, so einen Film zu drehen,
weil das Leben ja weitergehe. Ich wurde sehr stark in meinem Gefühl dafür, was man in einem Film machen konnte,
beeinflußt; genauso war es, wenn ich meine Familie sagen
hörte: »Ja, aber so stimmt das doch nicht; in Wirklichkeit
würde der Typ dies oder jenes tun.«

Mit vierzehn Jahren kam ich aufs Cathedral College, ein
Priesterseminar für Junioren in der Upper West Side. Aber
nach einem Jahr wurde ich ausgeschlossen, weil ich mit meinen Gedanken nicht wirklich bei der Sache war: ich hatte eine junge Frau kennengelernt, mich in sie verliebt und war
völlig abgelenkt. Das Zölibat sonderte einen von den Menschen ab und zwang einen, auf unnatürliche Art zu leben.
Die alten Italiener in der Nachbarschaft nahmen es überhaupt nicht ernst, sondern untergruben es ständig. Sie sagten: »Er ist ein Priester, er ist ein Mann, also braucht er eine
Frau, das ist doch nichts Besonderes.«

Auch Rock'n'Roll war eine große Ablenkung – Little Richard, Elvis Presley und all die anderen. Ich hörte ununterbrochen Radio und kaufte alle Platten (einige davon mußte ich in meinen Filmen benutzen, weil ich keine neuen Kopien auftreiben konnte). Diese Zeit war der Höhepunkt der Bandenkriege und schwarzen Lederjacken. Ich trug eine Lederjacke, aber ich wurde ausgelacht, weil die Gangs in unserer Gegend Anzüge aus Haifischhaut trugen! Was man nicht tragen durfte, war die Farbe rot. Ich weiß noch, daß ich mir ein rotes Jackett wünschte, und mein Vater sagte: »Nur Zuhälter tragen rot, du kriegst keins und aus.« Rot zu tragen war außerdem eine sichere Methode, die Aufmerksamkeit der Polizei zu erregen.

Zu diesem Zeitpunkt war ich ein richtiger Filmfan: ich erinnere mich, daß ich zehn Dollar gespart hatte, um mir Paul Rothas Buch *The Film Till Now* zu kaufen. Ich ging für den Rest meiner Schulzeit auf die Cardinal Hays, eine Highschool in der Bronx, und hatte vor, auf die Jesuit University in Fordham zu gehen, wo meine Freunde waren. Aber es klappte wegen meiner Zensuren nicht: ich gehörte zum untersten Viertel meiner Abschlußklasse.

Bevor er professionelles Gerät in die Hände bekam, machte Scorsese mit seinen engsten Freunden Amateurfilme. Einer davon war VESUVIUS VI, *ein Miniatur-›Schinken‹, der im Alten Rom spielt und von der damals populären Fernsehserie 77 Sunset Strip ›inspiriert‹ war. Der Soundtrack enthielt den Song ›Does Your Chewing Gum Lose Its Flavour on the Bedpost Overnight?‹. Und der Abspann – auf dem u. a. ›directed by: Martin Scorsese‹ stand – ging in Flammen auf.*

Ich ging vor allem deshalb auf die New York University, weil es dort parallel zu den allgemeinen Kursen Filmklassen gab. Ich las das Vorlesungsverzeichnis und stellte fest, daß ich sogar Film als Hauptfach und Englisch als Nebenfach wählen konnte. Ich hatte angefangen, eine Menge zu lesen, zunächst Thomas Hardy, und ich dachte sogar daran, später aufs Priesterseminar zurückzugehen, bis ich Professor Haig Manoogian kennenlernte, der die Hauptvorlesung in Film hielt. Es war ein dreistündiger Kurs, einmal wöchentlich, und nannte sich ›Die Geschichte von Film, Fernsehen und Rundfunk‹. Die meisten Studenten belegten den Kurs, weil sie dachten, sie müßten nicht mehr tun als Filme anschauen und bekämen dafür zwei Scheine. Aber Haig war grausam! Er redete so schnell – sogar schneller als ich –, und er beschrieb alles von Grund auf bis ins kleinste Detail. Er war nicht der Leiter des Instituts, denn er haßte Verwaltungsarbeit, aber er inspirierte die Filmemacher.

Man kann von jedem in zwei Minuten lernen, wie man eine Kamera benutzt, aber Haig trat aufs Podium, haute einem anderthalb Stunden eine Vorlesung um die Ohren und zeigte dann einen Film. Einmal zeigte er Stroheims GREED, und ein Student fragte, warum es darin keine Musik gäbe. Postwendend kam die Antwort: »Denken Sie, Sie sind hier in einer Show? Machen Sie, daß Sie rauskommen!« Semester für Semester siebte er Leute aus. Dahinter stand die Absicht, die Sache so ernst wie möglich zu nehmen – ernst in dem Sinne, daß man über die Filme streiten, lachen und scherzen durfte, aber man ging hin aus Liebe zum Kino.

Im zweiten Jahr gab es Kurse, in denen man selbst einen Drei-Minuten-Film in 16 mm zu drehen hatte, um etwas über Seitenlicht, Gegenlicht, Objektive, Zeitraffer, Einzelbildaufnahme und so weiter zu lernen. Zu der Zeit hatten wir eine sehr kleine Ausrüstung, nur eine 16 mm Arriflex und eine Cine-Special. Im dritten Jahr durfte man – wenn man sein eigenes Drehbuch schrieb und Haig einen mochte – einen Fünf- oder Sechs-Minuten-Film inszenieren. Es wurde viel intrigiert, dadurch ging es zu wie in einem Ministudio. Es gab sechsunddreißig Studenten und nur Geld für sechs Filme – das war hart. Aber Haig inspirierte uns wirklich: Er hatte diesen fast religiösen Eifer, und hatte man einen Einfall, war man, ehe man sich versah, schon unterwegs und beim Filmen!

Obwohl Haig meinen ersten Spielfilm produzierte, beurteilten wir Filme unterschiedlich. Für eine kleine Abhandlung über einen Film hatte ich mir THE THIRD MAN ausgesucht. Er gab mir eine 2+ und sagte: »Vergiß ihn, das ist nur ein Thriller.« Wir waren uns aber einig, daß Filme persönlich sein sollten. Wenn junge Leute zum Beispiel zu ihm kamen und sagten: »Ich weiß, daß ich ein großer Regisseur sein kann, ich brauche nichts als ein Drehbuch«, antwortete er ihnen, daß sie ihr Drehbuch selbst schreiben müßten, wenn sie inszenieren wollten – niemand würde das für sie übernehmen.

Von 1960 bis 1965, auf dem Höhepunkt der Nouvelle Vague, des internationalen Erfolgs des italienischen anspruchsvollen Films und der Entdeckung des neuen osteuropäischen Kinos, war ich Filmstudent. Diese Filme vermittelten uns Studenten ein Gefühl der Freiheit, das Gefühl, daß alles möglich ist. Für mich waren die beiden ersten Minuten von JULES ET JIM Befreiung; bei Autoren, mit denen ich zusammenarbeite, führe ich sie immer noch als Beispiel an. Resnais hinterließ einen gewaltigen Eindruck: wie er in HIROSHIMA MON AMOUR und L'ANNÉE DERNIÈRE À MARIENBAD mit dem Schnitt umging, befreite einen völlig. Jetzt mußte man einen Film nicht mehr länger auf traditionelle Art drehen: mit master shot, Halbtotale und Großaufnahme, mit Kamerafahrten und -schwenks, um einer Figur zu folgen. In Godards VIVRE SA VIE liest Anna Karina einen Brief, und plötzlich gibt es einen Bildsprung auf einen Mann, der ihn zusammenfaltet; er ist aufgestanden und hat ihn ihr aus der Hand genommen. Wenn jemand plötzlich nicht mehr in seinem Stuhl saß, empfand man das in den Hollywood-Filmen der dreißiger, vierziger und fünfziger Jahre, mit denen wir aufgewachsen waren, als Bruch in der Erzählung. In meinem ersten Film gab es keine klassische Einstellungsfolge. Zur gleichen Zeit hatte Cassavetes für SHADOWS, 1959, eine leichte 16-mm-Kamera benutzt, also gab es keine Ausreden mehr: Wenn er das konnte, konnten wir es auch!

Während seines Studiums an der NYU war Scorsese Kameramann bei INESITA, *einem Neun-Minuten-Film über eine Flamenco-Tänzerin, inszeniert von Robert Siegel. Später fiel ihm auf, daß dieser Kurzfilm die Schnittechnik von* NEW YORK, NEW YORK *vorweggenommen hatte.*

WHAT'S A NICE GIRL LIKE YOU DOING IN A PLACE LIKE THIS?, *sein erster richtiger Film, 1963 gedreht, war von Mel Brooks' Zusammenarbeit mit Ernest Pintoff bei dem Zeichentrick-Kurzfilm* THE CRITIC *inspiriert. Ein Off-Kommentar begleitet fast ununterbrochen eine schnelle Montage von Standfotos, Zeichentricks und gelegentlichem Live-Spiel. Erzählt wird die Geschichte von Algernon – seine Freunde nennen ihn Harry –, den das Bild von einem Boot auf einem See nicht losläßt. Von Scorsese als Geschichte einer ›reinen Paranoia‹ bezeichnet, wurde er in 16 mm gedreht, mit Mitteln der Edward L. Kingsley Foundation, der Screen Producers' Guild und des Brown University Film Festival.*

Zu Beginn der Sechziger gab es zwei Lager: Die einen mochten Antonionis L'AVVENTURA, und die anderen bevorzugten Fellinis LA DOLCE VITA. Ich war auf der Seite von L'AVVENTURA, weil er langsam war, und alles Langsame konnte nur seriös sein! Aber es *ist* ein großer Film. LA DOLCE VITA hält nicht annähernd Fellinis 8 1/2 stand. Ich sah 8 1/2 genau zwei Wochen, bevor ich meinen ersten Kurzfilm an der NYU drehte, WHAT'S A NICE GIRL LIKE YOU DOING IN A PLACE LIKE THIS?, und der Eindruck war wegen der fließenden Kameraführung und der Schönheit des Schwarzweiß einfach überwältigend. Bei diesem Film verliebte ich mich so sehr in die Bewegung der Kamera, daß ich mich in alles Italienische verliebte – in die Cafés und die Mode. So erwies ich mit meinem zweiten Kurzfilm 8 1/2 eine Referenz, da auch ich einfach nicht herausbekam, wie er enden sollte!

Bei den Regiearbeiten von WHAT'S A NICE GIRL LIKE YOU DOING IN
A PLACE LIKE THIS? (1963)

Die Schlußszene von IT'S NOT JUST YOU, MURRAY! (1964)

In seinem zweiten Kurzfilm, den Scorsese 1964 als Student drehte, IT'S NOT JUST YOU, MURRAY!, *benutzte er reale Geschichten aus seiner Umgebung, und die Schilderung der beiden Freunde, unfähige Schmalspur-Ganoven namens Joe und Murray, verweist schon auf die kumpelhaften Beziehungen in* WHO'S THAT KNOCKING AT MY DOOR? *und* MEAN STREETS. *Die Razzia in einer Ginbrauerei, mit Handkamera in langen Einstellungen gedreht, nimmt die Szene im Billard-Salon in* MEAN STREETS *vorweg; außerdem erweist Scorsese dem Gangsterfilm Referenz und liefert zugleich eine Homage an das Hollywood-Musical mit seinen aufwendig gestalteten Bildern. Italienisches Kino vervollständigt diese Mixtur von Einflüssen in Gestalt von Joes blonder Frau, die eindeutig wie Antonionis Star Monica Vitti aussieht; das Zirkus-Finale, in dem Joe zum Megaphon greift, erinnert an das große Finale von Fellinis* 8 1/2. *Aber der Feuerwerks-Dialog, die spielerische Montage und die eklektische Tonmischung verraten bereits ein eigenständiges Talent, wobei auch die Handlung originell und persönlich ist.* IT'S NOT JUST YOU, MURRAY! *gewann den Jesse L. Lasky Intercollegiate Award. Im gleichen Jahr erhielt Scorsese seinen Bachelor of Science in Film-Communications. Noch als Student hatte er seine Kommilitonin Marie Brennan geheiratet, und am 7. Dezember 1965 kam ihre Tochter Catherine zur Welt. Inzwischen hatte sich Scorsese mit anderen jungen New Yorker Filmemachern wie Brian de Palma, Michael Wadleigh, Jim McBride und Mardik Martin angefreundet.*

Zu dieser Zeit entwickelte sich der neue American Underground, und da unser Campus in Greenwich Village lag, hatten wir Zugang zu all diesen Filmen.[4] Jonas Mekas schrieb jede Woche seine Kolumne in der *Village Voice,* und Andrew Sarris setzte die *politique des auteurs,* die aus den französischen *Cahiers du Cinéma* importiert waren, in der Zeitschrift *Film Culture* durch. Dann erschien das Magazin *Movie* aus England mit seiner Liste großer Regisseure, und da lagen Hawks und Hitchcock an der Spitze. Die Professo-

Zur Philosophie und Gefahr des Filmemachens: Powells PEEPING TOM
(1960)

ren waren vollkommen gegen diese Kritikermeinungen, aber wir entdeckten, daß die neuen Kritiker auch John Wayne-Filme schätzten – außer, es waren *nur* John Wayne-Filme, ohne daß John Ford und Howard Hawks dahinterstanden. Was wir als Jugendliche gut gefunden hatten, hatte also andere Leute auch beeindruckt.

Damals wurde ich auf einen anderen Michael Powell-Film aufmerksam, auf PEEPING TOM. Ich erinnere mich, daß er 1962 herauskam, als ich an der NYU war, und er lief nur in einem einzigen Kino, dem Charles, an der Ecke Avenue B/12th Street, in dem Teil Manhattans, der als Alphabet City bekannt ist. In dieser Gegend mußte man, wenn man einen Film sehen wollte, wirklich bewaffnet sein – um ins Kino hineinzukommen, drinnen zu bleiben und sich hinterher den Weg nach draußen freizukämpfen, um einen Bus oder ein Taxi zu erwischen. Als New Yorker traute ich mich nicht dorthin, aber die Studenten von außerhalb gingen hin. Jim McBride erzählte mir von diesem erstaunlichen Schwarzweiß-Film über einen Mann, der seinen Sohn filmt und ein Filmtagebuch nur über die Angst dreht[5]; aus dieser Faszination entstand McBrides DAVID HOLZMAN'S DIARY, an dem er arbeitete, als wir 1966–67 beim Schnitt nebeneinandersaßen. Als ich 1970 nach Kalifornien zog, lernte ich durch Fred Weintraub Phil Chamberlain kennen, der eine 35-mm-Kopie von PEEPING TOM besaß; damals habe ich ihn zum erstenmal vollständig und in Farbe gesehen. Das nächstemal sah ich ihn 1973, an dem Tag, als John Ford starb – ich weiß noch, daß ich die Nachricht hörte, während Jay Cocks und ich uns den Film ansahen.

Fred Weintraub wollte ein Remake machen, aber er merkte, daß er ihn nicht besser machen konnte. Ich bin froh, daß er es nicht versucht hat. Der Film war außergewöhnlich: Zuerst konnte ich nicht glauben, daß ihn jemand aus dem Team von THE RED SHOES und THE TALES OF HOFFMANN gedreht hatte. Was mich so begeisterte, war die präzise Darstellung filmischer Mechanismen, wie in der Anfangssequenz, wenn Mark sich der Prostituierten nähert und man sie durch den Sucher sieht. Das ist ganz anders als in einem Hollywood-Film übers Filmemachen; da wirkt der Film im Film professioneller als der, den man gerade sieht. THE BAD AND THE BEAUTIFUL und TWO WEEKS IN ANOTHER TOWN handeln nur von der Filmproduktion, nicht vom Drehen. Hier dagegen bekommt man eine Ahnung von den wirklichen Haken und Ösen des Filmemachens, und es ist schockierend, wie sehr das mit dem grausigen Inhalt zusammenhängt. Was zum Beispiel in Hitchcocks VERTIGO unausgesprochen bleibt, wird hier deutlich; als würde der Prozeß des Drehens zum Bestandteil des Verbrechens und uns dadurch alle zu Schuldigen machen.

Ich erinnere mich, daß Michael Chapman, mein Kameramann bei TAXI DRIVER und RAGING BULL, eines Nachts PEEPING TOM im Fernsehen gesehen hatte und mich wegen eines Satzes aus dem Film anrief: ›Diese ganze Filmerei ist nicht gesund.‹ Er lachte, weil es ihn an mich erinnerte. »Das ist gerade das Schöne daran«, sagte ich. Ich habe immer empfunden, daß PEEPING TOM und 8 1/2 alles erzählen, was man übers Filmemachen erzählen kann, über den Umgang mit Film, seine Objektivität und Subjektivität und die Verwirrung zwischen beiden. 8 1/2 fängt den Glanz und das Vergnügen des Filmemachens ein, während PEEPING TOM die Aggression zeigt, zeigt, wie gewalttätig die Kamera sein kann. Dies sind die beiden großen Filme, die von der Philosophie und der Gefahr des Filmemachens handeln. Wenn man sie studiert, kann man alles über Leute lernen, die Filme machen, oder zumindest über Leute, die sich durch Filme *ausdrücken.*

Michael Powell lernte ich erst 1975 kennen, als ich auf dem Rückweg vom Edinburgh Filmfestival durch London kam, und ich erzählte ihm von dem Kult, der inzwischen um PEEPING TOM entstanden war. 1978 wandte sich der New Yorker Verleih Corinth Films an mich, weil er etwas Geld brauchte, um den Film in einer brandneuen Kopie herauszubringen. Ich sagte ihnen $ 5.000 zu unter der Bedingung, daß auf dem Plakat und der Kopie »Martin Scorsese presents. . .« stand, weil ich auf diese Ehre Wert legte – und meine eigene 35-mm-Kopie haben wollte.

Eine weitere Anregung für angehende Filmemacher meiner Generation war damals, 1960, der erste Edgar Allan Poe-Film von Roger Corman, THE FALL OF THE HOUSE USHER, der durch seinen Umgang mit Farbe und Cinemascope eine wunderschöne Atmosphäre schuf. Wir liebten diese Mischung aus englischer Gruselromantik und französischem *Grand Guignol* in einem amerikanischen Film. In Mario Bavas Filmen war etwas von der gleichen Atmosphäre, wie zum Beispiel in LA MASCHERA DEL DEMONIO, der gerade aus Italien herüberkam. Alles war auf eine Weise lebendig, wie es das heute nicht mehr ist – damals schien täglich ein aufregender Film aus einem anderen Land zu kommen.

1969 ging ich als Dozent an die NYU zurück – Haig gab mir den Job, weil ich pleite war. Inzwischen gab es einen Kurs für Filmkritik, in dem der Lehrer den Studenten einen Film wie WILDE ERDBEEREN oder LE NOTTE DI CABIRIA zeigte, dazu ein Buch als Begleitmaterial. Die Studenten wurden unzufrieden mit dem Unterricht, es gab eine Art Aufstand, danach besserten wir den Stundenplan auf und sagten: »Dann seht euch die amerikanischen Filme von Ford und Hawks an, sie sind wunderbar!«

Vernon Zimmermann, er hat später UNHOLY ROLLERS und FADE TO BLACK gedreht, hatte ein Loft im Village, wo er uns SCORPIO RISING zeigte. Der Film war verboten, aber das Schockierende war nicht das Hell's Angels-Zeug, sondern wie die Musik eingesetzt war. Diese Musik kannte ich, und unsere Professoren an der NYU hatten uns immer beigebracht, daß wir sie für Studentenfilme wegen des Copyrights nicht benutzen durften. Und jetzt stand hier dieser Film von Kenneth Anger innerhalb und außerhalb der Gerichte wegen seiner Obszönität unter Beschuß, aber niemand schien sich darüber zu beschweren, daß er all die unglaublichen Stücke von Elvis Presley, Ricky Nelson und The Rebels benutzte. Das brachte mich darauf, jede Musik zu benutzen, die ich brauchte. Doch für meinen ersten Film,

WHO'S THAT KNOCKING AT MY DOOR?, hielt ich einen
Teil der Musik, die ich nehmen wollte, zurück.
In Amerika hatte man seinen ersten Film unter Fünfundzwanzig zu machen, so wie Orson Welles! Als ich dann
beim New York Film Festival Bertoluccis PRIMA DELLA RI-
VOLUZIONE sah und feststellte, daß wir gleichaltrig waren,
war das zusätzlich Inspiration und Ansporn für mich.

---

1 1:1,33 oder 3:4 als Verhältnis von Höhe zu Breite war das Standardformat des
Filmbildes bis zur Einführung von Cinemascope (1:2,35) und anderen Breit-
wandverfahren in den fünfziger Jahren.

2 Wenn schneller gedreht wird als die normalen 24 Bilder pro Sek., erreicht man
einen Zeitlupen-Effekt bei der Vorführung. THE TALES OF HOFFMANN benutzte, wie viele Michael Powell-Filme, eine große Variationsbreite von Kamera-Ge-
schwindigkeiten als Effekt.

3 »500 Jahre Demokratie und Frieden, und schau, was hat es hervorgebracht: die
Kuckucksuhr.« Harry Lime (Orson Welles) über die Schweiz.

4 Genaugenommen bezieht sich ›Underground‹ auf die Filmemacher der Avant-
garde, visuelle und experimentelle Künstler, eine internationale Bewegung der
späten Fünfziger und in Amerika durchaus nicht auf New York beschränkt. Allerdings schlossen sich 1960 eine Reihe von Underground-Filmern anderen New
Yorker Unabhängigen an, die Dokumentar- und Low-budget-Filme drehten und
die New American Cinema Group gründeten. Entsprechend ihrem Manifest vom
28. September: »Wir wollen keine verlogenen, geglätteten Hochglanzfilme – wir
ziehen rauhe, grobe, aber lebendige Filme vor; wir wollen keine rosa Filme – wir
wollen sie in der Farbe des Blutes.« Eine Schlüsselfigur hierbei und bei der Grün-
dung der New York Film-makers' Cooperative 1962 war Jonas Mekas, selbst Filmemacher und Herausgeber der Zeitschrift *Film Culture* sowie Kritiker für *The
Village Voice*.
Die ganzen frühen Sechziger hindurch entfesselte das Independent Cinema in
New York eine lebhafte Kontroverse. Das vierte New York-Film-Festival von
1966 stellte ein spezielles Parallel-Programm von siebenundzwanzig Veranstal-
tungen zusammen, das dem ›unabhängigen Filmemachen in den Vereinigten Staaten heute‹ gewidmet war. Andrew Sarris, der zwar regelmäßig für *Film Culture*
schrieb und dort in einer richtungsweisenden Sonderausgabe von 1963 die Krite-
rien der französischen *politique des auteurs* auf das amerikanische Kino angewandt hatte, aber zugleich ein Hüter der traditionellen Werte war, nahm dieses
Nebenprogramm zum Anlaß, die ›journalistic fiction‹ des Independent Cinema
anzuzweifeln. Interessanterweise hat er hierbei den jungen Scorsese entdeckt; es
ist faszinierend, heute den Text in diesem Zusammenhang zu lesen:
»Es lohnt nicht, über das Independent Cinema als Gruppe zu schreiben. Nur
über einzelne Filme. Mir haben Kenneth Angers SCORPIO RISING, Andy War-
hols und Ronny Tavels THE LIFE OF JUANITA CASTRO, Adolfas Mekas HAL-

LELUJAH THE HILLS, Peter Goldmans ECHOES OF SILENCE gefallen, verschiedene Arbeiten von Stan VanDerBeek, Carmen D'Avino und Robert Breer in den abstrakten Kategorien. Martin Scorseses Kurzfilme zeigen einen Witz, der das Zeug zu Spielfilmen hat. Robert Downey hat Augenblicke kreischender Satire. Shirley Clarke und Lionel Rogosin haben in uns Momente von Sympathie bei eher deprimierenden Themen hervorgerufen.« (*Movie*, November 1966, nachgedruckt in *The New American Cinema*, ed. Gregory Battcock, 1968.)

5 PEEPING TOM ist überwiegend in Farbe gedreht, nur die ›Heimkino‹-Sequenzen sind schwarzweiß. Er scheint jedoch in Amerika zunächst in einer komplett schwarzweißen Fassung herausgekommen zu sein, die zudem noch gekürzt war – vermutlich weil er, wie sich Scorsese erinnert, nur die ›heruntergekommenen Kinos in der 42nd Street‹ erreichte.

WHO'S THAT KNOCKING AT MY DOOR? – BOXCAR BERTHA

»I'm going to die behind my camera.«
Martin Scorsese, 1975

Martin Scorseses erster Spielfilm, WHO'S THAT KNOCKING AT MY DOOR?, *sollte ursprünglich der zweite Teil einer Trilogie werden, die sich mit der Erfahrung seiner eigenen, in Little Italy aufgewachsenen Generation auseinandersetzte. Er hatte ein Vierzig-Seiten-Skript mit dem Titel* JERUSALEM, JERUSALEM *über eine Gruppe achtzehnjähriger Jungen geschrieben, die zu dreitägigen Exerzitien in einem Jesuitenheim zusammenkamen. Die Hauptfigur hieß J. R.; sie tauchte in* WHO'S THAT KNOCKING AT MY DOOR? *wieder auf und noch einmal als Charlie in* MEAN STREETS, *beide Male von Harvey Keitel gespielt.*

J. R. war weitgehend eine autobiographische Projektion. Die Geschichte von JERUSALEM, JERUSALEM *handelte von religiösem Zweifel und sexuellen Versuchungen, wie Scorsese diese selbst erfahren hatte, und enthält eine moderne Darstellung der Leidensgeschichte Christi. Der dritte Teil der Trilogie mit dem ursprünglichen Titel* SEASON OF THE WITCH *wurde stark verändert, bis daraus* MEAN STREETS *wurde.*

J. R. ist in WHO'S THAT KNOCKING AT MY DOOR? *ein Junge von nebenan, der sich mit dem Mädchen seiner Träume, einem blonden, typischen WASP-Girl[1] unterhält, indem er ihr von seiner Bewunderung für John Wayne-Western erzählt. Er fühlt sich stark zu ihr hingezogen, kann sich aber nicht zum Sex mit ihr entschließen, und das Eingeständnis, daß sie keine Jungfrau mehr ist, stößt ihn ab. Als er sich von dem Schock erholt hat, beschließt er, ihr zu verzeihen, und macht ihr einen Heiratsantrag, wird aber zurückgewiesen.*

51

Harvey Keitel und Zina Betune in WHO'S THAT KNOCKING AT MY DOOR? (1969)

Die Struktur des Films ist sehr offen und sein Stil aggressiv; er beschreibt authentisch das Tempo des Lebens auf den Straßen, unterbrochen von grellen religiösen und erotischen Phantasien.

Haig Manoogian war bei WHO'S THAT KNOCKING AT MY DOOR? mein erster Produzent; die Herstellung dauerte sehr lange. Wir fingen 1965 an, ich wollte ihn als meinen Abschlußfilm an der NYU drehen. Damals gab es keine richtige Abschlußklasse, nur mich, Mike Wadleigh und ein paar andere, die diesen Film mit mir anfingen. Mein Vater nahm ein Studenten-Darlehen von $ 6.000 auf, und es war wohl der erste Studentenfilm an der Ostküste, der in schwarzweiß auf 35 mm gedreht wurde, wenn er auch nie wirklich fertiggestellt wurde. Wir waren überambitioniert, bis wir merkten, daß wir die Kamera nicht bewegen konnten und die beabsichtigten Winkel nicht hinbekamen. Aber der Film war trotzdem präzise, weil er direkt von uns handelte, wie wir waren, wenn nichts los war, wie wir nur herumsaßen oder herumfuhren. Das war die eine Seite des Films, andererseits ging es um sexuelle Komplexe und die Kirche. Schließlich drehten wir eine Version mit dem Titel BRING ON THE DANCING GIRLS, die nicht wirklich funktionierte: sie dauerte 65 Minuten und verwirrte alle nur. Wir veranstalteten eine große Vorführung – es war ein Desaster.

1966 saß ich wieder auf der Straße und versuchte verzweifelt, etwas Geld zu verdienen, während gerade meine Ehe in die Brüche ging. Ich tat mich mit dem Schriftsteller Mardik Martin zusammen, der sich von Bagdad nach New York durchgeschlagen hatte, die Universität besuchte und als Kellner arbeitete. Wir hatten beide kein Geld und gingen uns fast an die Gurgel. Ich hatte mit meinen Studentenfilmen einige Preise gewonnen, aber die waren vergessen, denn BRING ON THE DANCING GIRLS wurde allgemein gehaßt. Je schlimmer es wurde, desto weniger wollte ich nachgeben. Mardik und ich landeten zum Schreiben oft bei Eis und Schnee in seinem Wagen, zitterten vor Kälte und dachten, wir seien verrückt; ich lebte in einer winzigen Wohnung, und unsere Frauen waren wütend auf uns. Pornofilme waren zu der Zeit sehr beliebt, und Mardik kam auf die Idee, einen Film zu machen mit dem Titel ›Dieser Film kann Ihre Ehe retten‹ – denn wie das ging, glaubte damals jeder zu wissen. Aber wir wollten natürlich nur die falschen Ratschläge geben!

Haig und Joe Weill, ein anderer Student, der zugleich Rechtsanwalt war, trieben irgendwie $ 37.000 auf, um den Rest des Films zu finanzieren, der Szenen mit einem jungen Mädchen enthalten sollte. Das hieß, wir brauchten eine Schauspielerin, mußten mit einer Eclair 16-mm-Kamera drehen und das neue Material in die 35-mm-Szenen schneiden, die wir schon gedreht hatten. Ich hatte vorher versucht, Sequenzen ohne Dialog zu drehen, die Geschichte durch Bilder zu erzählen – nach der Nouvelle Vague versuchten wir alles mögliche –, aber es hatte nicht funktioniert. Daher nahmen wir diese Sequenzen heraus, fanden eine neue Schauspielerin, Zina Bethune, und holten Harvey Keitel zurück. Er war sehr ungehalten: er arbeitete als Gerichtsstenograph, und wir vergeudeten seine Zeit. Er ließ sich immer im falschen Augenblick die Haare schneiden, so daß die Szenen nie zusammenpaßten! Ich sagte: »Harvey, wie kannst du das tun?« und prompt kam die Antwort: »Ich habe auch ein Leben.«

Während die Arbeit an dem Film mit Unterbrechungen weiterging, erhielt Scorsese finanzielle Unterstützung von Jacques Ledoux, dem Kurator der Cinématèque Royale de Belgique in Brüssel, ein bekannter Förderer des Avantgarde-Kinos, um einen sechsminütigen Kurzfilm zu drehen. THE BIG SHAVE *entstand aus einem Anfall tiefer Depression (als Scorsese offensichtlich Schwierigkeiten beim Rasieren hatte!), und obwohl ursprünglich als ernsthafter Film konzipiert, erwies er sich dann als humorvoll makaber. Zur Melodie von Bunny Berigans Platte ›I Can't Get Started‹ von 1939 schneidet sich ein gutaussehender junger Mann beim Rasieren und macht solange weiter, bis er überall voller Blut ist. Der Schauplatz ist ein ultraweißes Badezimmer, und im Abspann kann man lesen ›Whiteness by Herman Melville‹, in einer anderen Zeile steht rätselhaft ›Viet '67‹. Für Scorsese war* THE BIG SHAVE *ein Film gegen den Vietnamkrieg, und zeitweise dachte er daran, ihn mit Dokumentaraufnahmen aus diesem Krieg enden zu lassen. Der Film gewann den* Prix L' Age d'Or *(so benannt nach Buñuels surrealistischem Meisterwerk von 1930) beim Ledoux' Experimentalfilmfestival, das im Dezember in der belgischen Küstenstadt Knokke-le-Zoute stattfand. Schon früher war eine andere Version von* WHO'S THAT KNOCKING AT MY DOOR? *fertiggestellt worden.*

Diese Version wurde auf dem Chicago-Film-Festival unter dem Titel I CALL FIRST gezeigt, und Roger Ebert von der *Sun-Times* schrieb eine großartige Kritik, aber wir fanden trotzdem keinen Verleih. Auf den Rat eines Freundes, der in Amsterdam Werbefilme drehte, fuhr ich nach Europa, verbrachte einige Zeit in London, besuchte das British Film Institute und erfuhr eine Menge über italienische Regisseure wie Cottafavi.[2] Als ich dann 1968 in Paris war, erzählte mir jemand, daß Joseph Brenner Associates, ein Softporno-Verleih, den Film übernähme, wenn eine Nacktszene eingebaut würde. In Amerika lockerte sich zu jener Zeit alles mögliche; Brenner konnte legal arbeiten, und nur eine Nacktszene hätte genügt, um dem Film einen Verleih zu verschaffen.

Er saß in der 42nd Street – dem schäbigsten Ort der Welt – und er hatte meinen Film und THE BIRTH OF A NATION! Ich mußte ihm ein Storyboard schicken, damit er sah, was ich vorhatte, dann holten wir Harvey Keitel dazu, und wegen der Straßenkämpfe in Paris drehten wir die Szene schließlich in Amsterdam; trotzdem wirkt es im Film wie ein Loft in der 3rd Avenue. Es machte besonderen Spaß, *The Doors* für den Soundtrack zu verwenden: wir nahmen den Freud'schen Teil von *The End*, damit die Botschaft wirklich ankam.[3] Es bestand aber keine Chance, die Sache durch den Zoll zu bringen, also steckte ich den Film in die eine Tasche

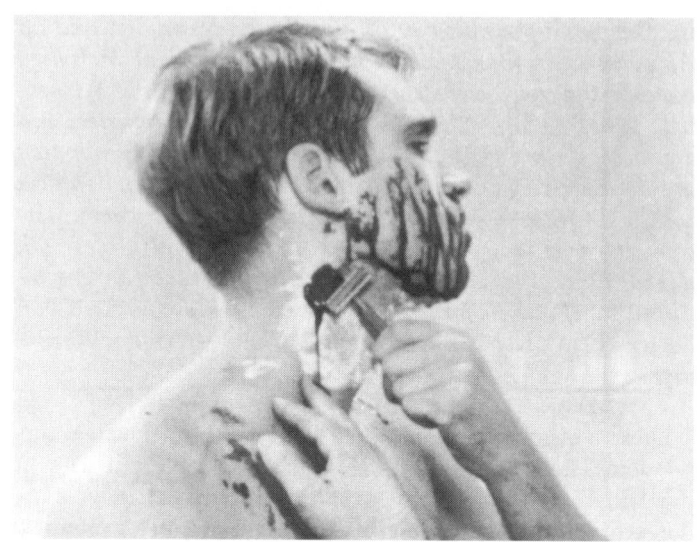

The Big Shave (1967)

Traumsequenz in Who's That Knocking at My Door?

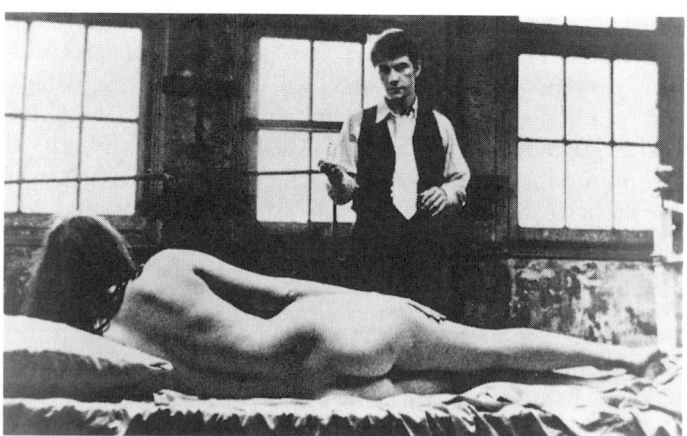

meines Regenmantels, den Soundtrack in die andere, und im Flugzeug rasierte ich mich, um seriös auszusehen. Ich kam durch, fügte die Szene ein, und der Film kam heraus. Es war der erste Film, der zeigte, wie Italo-Amerikaner wirklich waren, und das war das Gute daran.

In vieler Hinsicht war die Erfahrung mit der Musik für mich das Wichtigste. Ich wohnte in einer sehr belebten Gegend, ständig tönte Musik aus den Wohnungen, aus den Bars und kleinen Läden. Das Radio lief immer; eine Musicbox dröhnte auf die Straße hinaus; und in der Mietshausgegend konnte man aus dem einen Zimmer Opern hören, aus dem nächsten Benny Goodman und aus dem Parterre Rock'n'Roll. Ich weiß noch, wie ich einmal aus dem Fenster blickte, einen Block von einer Bar entfernt, und zwei Penner sah, die die Elizabeth Street hinuntertorkelten, der eine so betrunken, daß der andere ihm die Schuhe klaute, und während dieses Gerangel stattfand, hörte ich von irgendwoher ›When My Dream Boat Comes Home‹ von Fats Domino. Genauso verrückt war diese Welt, und ich fragte mich, warum zeigt man das nicht in Filmen? Eine Liebesszene mit Liebesmusik ist einfach mittelmäßig. Deshalb schlug WHO'S THAT KNOCKING AT MY DOOR? wie eine Granate ein, weil der Film diese ganze Musik auf das Publikum abfeuerte.

WHO'S THAT KNOCKING AT MY DOOR? *wurde schließlich mit einem Budget von $ 75.000 fertiggestellt, 1969 auf dem Chicago Film Festival unter dem Titel* I CALL FIRST *gezeigt und hatte anschließend im Carnegie Hall Cinema in New York Premiere. Er gewann im darauf folgenden Jahr die* Goldene Sirene *beim Festival von Sorrent. Trotz der öffentlichen Anerkennung hatte Scorsese es schwer.*

Bei THE HONEYMOON KILLERS, *1968, wurde er schon nach einer Woche Drehzeit hinausgeworfen. Ein sehr ehrgeiziges Projekt über die Geschichte des Soldatentums scheiterte am Geldmangel. Durch seine europäischen Kontakte bekam er den Auftrag, für Pim de la Parra und Wim Werstappen ›harte‹ amerikanische Dialoge zu liefern; sie*

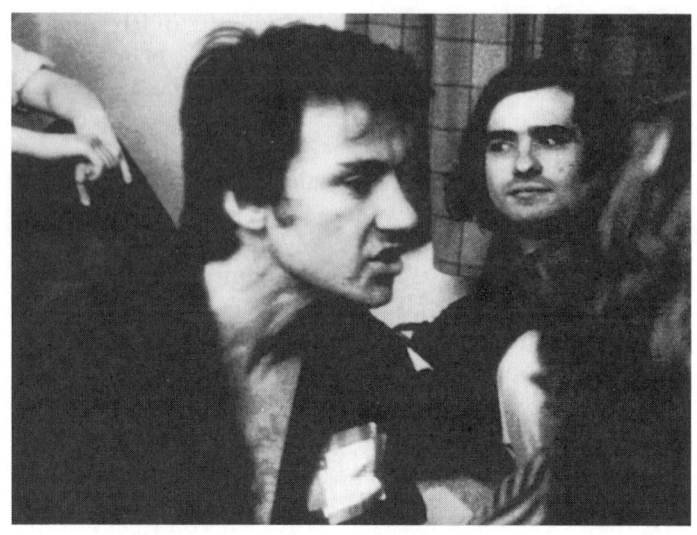

Keitel und Scorsese in STREET SCENES (1970)

Mike Wadleigh, Scorsese und Thelma Schoonmaker bei den
Aufnahmen zu WOODSTOCK (1970)

drehten als Homage an Republic Pictures den holländischen Thriller OBSESSIONS. *Während er sich seinen Lebensunterhalt in New York mit gelegentlichen Schneidearbeiten zusammenkratzte, wurde er von der Film Society of Lincoln Center, der Organisation, die für das New York Film Festival verantwortlich war, zum ›artist in residence‹ für die lokalen Highschools ernannt.*

1969 begann er als Assistent an der NYU, lehrte Grundtechniken des Films und der Filmkritik und beaufsichtigte die Studenten bei ihren Drei-Minuten-Filmen. Im Mai 1970 arbeitete er als Produktionsleiter und Regisseur der Nachbereitung bei dem größtenteils von Studenten des New York Newsreel Collective hergestellten Film STREET SCENES.[4] *Dieser beginnt mit einem Massenaufruf an die Vereinigten Staaten, aus Indochina abzuziehen, die politische Unterdrückung zu Hause zu beenden, insbesondere da, wo sie sich gegen die Black Panthers richtet, und die Kriegsmaschinerie von jedem College-Campus abzuziehen. Dann berichtet er über eine Demonstration auf der Wall Street und dem Marsch nach Washington, mit eingestreuten Interviews, Auseinandersetzungen mit den Medien und immer wieder dröhnendem Acid-Rock.*

Obwohl er sicher den größten Einfluß beim Schnitt hatte, gibt Scorsese zu, nur bei einer einzigen Sequenz Regie geführt zu haben, nämlich bei der letzten hitzigen Diskussion über die Wirksamkeit von Demonstrationen – und die Rolle, die der Film dabei spielt – in einem Zimmer in Washington. Unter den Teilnehmern befinden sich ein zumeist schweigender Scorsese, Harvey Keitel, Jay Cocks und Verna Bloom. Zu den damaligen Studenten, die an dieser Produktion beteiligt waren, gehörten die späteren Regisseure Jonathan Kaplan und Oliver Stone.

Mit seinem alten Freund Michael Wadleigh, der bei den 16-mm-Sequenzen von WHO'S THAT KNOCKING AT MY DOOR? *Kameramann gewesen war, arbeitete Scorsese an der Montage von* WOODSTOCK, *einem umfassenden Bericht über das Rock-Festival von 1969. Sein bemerkenswertester*

Beitrag war die Sequenz mit der Gruppe Sly and the Family Stone *und die Zwischenschnitte mit dem rhythmisch hüpfenden, klatschenden, mitsingenden Publikum. Doch der Zugang zur eigentlichen Filmindustrie blieb ihm immer noch verwehrt.*

Damals gab es keine reguläre Möglichkeit, ins Filmgeschäft einzusteigen. Vor kurzem, bei THE COLOR OF MONEY, war ein junger Mann ständig in meiner Nähe, und nur dafür wurde er im Abspann dreimal erwähnt. Wenn ich dagegen als Student in New York bei einem wichtigen Regisseur nur in die Crew wollte, erlaubten dies die Gewerkschaften nicht. Die beste Ausbildung, die man nach dem Studium in Amerika bekommen konnte, war ein Job bei Roger Corman. Aber das war nur für die Studenten von der University of Southern California und der University of California Los Angeles einfach, denn sie waren schon in Kalifornien. Sie konnten einfach den Sunset Boulevard hinaufgehen, sein Büro betreten und sagen: »Ich bin Filmemacher.« Allerdings hat Roger Corman WHO'S THAT KNOCKING AT MY DOOR? 1970 an der Westküste unter dem Titel J.R. gesehen. Er war umbenannt worden, weil der Manager den Originaltitel nicht mochte und den Namen der Hauptfigur vorzog! Charles Champlins gute Kritik in der *L.A.Times* erwies sich als sehr hilfreich.

Freddy Weintraub holte mich nach Kalifornien; er war damals Vizepräsident bei Warner Brothers und einer der Verantwortlichen, die WOODSTOCK kauften, als wir schon vor Ort waren. Irgendwie erhielt er aus heiterem Himmel einen gedeckten Scheck, und wir sagten: »Okay – es ist ein Warner Brothers-Film«, und fingen an zu drehen. Freddy hatte noch einen anderen Rock-Film, MEDICINE BALL CARAVAN, François Reichenbach hatte ihn gedreht, und es gab neun Stunden Material. Manches war auf 8 mm, das meiste auf 35-mm Techniscope und der Rest auf 16 mm. Er holte mich für die Montage, um irgendeine Art von Ordnung hineinzubringen; es sollte ein Job von zwei Wochen sein. Also kaufte ich mir, als ich nach Hollywood kam, ein Poster von Minellis TWO WEEKS IN ANOTHER TOWN und hängte es über mein Bett. Im Endeffekt dauerte die Arbeit neun Monate, und es war eine sehr, sehr unerfreuliche Zeit für mich. Denn die Umstellung auf Kalifornien macht einem eingefleischten New Yorker schwer zu schaffen.

Alle waren damals in Los Angeles. George Lucas hatte bei Warner eine schwere Zeit: sie wollten THX 1138 kürzen, für ihn eine schreckliche Vorstellung, und er schwor, Regie zu führen sei der schlimmste Job der Welt, den er nie wieder machen werde! Francis Coppola war ich zum erstenmal im September 1970 begegnet, beim amerikanischen Film Festival in Sorrent in Italien. Dort hatten wir uns angefreundet und trafen uns wieder, als er George besuchen kam. Er hatte in seinem Haus in San Francisco von den Einnahmen aus THE GODFATHER einen unglaublichen Vorführraum gebaut, und dort haben wir uns Filme angesehen, die uns das Pacific Film Archive schickte.

Brian de Palma war schon seit New Yorker Zeiten ein enger Freund, er war auch bei Warner Brothers, wo sie gerade dabei waren, ihm GET TO KNOW YOUR RABBIT wieder abzunehmen. Dann verließ Fred Weintraub Warner Brothers. Ich hatte einen Asthma-Anfall, während ich am Schnitt dieser Monstrosität MEDICINE BALL CARAVAN arbeitete. So saßen wir alle da und jammerten, vereint in unserem Elend. Wir lernten auch Steven Spielberg kennen, der für Universal Fernsehshows drehte. Unsere Generation schien filmfixierter zu sein als unsere Vorgänger, die aus den unterschiedlichsten Bereichen wie Literatur, Theater oder dem Fernsehen kamen. Michael Powell kann zum Beispiel auf ganz erstaunliche Weise Literatur zitieren, als käme er aus einer anderen Zeit.

Während des ersten Monats in Kalifornien, im Januar 1971, brachte mich die William Morris Agency mit Roger Corman zusammen. Er fragte mich, ob ich Interesse hätte, eine Fortsetzung von BLOODY MAMA zu drehen. Ich fragte: »Kommen Kostüme und Waffen vor?« Er sagte: »Ja.« Also sagte ich: »In Ordnung.« BOXCAR BERTHA sei der Titel, das

Drehbuch sei in sechs Monaten fertig, und er sagte, er riefe mich dann an, weil er jetzt erst einmal heiraten wollte. Ich sagte: »Sicher« – diese Geschichte kannte ich schon.

Aber sechs Monate später rief er mich tatsächlich an und hatte ein Drehbuch. Ich hatte die Arbeit an MEDICINE BALL CARAVAN beendet, und John Cassavetes, der ein Freund geworden war, um irgendeinen Job gebeten. Er trug mich für $ 500 die Woche bei MINNIE AND MOSKOWITZ als Tontechniker ein, ohne daß ich etwas zu tun hatte. Ich wohnte sogar eine Woche am Set; und als John Toneffekte für eine Schlägerei haben wollte, hielt ich ihn fest, während ein anderer auf ihn einschlug! Als mein Agent mich suchte und in Johns Büro anrief, nahm dessen Sekretärin den Anruf entgegen und fragte, ob es etwas Wichtiges sei. »Wichtig?« fragte mein Agent. »Die größte Chance seines Lebens! Er wird einen Film machen. Gerade ist das Drehbuch reingekommen.« Worauf sie antwortete: »Was soll der Unsinn!« – und auflegte.

BOXCAR BERTHA gehörte zu einem neuen Genre, das mit BONNIE AND CLYDE entstanden war, und ich glaube, es hatte damals ein festes Publikum. Das Genre gibt es heute nicht mehr, denn seine immer weitergehende Ausbeutung führte zu ›Reißern‹ wie HALLOWEEN und FRIDAY THE THIRTEENTH, bei denen das Blutrünstige eher Selbstzweck ist. BONNIE AND CLYDE enthielt wie BOXCAR BERTHA unglaubliche Gewalt, aber sie war mehr in eine Geschichte eingebettet, und es folgte nicht einfach ein Mord auf den anderen. BONNIE AND CLYDE war erstaunlich erfolgreich, obwohl es ein paar sehr schlechte Kritiken gab. Bosley Crowther griff ihn in der *New York Times* an. Aber nach einer Woche schrieb er eine zweite Kritik, die wegen der Publikumsreaktion positiver war, und schließlich gab er seinen Job auf. Erinnern Sie sich an den Werbeslogan ›Sie sind jung, sie sind verliebt, und sie töten‹? Wir liebten die beiden, sie waren hinreißend und trugen einfach die tollsten Kleider. Ähnlich erging es mir, als ich zusammen mit Jay Cocks zum erstenmal Hawks' SCARFACE auf 16 mm sah. Es gibt eine wunderbare Szene, wo all die Autos in einer Reihe vor einem Coffee Shop halten, die Kerle aussteigen, sich hinknien, mit Maschinengewehren in den Laden feuern und alles zertrümmern. Das dauert eine Weile. Dann sagt Paul Muni zu George Raft: »Womit schießen die?« Und er antwortet: »Mit Maschinengewehren.« Daraufhin sagt Muni: »Toll, ich hol mir eins«, und er kommt mit einem Gewehr zurück und fängt an herumzuballern! Jay und ich sahen uns an und sagten: »Sie sind einfach wunderbar.« Es ist seltsam, normalerweise mögen wir ja Leute nicht, die andere umbringen, aber in diesen Filmen werden sie unglaublich attraktiv dargestellt. Ich glaube, genau deshalb gab es in SCARFACE diese kleine Szene, die, wie ich vermute, von jemand anderem gedreht worden ist, in der ein echter Italo-Amerikaner sagt, daß solche Leute unserem Ansehen schaden. Sie mußten den Film ein bißchen entschärfen.

Julie Corman hatte Bertha Thompsons Autobiographie, Sister of the Road, entdeckt, und American International Pictures kaufte die Rechte. Aber das fertige Drehbuch hatte mit dem Buch wenig zu tun, sondern verwendete nur ein paar Figuren daraus. Vorausgesetzt, daß er sich an die Spielregeln des erfolgversprechenden Genres und an das Budget von $ 600.000 hielt, hatte Scorsese erhebliche Freiheiten, um persönliche und klassische Filmanspielungen einzuflechten – besonders auf THE WIZARD OF OZ; Barbara Hersheys Frisur kopierte deutlich die von Dorothy. Die Rolle von Barry Primus wurde umgeschrieben, so daß sie fast zu Scorseses Alter Ego aus New York wurde. Und es gibt sogar zwei Rollen, die Michael Powell und Emeric Pressburger heißen! Aber vor allem hob er die Rolle von David Carradine als Big Bill Shelley, den heroischen, unbestechlichen Gewerkschafter hervor, der im Bund mit seinem schwarzen Helfer am Ende des Films die sadistischen Gesetzeshüter wegpustet. Die Liebesszenen sind besonders innig, zum Teil sicherlich auch wegen der damals engen Beziehung zwischen Carradine und Hershey.

Die Faszination für Waffen in Hawks' SCARFACE (1932)

Roger sagte nur: »Lies das Drehbuch, schreib um, soviel du willst, aber denk dran, Marty, daß mindestens alle fünfzehn Seiten etwas Nacktes auftauchen muß. Nichts ganz Nacktes, vielleicht ein bißchen Schulter oder ein bißchen Bein, nur soviel, um das Publikum bei der Stange zu halten.« Das war sehr wichtig für die Vermarktung, also mußte es sein. Roger hatte lauter solche Ideen. Zum Beispiel sagte er bei der Tonmischung: »Denk dran, daß du den ganzen Film in drei Tagen mischen mußt: neun Rollen, drei Tage. Die erste Rolle muß gut werden, weil die Leute, die ins Drive-in kommen, hören müssen, was los ist. Den Rest des Films kannst du vergessen, bis auf die letzte Rolle, weil sie nur wissen wollen, wie es ausgeht.« Und das sagte er ganz treuherzig. In New York stellten wir ihn uns als knallharten Burschen vor, einen, der auf den Tisch haut und Zigarren raucht wie Sam Arkoff, der uns alle in Zusammenhang mit UNHOLY ROLLERS als ›Intellektuelle‹ bezeichnete. Doch Roger war sehr groß, dünn und sprach ganz leise. Er war sehr freundlich und sehr umgänglich.

Ich war zunächst unsicher, weil ich 1968 bei THE HONEYMOON KILLERS nach einer Woche Drehzeit gefeuert worden war, und das aus ziemlich gutem Grund. Es handelte sich um ein 200-Seiten-Drehbuch, und ich hatte alles in master shots gedreht, ohne Rücksprache, denn ich war ja ein Künstler! Da die Geldgeber nicht mehr als $ 150.000 für einen Schwarzweiß-Film hatten, sagten sie, wir könnten so nicht weitermachen; es müßte ein paar Großaufnahmen oder so etwas geben. Natürlich war nicht jede Szene in derselben Einstellung fotografiert, aber doch zu viele, so daß es ein Vier-Stunden-Film werden mußte. Das war mir eine Lehre. Zwischen 1968 und 1972 hatte ich sehr große Angst, noch einmal gefeuert zu werden. Als ich mit BOXCAR BERTHA anfing, habe ich daher jede Szene gezeichnet, insgesamt etwa 500 Bilder.

Eines Morgens kam Roger ins Hotelzimmer und wollte meine Vorarbeiten sehen; ich fing an, ihm die Zeichnungen zu zeigen. Er sagte: »Entschuldige, hast du die für den ganzen Film?« Ich gab es zu. Er sagte: »Okay, zeig mir keine

Die Kreuzigung in BOXCAR BERTHA (1972)

mehr, ist schon in Ordnung«, und ging. Das hieß nicht, daß ich alles, was ich gezeichnet hatte, auch genauso gedreht habe. Aber wenn irgend etwas nicht richtig lief, konnte ich auf die Entwürfe zurückgreifen und sie überarbeiten. Wenn mir zum Beispiel für die Auflösung einer Szene noch zwei oder drei Einstellungen fehlten, konnte ich vielleicht das, was ich vorhatte, irgendwie in *einer* Einstellung unterbringen. Es hieß nur, vorbereitet zu sein: BOXCAR BERTHA wurde vierundzwanzig Tage lang ununterbrochen gedreht; die Schauspieler hatten nicht einmal Zeit, sich die Haare schneiden zu lassen oder sonst etwas zu tun – eine professionelle Produktion.

Roger kam zum Drehort nach Arkansas. Glauben Sie mir, in den Gegenden, in denen wir drehten, sah es immer noch aus wie zu Zeiten der Depression. Er sagte: »Ich werde ein grimmiges Gesicht aufsetzen. Nicht deinetwegen, sondern für die Crew.« Und er lief mit finsterer Miene herum, und die Crew riß sich augenblicklich zusammen. Irgendwann nahm er mich beiseite und sagte: »Martin, du weißt, das Publikum erwartet eine Verfolgungsjagd, und wir haben keine im Drehbuch. Wir machen BONNIE AND CLYDE, und ich finde, wir sollten eine Verfolgung mit Autos einbauen.« Ich sagte: »Gut, Roger, gib mir einen zusätzlichen Drehtag.« Und er antwortete: »Oh nein, du hast vierundzwanzig Tage, wir können keinen einzigen dazugeben. Aber du kannst dir was ausdenken, zeichne die Einstellungen, wie du es immer tust, und wir bauen die Verfolgungsfahrt irgendwie ein.« So etwas konnte er einem antun. Trotzdem war es eine erfreuliche Erfahrung, und ich habe wirklich eine Menge gelernt.

Die Schlußszene, in der die Hauptfigur gekreuzigt wird, habe ich nicht erfunden. Sie stand im Drehbuch, das man mir gegeben hatte, und ich dachte, es sei ein Fingerzeig Gottes. Ich finde, wir haben sie gut gedreht: die Kamerawinkel, die wir benutzten, und besonders, wie man die Nägel durch das Holz kommen sah, ohne zu sehen, wie sie das Fleisch durchbohrten.

Scorsese hat später darauf hingewiesen, daß er die Kreuzi-gungsszene in THE LAST TEMPTATION OF CHRIST *mit ge-nau denselben Einstellungen gefilmt hat.*

---

1   White Anglo-Saxon Protestant. (Anm. d. Übers.)

2   Vittorio Cottafavi (geb. 1914) wurde unter den jungen Kritikern und Filme-machern zur Kultfigur, besonders in Frankreich während der Sechziger, für so unverwechselbare Beiträge zum ›Peplum‹-Genre, wie GOLIATH AND THE DRA-GON (1960) und HERCULES CONQUERS ATLANTIS (1961). Was vielen nur wie konventionelle Muskelprotz-Schinken erschien, wurde von den ›new critics‹ provozierend als geistreiche Parodien bejubelt, die auch wie in THE HUNDRED HORSEMEN (1964) auf bizarre Art expressiv oder sogar experimentell werden konnten.

3   Folgender Teil seines Songs wurde der Sexszene unterlegt:

The killer awoke before dawn	And he came to a door
He put his boots on	And he looked inside
He took a face from the	
ancient gallery	»Father«
And he walked on down the hall	»Yes, son?«
	»I want to kill you
He went to the room where	Mother I want to . . .«
his sister lived	
And then he paid a visit to	Come on baby take a chance with us
his brother	And meet me at the back
And then he walked on	of the blue bus
down the hall	

4   Newsreel hat in Amerika angefangen und ist das Vorbild für ähnliche Pro-jekte überall in der Welt. Entstanden aus der Konvergenz zwischen ›the under-ground‹ und der Studentenopposition gegen den Vietnamkrieg, wurde Newsreel der filmische Arm der Bewegung. Junge, engagierte Filmemacher wie Robert Kramer und Norm Fruchter drehten, sammelten, überwachten und montierten Material bei den vielfältigen Ereignissen überall in den Vereinigten Staaten. (. . .) Stilistisch verdankt Newsreel dem New American Cinema viel: Soundtracks mit Popmusik, Doppelbelichtungen, Bilder anstelle durchstrukturierter Handlung, Unschärfe, verwackelte Bilder. (Simon Hartog, ›Newsreel‹, *Afterimage* I, April 1970)

MEAN STREETS – ALICE DOESN'T LIVE HERE ANYMORE – TAXI DRIVER

>»You don't make up for your sins in church –
>you do it in the streets.« Charlie in MEAN STREETS

BOXCAR BERTHA *war, wie Scorsese vorausgesagt hatte, ein Film, der ›die Typen von der 42nd Street‹ ansprach. Er brachte ihm die Mitgliedschaft in der* Directors' Guild *ein, und wenn er sich auch nicht exakt als Fortsetzung von* BLOODY MAMA *erwiesen hat, war Roger Corman doch zufrieden.*

Ich zeigte John Cassavetes BOXCAR BERTHA in einem Rohschnitt von etwa zwei Stunden. John nahm mich mit zurück in sein Büro, schaute mich an und sagte: »Marty, du hast gerade ein ganzes Jahr deines Lebens damit verschwendet, einen Haufen Scheiße herzustellen. Es ist ein guter Film, aber du bist besser als die Leute, die solche Filme machen. Mach dich nicht abhängig vom Markt, versuch einfach was anderes.« Jay Cocks, damals Filmkritiker vom *Time Magazin*, hatte ihm WHO'S THAT KNOCKING AT MY DOOR? gezeigt, der ihm sehr gefallen hatte. Er sagte, ich müsse wieder dahin kommen, solche Filme zu machen, ob es nicht irgend etwas gäbe, das ich um jeden Preis machen wollte. Ich sagte: »Ja, aber es müßte umgeschrieben werden.« – »Gut, dann schreib es um.«

Ich holte es hervor und zeigte es Sandy Weintraub, die damals meine Partnerin war. Sie meinte, eine Menge der Geschichten, die ich ihr über Little Italy erzählt hätte, fände sie weit lustiger als irgend etwas in diesem Buch. Daher nahm ich viel von dem religiösen Zeug heraus – in diesem Stadium hieß es immer noch *Season of the Witch* – und nahm zum Beispiel die Billard-Salon-Szene hinein. Nachdem ich das Drehbuch umgeschrieben hatte, begann ich, es überall herumzuschicken – das war MEAN STREETS. Nach all den verschiedenen Titeln, die es im Laufe der Jahre hatte, war dieser von Jay Cocks angeregt worden: durch Raymond Chandlers ›Down these mean streets a man must go.‹ Ich fand ihn ein bißchen prätentiös, aber er stellte sich als ziemlich gut heraus.

Ich arbeitete nun bei MGM als Cutter von ELVIS ON TOUR und bei Vernon Zimmermanns UNHOLY ROLLERS, den Roger Corman für AIP produzierte. UNHOLY ROLLERS war ein Abklatsch des Raquel Welch-Films über Rollschuhrennen, KANSAS CITY BOMBER, aber er kam erst kurz danach heraus und ging völlig unter. Roger bot mir I ESCAPED FROM DEVIL'S ISLAND an, was wiederum ein Abklatsch von PAPILLON war. Die Idee war, den Film schnell genug zu drehen, so daß man ihn vor PAPILLON herausbringen könnte. Ich war noch immer sehr scharf auf Genre-Filme und hätte den Gladiatoren-Film THE ARENA drehen können, den Roger in Spanien vorbereitet hatte.

Jay Cocks' Frau, Verna Bloom, war zu der Zeit in Los Angeles und spielte *Old Times* auf der Bühne, und sie erzählte mir von einem jungen Mann (er war sechsundzwanzig) namens Jonathan Taplin, der mich kennenlernen wollte. Ich ging mit ihm essen, und es stellte sich heraus, daß er Tour-Manager für Bob Dylan und The Band gewesen war und jetzt Filme produzieren wollte. Also gab ich ihm das Drehbuch von MEAN STREETS und dachte, damit wäre das Ganze beendet. Es gefiel ihm aber, deshalb zeigte ich ihm WHO'S THAT KNOCKING AT MY DOOR?, der gefiel ihm auch, und schließlich nahm ich ihn mit zu einer Vorführung von BOXCAR BERTHA im Pantages Theater. Das Publikum mochte den Film und applaudierte; Roger Corman kam lächelnd heraus; und sogar Arkoff sah mich an und sagte: »Ich muß schon sagen, er ist nicht schlecht. Das ist die erfolgreichste Vorpremiere, die wir seit THE WILD ANGELS hatten.« Ich sagte: »Dann muß er ja ganz gut sein.« Aber er warnte mich: »Nein, werd bloß nicht überheblich, er ist nicht schlecht.«

Szene aus Cormans TOMB OF LIGEIA (1965), zitiert in MEAN STREETS

Wie auch immer, Jon versprach uns von einem Dreiundzwanzigjährigen, der gerade eine Erbschaft gemacht hatte, finanzielle Unterstützung, die aber prompt nicht eintraf. Dann verabredeten wir uns alle wieder zum Essen, sprachen aber nur darüber, wie Venedig im Wasser versank! Als nächstes erfuhr ich, daß das Geld doch da war. Vorher hatte ich das Drehbuch jedem gezeigt – ich hatte es sogar Francis Coppola geschickt, der es an Al Pacino weitergab, aber ich erhielt nie eine Antwort. Schließlich bekam es Roger Corman in die Hände. Seinem Lektor Frances gefiel es, und er versicherte ihm, daß Sex, Gewalt, Gangster und jede Menge Action vorkämen.

Nun hatte Rogers Bruder Gene gerade großen Erfolg mit einem Film, der in Harlem gedreht worden war, THE COOL BREEZE, eine schwarze Version von THE ASPHALT JUNGLE. Daher sagte Roger zu mir: »Wenn du MEAN STREETS machen willst, und wenn du bereit bist, ein bißchen umzuschwenken« – ich werde diesen Satz nie vergessen – »und aus allen Schwarze machst, werde ich dir $ 150.000 geben, und du kannst alles in New York drehen, mit einer Crew, die nicht in der Gewerkschaft ist.« Ich bat ihn um Bedenkzeit. Aber bald erkannte ich, daß ich mir diese Schwarzen nicht in der Kirche oder bei der Beichte vorstellen konnte. Es würde einfach nicht funktionieren. Die Handlung war nicht das Entscheidende, es kam auf die Rollen an, also gab ich nicht nach. Doch Roger half mir, indem er versprach, den Verleih für den Film zu übernehmen, und ich fügte einen Ausschnitt aus seinem Film THE TOMB OF LIGEIA ein, weil es durch ihn erst wirklich losging.

Also hat Jonathan Taplin MEAN STREETS produziert, und ich habe ihn mit Cormans Crew von BOXCAR BERTHA gedreht. Er meinte, unsere einzige Möglichkeit sei, alles in Los Angeles zu drehen. Ich sagte: »Wir wär's mit vier Tagen in New York?« und er meinte: »Gut, vielleicht.« Schließlich improvisierte ich mit dem Budget und erschwindelte acht Tage. Ich probte zehn Tage lang in New York, drehte alle Innenaufnahmen und die meisten Außenszenen inklusive dem Autocrash am Schluß in Los Angeles; dann drehten wir die Treppenhäuser und den Strand in New York, damit es authentisch wirkte. Der Schauplatz für Charlies Wohnung lag in einem Bürogebäude am Hollywood Boulevard, und die Bar war im Chicano-Viertel – eine sehr üble Gegend, wo die alltägliche Gewalt weitaus schlimmer war als alles, was wir in dem Film zeigten.

Ein wichtiger Mann für den Film war Paul Rapp, Rogers Partner als Co-Produzent, ein ziemlich harter Bursche, der mich genauso an die Hand nahm, wie er es mit Francis Coppola, Jack Nicholson, Monte Hellman und Peter Bogdanovich getan hatte. Er warf einen Blick auf meine Zeichnungen für eine Dialogszene und riet mir, alles, was aus einer Richtung beleuchtet wurde, zuerst zu drehen. Daher wurde bei MEAN STREETS alles in umgekehrter Reihenfolge gedreht, denn der master shot wurde bis zuletzt aufgehoben, um Zeit fürs Einleuchten zu sparen. Manchmal drehten wir vierundzwanzig Einstellungen am Tag – sechsunddreißig für die große Kampfszene im Billard-Salon – das war sogar für eine nicht-gewerkschaftliche Crew eine Menge.

MEAN STREETS *spielte wieder im Milieu von* WHO'S THAT KNOCKING AT MY DOOR? *mit Harvey Keitel als Charlie, dem ehrgeizigen Alter Ego von Scorsese, der sich bemüht, seinem Onkel, einem Mafiaboß, zu gefallen, während er gleichzeitig in zwei wichtige Beziehungen seines Lebens verwickelt ist. Da ist zum einen die heftige Affäre mit Johnny Boy's Cousine Teresa, die an Epilepsie leidet, was bei ihm soziale und religiöse Schuldgefühle verursacht. Zum anderen gibt es die Freundschaft zu dem wilden, unberechenbaren Johnny Boy, der sich immer tiefer in Schulden verstrickt und Charlie schließlich auf dem Höhepunkt der Geschichte in eine schreckliche Schießerei hineinzieht. Diese Figur ging auf einen Freund aus Scorseses Nachbarschaft zurück: Sally GaGa hatte einen Nervenzusammenbruch erlitten, nachdem er versehentlich einen Betrunkenen getötet hatte. Schon vorher war er nicht in der Lage gewesen,*

WHO'S THAT KNOCKING AT MY DOOR? *bis zum Ende an-*
zusehen. Die Rolle von Johnny Boy besetzte Scorsese mit ei-
nem Schauspieler, dessen Dynamik in den frühen Filmen von
de Palma, GREETINGS *und* HI, MOM, *sehr vielversprechend*
gewesen war.

Robert de Niro wurde mir bei einem Weihnachtsessen bei
Jay Cocks und seiner Frau Verna von Brian de Palma vorgestellt; er hatte ihn in den frühen Sechzigern entdeckt und in
THE WEDDING PARTY besetzt. Bob hatte mit Verna in einem Theaterstück gespielt. Er hatte gehört, daß ich einen
Film über seine Gegend gemacht hatte – WHO'S THAT
KNOCKING AT MY DOOR? – obwohl er sich mit einer anderen Clique in der Broome Street herumgetrieben hatte, während wir in der Prince Street waren. Wir hatten uns schon bei
Tanzveranstaltungen gesehen und begrüßt. Bei dem Essen
erkannte er mich als erster wieder und erwähnte verschiedene Namen von Leuten, mit denen ich früher oft unterwegs
war. WHO'S THAT KNOCKING AT MY DOOR? hatte ihm gefallen, und er fand, wie viele andere auch, daß der Film die
bis dahin einzige genaue Darstellung des Lebens in der Lower East Side war.

Ich habe den Umgang mit Schauspielern aus der Beobach-
tung vieler Filme gelernt, in denen sie mich fasziniert hatten.
Deshalb kommen in meinen Filmen so viele Spiegelszenen
vor. Ich habe mich immer vor den Spiegel gestellt und alle
meine Helden nachgespielt. Ich weiß noch, wie ich versucht
habe, Alan Ladd in SHANE zu imitieren, und ich schwärmte
für Victor Mature – er war großartig, mir erschienen seine
Gefühle echt! Dann sah ich ON THE WATERFRONT und
EAST OF EDEN, und diese beiden Jungs, Marlon Brando und
James Dean, haben mein Leben völlig verändert. Von da an
eiferte ich diesen Schauspielern nach. Aber ich wußte immer
noch nichts über die Technik. Als ich 1963 meinen ersten
Film, WHAT'S A NICE GIRL LIKE YOU DOING IN A PLACE
LIKE THIS? drehte, inspirierten mich Mel Brooks-Komödi-
en und Zeichentrickfilme von Ernie Pintoff, und der Haupt-

darsteller war ein Pantomime. Es war also eher ein Anti-Darstellen als ein Darstellen. Es ging mehr darum, wie der Film aussah und geschnitten war, als um irgend etwas anderes. Nie werde ich vergessen, wie dieser Schauspieler zu mir sagte: »Marty, du hast verdammt wenig Ahnung von Schauspielerei.« Daher beschloß ich, etwas dafür zu tun. Ich hörte auf alles, was sie mir sagten, und lernte von ihnen. Sehr oft ließ ich sie das tun, was sie wollten. Als ich in meinem ersten Spielfilm Harvey Keitel besetzte, fand ich, daß er mir sehr ähnlich war, obwohl er ein polnischer Jude aus Brooklyn ist. Wir wurden Freunde, ich lernte ihn besser kennen und merkte, daß wir über dieselben Probleme dasselbe dachten. Unser beider Familien erwarteten, daß wir irgendeine Art Ansehen erreichten. Doch es gab in diesem Film ein paar andere Schauspieler, mit denen es sehr schwierig war, sehr bösartige Leute. Ich lernte, auch damit umzugehen.

Ich habe nie Schauspielunterricht genommen oder das Actors Studio besucht. Während gedreht wurde hörte ich über Kopfhörer einfach nur auf ihre Stimmen, und wenn ich glaubte, was sie sagten, war es okay. Bei MEAN STREETS konnte ich über lange Zeit nicht einmal sehen, was sie machten, weil die Kamera durch die Gegend schwenkte, und ich mich ducken mußte! Ich glaube, das Schlimmste für zwei Schauspieler ist es, einfach dazusitzen und zu reden. Hysterische Ausbrüche, schreien, kreischen und kämpfen – davon kann man zwei oder drei gute Takes kriegen; aber reden, kommunizieren ist das Schwerste. Weil wir so schnell und billig drehen mußten, konnte ich die Schauspieler nicht herumspinnen und improvisieren lassen. Ich mußte sie immer bremsen und ihnen einhämmern: »Vergeßt nicht, zu dieser oder jener Zeile zu kommen, denn sonst verliert die Szene ihren Sinn.« Das Schwierige ist, daß alle mit dem, was du tust, mit dem Film, den du machst, einverstanden sein müssen. Da muß man sofort hinkommen, denn das Schlimmste, was passieren kann, ist, daß ein Schauspieler auf den Set kommt und fragt: »Was bedeutet diese Szene?« Man hat eine Antwort, aber er will sie nicht hören.

Viele Improvisationen in dem Film wurden während der Probe aufgenommen und dann von den Bändern abgeschrieben. Ein paar Szenen, wie die, in der sich de Niro und Keitel mit Mülleimern prügeln, wurden während des Drehens improvisiert. Ich weiß noch, wie Bobby am Ende eines Takes so ein Ding nach Harvey warf, der es sofort zurückwarf, und ich sagte: »Toll, das machen wir im nächsten Take.« Ich dachte, in der Szene zwischen de Niro und Keitel im Hinterzimmer der Bar wäre es lustig, zu improvisieren und mehr von den Figuren zu zeigen. Wir stellten fest, daß wir Abbott und Costello[1] sehr mochten, ihre Dialognummern mit den wunderbaren Wortverdrehungen. Wir versuchten, davon so viel wie möglich unterzubringen, obwohl wir unter enormem Zeitdruck standen. Und das Ergebnis ist so bemerkenswert, daß diese Szene mehr über ihre Lebensweise erzählt als irgend etwas anderes in dem Film. Man sieht, wie das Vertrauen schwankt, wie Johnny Charlie vertraut, der aber seine eigenen Probleme hat; und Charlie vertraut Johnny, aber der nutzt ihn aus. Diese Szene war Bobs Idee, und da er und Harvey nie Angst haben zu experimentieren, sagte ich: »Warum nicht?« Die Szene dauerte beim Drehen ungefähr fünfzehn Minuten, war sehr komisch und machte alles vollkommen klar. Wie die kleinen Vertrauensbrüche, die ich in den Filmen mit Hope und Crosby so mag, wenn eine Figur die andere übervorteilt.

Wir drehten die zentrale Szene, in der Bobby plötzlich eine Pistole auf Richard Romanus richtet, am vorletzten Drehtag. Irgend etwas war zwischen Bobby und Richard vorgefallen, denn die Animosität zwischen ihnen in dieser Szene war echt. Das nutzte ich aus. Sie waren sich dermaßen auf die Nerven gegangen, daß sie sich wirklich gegenseitig umbringen wollten. Ich drehte weiter Take um Take, während Bobby Beleidigungen brüllte und die Crew immer aufgeregter wurde.

Als wir in der Lower East Side waren, wurde eine Filmklappe hochgehalten, auf der MEAN STREETS stand, die Leute wurden ärgerlich und sagten: »Mit diesen Straßen ist alles

De Niro als Johnny Boy in MEAN STREETS

William Wellmans THE PUBLIC ENEMY (1931), der Scorsese stilistisch
beeinflußte

in Ordnung!« Ich sagte: »Nein, es ist nur ein vorläufiger Titel«, und hoffte noch immer, ihn zu ändern, aber so wurde er nun einmal bekannt. In MEAN STREETS kommt etwas mehr Gewalt und Nightlife vor als in WHO'S THAT KNOCKING AT MY DOOR?. Ich wollte ein genaues Bild der Italo-Amerikaner zeichnen und versuchte gleichzeitig, den Gangsterfilmen von Warner Brothers eine Art Homage zu erweisen. Übrigens fügte ich einen Ausschnitt von Fritz Langs THE BIG HEAT ein, einem Columbia-Film aus den Fünfzigern, der freilich in derselben Tradition stand. Wir sind mit THE PUBLIC ENEMY und LITTLE CAESAR aufgewachsen. Ich fand LITTLE CAESAR vulgär, sehr übertrieben und grob gespielt. Und obwohl es in THE PUBLIC ENEMY um irische Gangster ging, was uns ein bißchen fremd war, verstanden wir den Gedanken dahinter. Die Art, wie William Wellman beliebte Melodien im Hintergrund spielen ließ, beeinflußte mich; keine eigens komponierte, sondern bereits vorhandene Musik. Aus dieser Mischung verschiedener Musikstile bestand der Soundtrack von MEAN STREETS und später von RAGING BULL .

In MEAN STREETS hört man die Musik, mit der ich aufgewachsen bin, und diese Musik regte die Bilder an. An Rock-Videos stört mich vor allem, daß sie einem für jeden Song ganz bestimmte Bilder vorschreiben. Ich würde mir lieber meine eigene Bilderwelt zu der Musik schaffen. Bei MEAN STREETS bekamen wir Probleme mit den Rechten: Jahre später tauchten Leute auf, und Warner Brothers mußte sie bezahlen, obwohl wir damals vergeblich versucht hatten, sie ausfindig zu machen. MEAN STREETS hatte für mich die ideale Musik, weil es die war, die ich gerne hörte, und sie ein Teil unseres Lebens war. Plötzlich tritt für zwei oder drei Minuten ein Musikstück in den Vordergrund, und das Leben steht still. So sollte auch die Handlung des Films mit dem Rhythmus der Musik verzahnt sein. Ob Rock'n'Roll, Oper oder neapolitanische Liebeslieder, MEAN STREETS hat diese Qualität. In unserer Gegend hörte man morgens um drei Rock'n'Roll aus den kleinen Bars auf der Rückseite der

Mietshäuser, daher lief ›Be My Baby‹, wenn Harveys Kopf aufs Kissen sinkt. Für mich bestand der ganze Film aus ›Jumping Jack Flash‹ und ›Be My Baby‹.

Trotz der Beschränkungen in Budget, Zeitplan und bei den Schauplätzen erlaubte MEAN STREETS *Scorsese letztendlich eine sehr viel ausdrucksvollere und experimentellere Kameraführung als früher. Für die berühmte Kamerafahrt am Anfang, wenn Charlie eine höllenrote Bar betritt, benutzte er Zeitlupe und verlangsamte den Ton. Ein ausgedehnter Kampf in einem Billard-Salon wurde in langen, rasenden Kamerabewegungen gedreht und zu ›Please, Mr. Postman‹ von den Marvelettes geschnitten. Wahrscheinlich kam der Impuls, eine so bewegliche und involvierte Kamera zu verwenden, von Sam Fuller.*[2]

Als ich zum erstenmal Sam Fullers Filme sah, haben sie mich emotional und psychologisch angesprochen; dann sah ich sie mir wieder an, um herauszufinden, wie er sie gemacht hatte. PARK ROW – übrigens Sam Fullers Lieblingsfilm – ist für mich wegen der Kamerafahrten und der Inszenierung von Action und Gewalt ein sehr wichtiger Film, weil die Kamerafahrt mehr Gewalt andeutet, als tatsächlich da ist. Durch einen langen Take[3] schafft er eine so große emotionale Wucht, daß er einem das Gefühl gibt, vom Zorn und der blinden Wut mitgerissen zu werden. So versteht man besser, warum alles passiert. Sam sagt immer, emotionale Gewalt sei viel erschreckender als physische.

Für mich gibt es so etwas wie ›sinnlose‹ Gewalt nicht. Den Kampf im Billard-Salon zeigte ich so ausführlich, um den Eindruck der Hilflosigkeit und der Dummheit der Situation zu unterstreichen. Am Anfang von Fullers THE NAKED KISS wird Constance Towers von ihrem Zuhälter verprügelt, ihre Perücke fliegt weg, und man sieht, daß sie eine Glatze hat. Für diese Sequenz schnallte Sam ihnen die Kamera auf die Brust, so daß man tatsächlich den Schlag miterlebt. In der Betrunkenenszene von MEAN STREETS trug Harvey un-

Der lange Take der Kneipen-Schlägerei in Samuel Fullers PARK ROW
(1952)

Die Eröffnungsszene in Fullers THE NAKED KISS (1964)

ter seinem Jackett ein Arriflex-Korsett, an dem ein Helfer eine Latte befestigt hatte, auf der die Kamera saß. Wenn Harvey vorwärts ging, bewegte sich der Assistent entsprechend rückwärts, und wenn Harvey zu Boden ging, wich der Assistent einfach zur Seite aus und hielt das Gestell fest – es war ein ganz simples Ding, nichts Besonderes. Und wenn Harvey aufstand, um mit den Stripperinnen zu tanzen, stellten wir ihn auf den Dolly.

Ich habe häufig die Handkamera benutzt, um den Eindruck von Angst und Bedrängnis zu erzeugen, um mit einer gleitenden Kamera verstohlene Blicke um die Ecke werfen zu können. Ich weiß noch, wie Robert Altman den Film beim New York Film Festival gesehen und dann gesagt hat, daß er ihn mochte, er hätte aber die mit Hand gedrehten Aufnahmen als Schienenfahrten gemacht. Ich sagte, wenn wir jede einzelne Einstellung als Fahrt gemacht hätten, wären wir immer noch am Drehen! So diktierte die Ökonomie den Stil, und der Stil funktionierte.

MEAN STREETS handelte vom Amerikanischen Traum: Jeder denkt, er kann schnell reich werden, wenn nicht mit legalen Mitteln, dann mit illegalen. Dieser Zerfall der Werte ist heute nicht anders, und ich würde gern noch mehr Filme zum selben Thema machen. Diese Typen denken, Geld machen, vielleicht eine oder zwei Millionen, heißt andere bestehlen, verprügeln oder betrügen. Das sei viel angenehmer, viel besser, als es wirklich zu verdienen. Am Anfang des Drehbuchs von MEAN STREETS gab es ein Zitat aus Bob Dylans ›Subterranean Homesick Blues‹: »Twenty years of schooling and they put you on the day shift« oder »forget it, we're not going to do it.« Natürlich hat Bob Dylan etwas anderes gemeint. Aber ich wollte diese Haltung beschreiben und verstehen, wie sich diese Leute plötzlich in einem Dilemma befinden, aus dem der Tod sehr oft der einzige Ausweg ist.

Sie fangen mit Zigarettendiebstahl an, verkaufen sie etwas unter dem normalen Preis, ohne wirklich jemandem weh zu tun, und schließlich steigert es sich. Der Verkauf von

Rauschgift ist schon eine ganz andere Kategorie. Die Anführer dieser verschiedenen Cliquen und Banden sehen es meistens nicht gern, wenn Jüngere Geschäfte mit Rauschgift machen – nicht aus moralischen Gründen, sondern weil es die Aufmerksamkeit auf sie lenkt. Wenn es in meinem Fall, in meiner Gegend dazu gekommen wäre, daß ich eine Waffe hätte ziehen und jemanden töten müssen, ich hätte es nicht gekonnt. Damals hätte ich mich nicht einmal geprügelt und meinen Anzug ruiniert; ich hätte gelächelt und die Straßenseite gewechselt. Doch die Leute, die in meiner Gegend das größte Ansehen genossen, waren nicht die, die arbeiteten, sondern die smarten Typen, die Anführer der Gangs – und die Priester. Daher rührte meine Neigung zum Priestertum, ein noch härterer Beruf, fürchte ich!

MEAN STREETS war der Versuch, mich und meine alten Freunde auf die Leinwand zu bringen, zu zeigen, wie wir lebten, wie das Leben in Little Italy war. Der Film war wirklich ein anthropologisches oder soziologisches Traktat. Charlie benutzt andere Menschen und denkt, er hilft ihnen; aber indem er das glaubt, ruiniert er nicht nur sie, sondern auch sich selbst. Wenn er auf der Straße vor dem Garagentor auf Johnny losgeht, tut er so, als sei es für die anderen, aber es geht um seinen eigenen Stolz – die erste Sünde in der Bibel. Harveys Stimme ist während des ganzen Films mit meiner Stimme verwoben, für mich war das ein Weg, mit mir ins reine zu kommen, der Versuch, mich selbst zu erlösen. Es ist sehr leicht, sich zu disziplinieren und sonntags morgens zur Messe zu gehen. Das ist für mich keine Erlösung, sondern es ist die Art, wie man lebt, wie man mit anderen Menschen umgeht, egal ob auf der Straße, zu Hause oder im Büro.

MEAN STREETS erhielt 1973 auf dem New York Film Festival und anschließend bei der Quinzaine des réalisateurs *in Cannes viel Beifall. Die Kritiken waren deutlich enthusiastischer als für Scorseses frühere Filme. Robert de Niro war nun ein heißer Tip, genau wie Scorsese, der die weitsichtige Erwartung seines Mentors Cassavetes weitgehend bestätigt hatte.*

John Cassavetes sah den ersten Rohschnitt von MEAN STREETS und sagte: »Was immer du vorhast, kürze ihn nicht.« Ich sagte: »Was ist mit der Schlafzimmerszene?« und er antwortete: »Oh ja, die könntest du rausnehmen«, er mochte nämlich keine Nacktszenen. Ich habe von ihm und der Art, wie er mit Menschen umging, eine Menge gelernt, besonders, wie man Schauspielerinnen behandelt. Er erzählte mir, wie sich Judy Garland bei A CHILD IS WAITING aufgespielt hatte, bis er schließlich fast auf sie losging und sie getrennt werden mußten. Dann sagte sie: »Schaff mir all diese Leute vom Hals – dich kann ich gut leiden.« Sie nahm ihn mit in ihre Garderobe und fing an zu weinen, und er fragte, warum. Sie antwortete, daß sie seit einer Woche an dem Film arbeite, da hätte man ihr doch inzwischen Blumen schicken können. Da erst begriff er, wie verletzlich sie war.

In Hollywood gefiel MEAN STREETS gut, aber weil er so drastisch war, dachte man, ich könne nur Schauspieler führen, keine Schauspielerinnen! Ellen Burstyn, die wegen THE EXORCIST auf einer Welle des Erfolges schwamm, suchte einen jungen Regisseur für ALICE DOESN'T LIVE HERE ANYMORE, ein Drehbuch, für das vorher Diana Ross vorgesehen gewesen war. Sie war mit Francis Coppola essen, und er sagte, sie solle sich MEANS STREETS ansehen. Er hatte ihn gerade selbst gesehen, daraufhin Robert de Niro in THE GODFATHER II besetzt und mich offensichtlich empfohlen. John Calley, Produktionschef bei Warner Brothers, erzählte mir von dem Drehbuch und meinte, es eigne sich gut für mich: niemand würde so etwas von mir erwarten. Da ich zu dieser Zeit eine Menge Drehbücher bekam, las Sandy Weintraub es zuerst und sagte, es sei wirklich interessant. Ich hielt es auch für eine gute Idee, mich zur Abwechslung einmal mit Frauen zu beschäftigen, ich wollte allerdings einiges improvisieren und den dritten Teil, der von dem Farmer handelt, ändern. Mit dem Ergebnis war ich nur teilweise zufrieden, da wir eigentlich einen Dreieinhalb-Stunden-Film gedreht hatten und ihn dann auf weniger als zwei Stunden kürzen mußten.

ALICE DOESN'T LIVE HERE ANYMORE *war die völlige Abkehr von der männer-dominierten Welt in Scorseses autobiographischen Filmen. Nun hatte er ein Budget, das dreimal so hoch war wie bei* MEAN STREETS *und ein Drehbuch von einem Schriftsteller, der neu für ihn war, Robert Getchell. Der Plot folgt einer verwitweten Frau auf einer Straße in Arizona, die mit ihrem frühreifen Sohn unterwegs ist und beschlossen hat, ein neues Leben als Sängerin zu beginnen. In dem Bewußtsein, daß die Geschichte voll von altmodischem Hollywood-Optimismus war, arbeitete Scorsese mit Getchell und den Schauspielern an Improvisationen, um ihr mehr Schärfe zu geben.*

Die Geschichte sollte wie ein Melodram von Douglas Sirk anfangen – wenn auch Sirk kein Regisseur ist, der Scorsese besonders anspricht – und sich dann, wenn Alice plötzlich allein dasteht, in eine andere Welt verlagern. Als Mittel dafür diente eine hochstilisierte Dekoration für $ 85.000, die man nur während des Vorspanns sieht und die die geistige Landschaft von Alice' ›Träumen‹ darstellt.

Bei ALICE DOESN'T LIVE HERE ANYMORE konnte ich zum erstenmal in meiner Filmkarriere einen richtigen Set bauen. Außerdem war es der letzte Film, der in den alten Columbia-Tonstudios in der Gower Street gedreht wurde. Wir hatten sogar den Ausstatter von CITIZEN KANE, Darrell Silvera. Russel Metty drehte die Probeaufnahmen für mich – er war zufällig am Set.[4] In der Anfangssequenz, die Alice als kleines Mädchen zeigt, versuchten wir eine Kombination aus DUEL IN THE SUN und GONE WITH THE WIND im Stil von William Cameron Menzies INVADERS FROM MARS.[5] Wir malten einen roten Sonnenuntergang, der die ganze Bühne zu 180 Grad umschloß und machten dieses kleine Mädchen wie Dorothy in THE WIZARD OF OZ zurecht, stellten sie vor diesen unglaublichen Prospekt und ließen sie ›You'll Never Know‹ singen. In gewisser Hinsicht sind die Songs, die Alice singt, von den alten Betty Grable-Filmen inspiriert.

Ellen Burstyn in ALICE DOESN'T LIVE HERE ANYMORE (1974)

Set für die Eröffnungsszene von ALICE DOESN'T LIVE HERE
ANYMORE

Es war eine Herausforderung für uns, mit einem Jungen zu arbeiten, der kein Schauspieler war. Am Drehort passierten Dinge zwischen ihm und Ellen Burstyn, die sich abends zwischen ihr und ihrem eigenen zwölfjährigen Sohn wiederholten. Sie erzählte mir davon, und wir bauten sie ein, so daß der Film sich ständig veränderte. Ich arbeitete auch gern mit Kris Kristofferson, obwohl wir uns anfangs auf die Nerven gingen. Bei der Probe fragte er: »Wo soll ich stehen?« und ich sagte: »Ich weiß nicht.« Darauf er: »Du mußt mir schon sagen, wo ich stehen soll.« Der arme Kerl hatte gerade PAT GARRETT AND BILLY THE KID gemacht, der mir gefallen hat, den aber viele geradezu haßten. Eines Tages probten nur wir beide miteinander, und ich zog ihn auf, rief dummes Zeug, alberte herum und sagte: »Ich wirke komisch auf dich, und du wirkst komisch auf mich. Also was soll's? Wir wirken beide komisch aufeinander.« Das löste die Spannung, und danach war unsere Beziehung großartig. Ich hatte etwas von ihm gelernt.

Ein anderer wichtiger Einfall bei ALICE DOESN'T LIVE HERE ANYMORE war, Frauen in die Crew zu nehmen – Sandy Weintraub war Produktionsassistentin, Toby Rafelson unsere Ausstattungs-Leiterin und Marcia Lucas meine Cutterin –, damit sie uns halfen, so ehrlich wie möglich zu sein. Aber es sollte nie ein feministisches Traktat werden. Der Film handelte von Eigenverantwortung und auch davon, wie Menschen immer und immer wieder dieselben Fehler begehen. Am Anfang dachten wir sogar, daß Alice sich scheiden läßt und ihrem Mann wegläuft, aber wir entschieden uns anders, nämlich, daß er starb und ihr somit keine Wahl blieb.

Es gab etwas Kritik wegen des Schlusses, wenn Burstyn schließlich den gutaussehenden Mann bekommt. Aber tatsächlich endet der Film gar nicht damit; er endet, indem Alice und ihr Sohn weggehen, und der Junge sagt, daß sie ihn erstickt. Vielleicht würden Burstyn und Kristofferson für den Rest ihres Lebens zusammenbleiben, aber es ginge dann wahrscheinlich ziemlich stürmisch zu. Es gab einen Schlüsselsatz, wenn er von seiner ersten Frau erzählte: »Sie sagte:

›Ich verlasse dich‹, und ich hielt ihr die Tür auf.« Ich versuchte, es so spielen zu lassen, daß es realistisch wirkte: er erzählte offensichtlich nicht alles, und es wäre sicher nicht angenehm, wenn er es täte.

Ellen Burstyns eindrucksvolle Darstellung in ALICE DOESN'T LIVE HERE ANYMORE *brachte ihr einen Oscar ein, den Scorsese, inzwischen trug er seinen bekannten Bart, entgegennahm. Robert Getchell erhielt eine Nominierung und einen Auftrag für eine Fernsehserie, die auf den Figuren des Films basierte. Währenddessen tauchte Scorsese wieder in die Welt von Little Italy ein, wo er einen Dokumentarfilm über seine Eltern drehte:* ITALIANAMERICAN. *Von einem* Bicentennial Award *des* National Endowment for the Humanities *finanziert, sollte dieser Film nach dem Willen der Sponsoren Teil einer Serie mit dem Titel* STORM OF STRANGERS *über Immigranten und ethnische Minderheiten werden.*

Gedreht wurde in der Wohnung der Familie Scorsese in der Elizabeth Street, wo seine Eltern ungezwungen über ihr früheres Leben in New York und ihre sizilianischen Wurzeln redeten. Als der Film 1974 beim New York Film Festival zum ersten Mal lief, gab es beim Abspann – der Catherine Scorseses persönliches Rezept für Spaghettisauce enthielt – Standing Ovations. Scorsese hat später den Film als dokumentarisches Gegenstück zu MEAN STREETS *betrachtet.*

Am 30. Dezember 1975 heiratete Scorsese Julia Cameron, gleich nach den Dreharbeiten von TAXI DRIVER, *einem Projekt, dessen Finanzierung sich als schwierig erwies. Das Original-Drehbuch stammte von Paul Schrader, der sich schnell als Drehbuchautor durchgesetzt hatte; davor war er nach Verlassen der Universität und der Veröffentlichung seiner Dissertation,* Transcendental Style in Film: Ozu, Bresson, Dreyer, *eine zeitlang Kritiker gewesen.*

Schrader, der in einem streng holländisch-calvinistischen Elternhaus in Grand Rapids, Michigan, aufgewachsen war, durfte bis zum Alter von siebzehn Jahren keine Filme sehen. Danach holte er die verlorene Zeit auf – und behauptete,

Charles und Catherine Scorsese in ITALIANAMERICAN (1974)

Paul Schrader, Scorsese und Robert de Niro während TAXI DRIVER (1975)

daß dieser Entzug ihn vor der selbstverliebten Nostalgie einer ›normalen‹ kindlichen Betrachtungsweise bewahrt habe. Sein drittes Drehbuch, THE YAKUZA, *war für die ansehnliche Summe von $ 350.000 von Warner Brothers gekauft und von Sidney Pollack inszeniert worden.* TAXI DRIVER *entstand aus der persönlichen Erfahrung des rauhen New Yorker Lebens und der Leidenschaft für Waffen; aus Sartres erstem ›existentialistischen‹ Roman* Der Ekel; *und aus der Beschäftigung mit den Tagebüchern von Arthur Bremer, dem Mann, der einen Attentatsversuch auf Gouverneur George Wallace unternommen hatte. Ursprünglich von Robert Mulligan mit Jeff Bridges in der Titelrolle geplant, wurden die Drehbuchrechte schließlich von den Produzenten Michael und Julia Phillips erworben.*

Brian de Palma machte mich mit Paul Schrader bekannt. Wir unternahmen eine Pilgerfahrt, um den Kritiker Manny Farber in San Diego zu besuchen.[6] Ich wollte, daß Paul ein Drehbuch nach Dostojewskis *Der Spieler* für mich schrieb. Doch Brian lud Paul zum Essen ein, und sie arrangierten es so, daß ich sie nicht finden konnte. Als ich sie nach drei Stunden endlich aufspürte, hatten sie sich die Idee zu OBSESSION ausgedacht. Aber Brian erzählte mir, daß Paul dieses Drehbuch TAXI DRIVER hätte, das er damals nicht verwirklichen konnte oder wollte, und gerne wüßte, ob ich interessiert sei, es zu lesen. Also las ich es, und meine Freundin las es, und sie fand es phantastisch: Wir waren uns einig, daß dies die Art Film war, die wir machen sollten.

In jenem Jahr 1974 stand de Niro vor dem Gewinn des Oscar für THE GODFATHER PART II, Ellen Burstyn hatte ihn für ALICE DOESN'T LIVE HERE ANYMORE erhalten, und Paul hatte THE YAKUZA an Warner Brothers verkauft, so kam alles zusammen. Michael und Julia Phillips, die die Drehbuchrechte besaßen, hatten einen Oscar für THE STING bekommen und dachten, jetzt sei genügend Unterstützung da, um den Film zu machen, und doch brachten wir am Ende das sehr kleine Budget von $ 1,3 Millionen kaum zusammen. Wir dachten sogar eine Weile daran, ihn in schwarzweiß auf Video zu drehen! Auf alle Fälle glaubten wir, es wäre eher etwas, das wir aus Liebe zur Sache machten als um irgendeines kommerziellen Erfolges willen – schnell in New York drehen, in Los Angeles fertigstellen, herausbringen und gleich weitermachen mit NEW YORK, NEW YORK, bei dem wir schon mit der Vorproduktion angefangen hatten. De Niros Zeitplan mußte sowieso umgestellt werden, weil er schon für den Film 1900 von Bertolucci erwartet wurde.

Vieles von TAXI DRIVER erwuchs aus meinem Gefühl, daß Filme wie eine Art Traumzustand sind, oder wie ein Drogenrausch. Der Schock, wenn man aus dem Kino ins volle Tageslicht kommt, kann entsetzlich sein. Ich sehe dauernd Filme, und ich habe auch diese Schwierigkeiten beim Aufwachen. So war der Film für mich – wie das Gefühl, fast wach zu sein. Es gibt in TAXI DRIVER eine Einstellung, in der Travis Bickle mit Betsy telefoniert, und die Kamera löst sich von ihm und blickt den langen Flur hinunter, und da ist niemand. Das war die erste Einstellung, an die ich bei dem Film gedacht habe, und es war die letzte, die ich gedreht habe. Ich mag sie, weil ich spürte, daß sie zu der Einsamkeit des Ganzen beitrug, aber ich befürchte, man spürt die Hand hinter der Kamera.

Der ganze Film beruht weitgehend auf den Eindrücken, die ich dadurch gewonnen habe, daß ich in New York aufgewachsen bin und in dieser Stadt lebe. Es gibt eine Einstellung, in der die Kamera auf die Haube des Taxis montiert ist, es fährt an der Leuchtreklame ›Fascination‹ vorbei, die direkt bei meinem Büro ist. Um diese Faszination geht es, der Racheengel, der durch die Straßen der Stadt schwebt, die für mich alle Städte repräsentiert. Wegen des niedrigen Budgets wurde der ganze Film als Storyboard durchgezeichnet, bis hin zu halbnahen Aufnahmen von Personen im Gespräch, so daß alle Anschlüsse stimmten. Ich mußte diese traumartige Qualität in den Zeichnungen erzeugen. Manchmal ist die Figur selbst auf einem Dolly, so daß wir ihr über die Schulter sehen, wenn sie sich auf eine andere Figur zubewegt, und

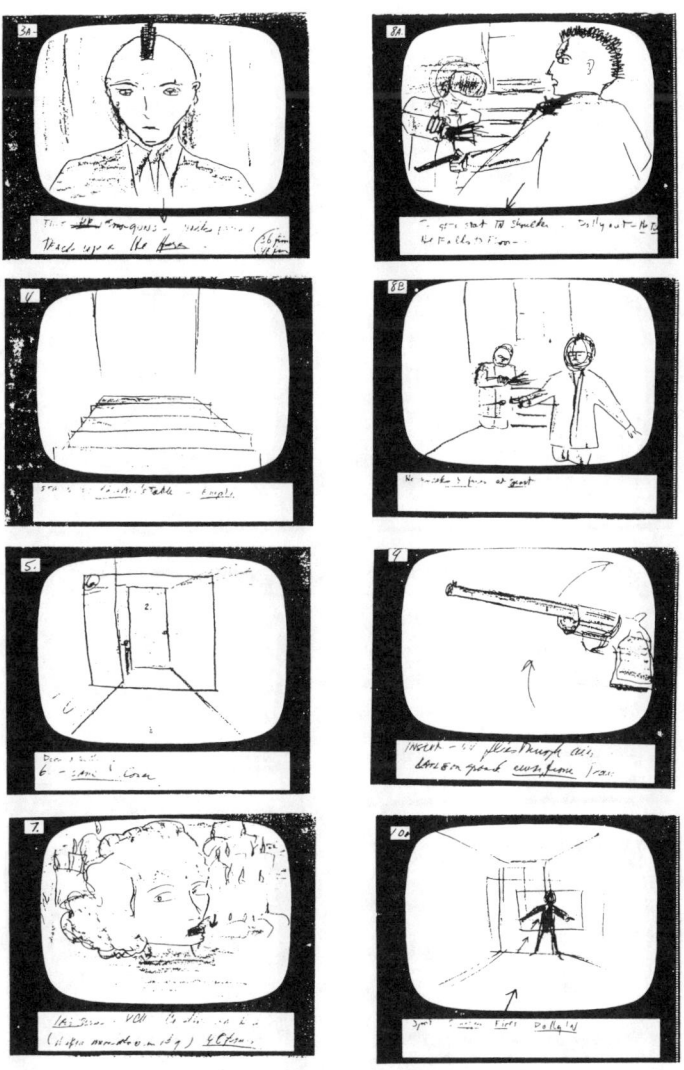

Originalzeichnungen von Martin Scorsese für den Höhepunkt in TAXI
DRIVER

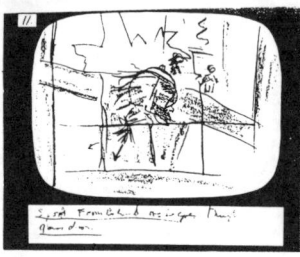

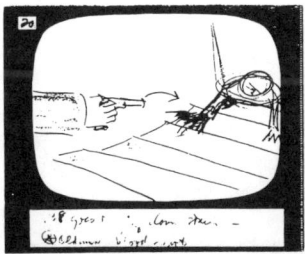

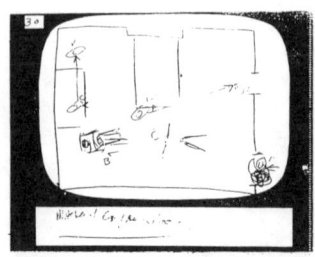

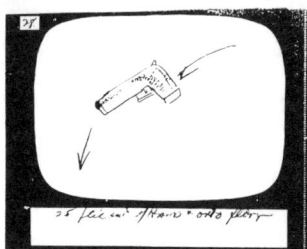

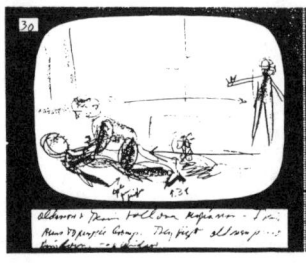

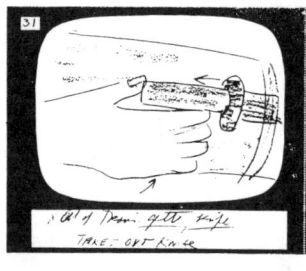

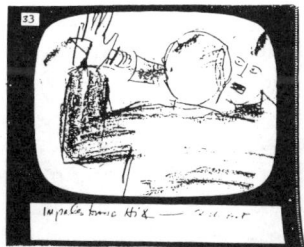

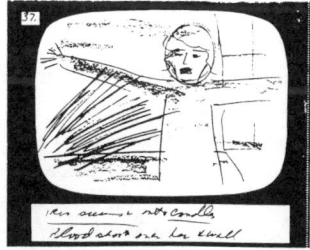

für den Bruchteil einer Sekunde fragt sich das Publikum, was da vor sich geht. Die Gesamtidee war, eine Art Kreuzung zwischen ›Gothic Horror‹ und der New York *Daily News* herzustellen.

Der Sommer in New York hat etwas Außergewöhnliches. Wir drehten den Film während eines sehr heißen Sommers, und nachts herrscht dort eine Atmosphäre, die von einem schleichenden Virus befallen zu sein scheint. Es liegt in der Luft, man kann es riechen und schmecken. Es erinnert mich an die Szene in THE TEN COMMANDMENTS, in der das Töten von Erstgeborenen gezeigt wird. Eine grüne Rauchwolke kriecht den Palastflur entlang und berührt den Fuß eines erstgeborenen Sohnes, der tot umfällt. Beinahe so ist es: eine fremde Krankheit kriecht durch die Straßen der Stadt, und während wir den Film drehten, schlichen wir hinter ihr her. Sehr oft wurden wir von Leuten bedroht und mußten uns schnell verziehen. Eines Nachts, als wir im Kleiderviertel drehten, unterbrach mein Vater seine Arbeit und kam herüber zum Set. Das Gedränge auf dem Bürgersteig war so groß, daß es in dem Moment, als ich mich von der Kamera wegdrehte, um mit ihm zu reden, ausgeschlossen war zurückzukommen. Das war typisch.

Wie in meinen anderen Filmen wurde auch in TAXI DRIVER einiges improvisiert. Die Szene im Coffeeshop zwischen de Niro und Cybill Shepherd ist dafür ein gutes Beispiel. Ich wollte den Dialog nicht, wie er im Drehbuch stand, daher improvisierten wir ungefähr zwölf Minuten lang, schrieben es dann auf und drehten es. Schließlich dauerte die Szene etwa drei Minuten. Viele der besten Szenen, wie die, in der de Niro sagt: »Lutsch dran«, und Keitel abknallt, waren für einen Take entworfen. Obwohl jede Einstellung in dem Film vorher gezeichnet worden war, mußten wegen der Schwierigkeiten, auf die wir stießen – dazu gehörten vier wegen Regens verlorene Drehtage –, viele der Aufnahmen aus dem Auto rein dokumentarisch gedreht werden.

Wir sahen uns Hitchcocks THE WRONG MAN an, um die Kamerabewegungen in der Szene zu studieren, in der Henry

Fonda in das Versicherungsbüro kommt, und die Blickwinkel der Leute hinter dem Schalter sich ständig ändern.[7] Diese Art von Paranoia wollte ich erreichen. Und so wie Francesco Rosis SALVATORE GIULIANO schwarzweiß verwendet, so sollte TAXI DRIVER in Farbe aussehen. Wir studierten auch Jack Hazans A BIGGER SPLASH für die frontalen Bildeinstellungen, wie bei der Aufnahme von dem Lebensmittelladen, bevor Travis Bickle den Schwarzen erschießt.[8] Jede Sequenz beginnt mit einer solchen Einstellung, so daß man, bevor sich etwas bewegt, mit einem Bild wie einem Gemälde konfrontiert ist.

Ich glaube, man sollte im Umgang mit Phantasie und Wirklichkeit im Film keinen Unterschied machen. Sicher, wenn man danach lebt, ist man reif für die Heilanstalt. Aber beim Film kann ich die Grenze ignorieren. In TAXI DRIVER lebt Travis Bickle das aus, er geht bis zum Äußersten und explodiert. Als ich Pauls Drehbuch las, stellte ich fest, daß dies genau die Art war, wie ich fühlte, daß wir alle diese Gefühle haben, daß dies also eine Möglichkeit war, sie anzunehmen und zuzulassen und gleichzeitig zu sagen, daß man es nicht in Ordnung findet. Wenn man in einer Stadt lebt, hat man ständig ein Bewußtsein davon, daß die Gebäude alt werden, Sachen werden abgerissen, Brücken und Subways müssen repariert werden. Gleichzeitig befindet sich die Gesellschaft in einem Zustand des Verfalls; die Polizeikräfte gehen nicht ihrer Arbeit nach, sie lassen auf den Straßen Prostitution zu, und wer weiß, ob sie nicht davon profitieren und Geld damit verdienen. So schwingt dieses Gefühl der Frustration wie ein Pendel hin und her, nur Travis denkt, es schwingt nicht mehr zurück, es sei denn, er kümmere sich darum. Es war eine Art Exorzismus dieser Gefühle, und ich habe den Eindruck, de Niro hat das genauso empfunden.

Ich habe nie irgendwelches Quellenmaterial von Paul gelesen – ich glaube aber, daß er das Tagebuch von Arthur Bremer verwendet hat. Aber ich hatte ein paar Jahre zuvor Dostojewskis *Aufzeichnungen aus einem Kellerloch* gelesen, woraus ich einen Film machen wollte; TAXI DRIVER kam

De Niro als Racheengel in TAXI DRIVER

Die Szene im Versicherungsbüro in Hitchcocks THE WRONG MAN (1956)

dem bisher am nächsten. De Niro hatte sich an einem Drehbuch über einen politischen Attentäter versucht und mir die Geschichte erzählt. Zu der Zeit standen wir uns noch nicht sehr nahe, lediglich bei MEAN STREETS hatte ich mit ihm gearbeitet, aber er las das Drehbuch und meinte, es käme seiner Idee sehr nahe, die er deswegen ebensogut fallenlassen könne. Also waren wir alle mit diesem Thema verbunden.

Travis hat wirklich die besten Absichten; er glaubt, er tue das Rechte, genauso wie der Heilige Paul. Er will das Leben, den Geist und die Seele reinigen. Er ist sehr spirituell, aber in einem Sinne, wie Charles Manson spirituell war, was nicht heißt, daß das gut ist. Es ist die Kraft des Geistes auf dem falschen Weg. Der Schlüssel zu dem Film ist die Idee, genug Mut zu haben, um diese Gefühle zuzugeben und sie dann auszuagieren. Ich zeigte instinktiv, daß dieses Ausagieren nicht der richtige Weg war, was dem Geschehen eine weitere ironische Wendung gab.

Für den Charakter von Travis Bickle ist es entscheidend, daß er in jeder Sekunde seiner Zeit in Südostasien von Leben und Tod umgeben war. Dadurch steigert sich alles noch, als er zurückkommt; das Bild der nächtlichen Straße, die sich im schmutzigen Rinnstein widerspiegelt, wird bedrohlicher. Ich glaube, so geht es jedem, der einen Krieg erlebt hat und in die angebliche ›Zivilisation‹ zurückkehrt. Er wird paranoider. Ich werde nie die Geschichte vergessen, die mein Vater mir von einem meiner Onkel erzählt hat, der aus dem Zweiten Weltkrieg zurückkam und die Straße entlangging. Ein Auto hatte eine Fehlzündung, und der Mann rannte instinktiv zwei Blocks weiter! Genauso war Travis Bickle durch Vietnam infiziert: es steckt in ihm, und explodiert irgendwann. Und wenn es am Schluß des Films auch so scheint, als habe er sich wieder unter Kontrolle, vermitteln wir doch den Eindruck, daß die Zeitbombe jede Sekunde wieder losgehen könnte.

Es war nicht leicht, Bernard Herrmann dazu zu bringen, die Musik für TAXI DRIVER zu komponieren. Er war ein wunderbarer, aber übellauniger alter Mann. Ich erinnere mich noch, wie ich ihn zum ersten Mal wegen des Films anrief. Er sagte, es sei unmöglich, er sei sehr beschäftigt und fragte dann, wie der Film heiße. Ich sagte es ihm, und er meinte: »Oh nein, das ist nicht meine Art Filmtitel. Nein, nein, nein.« Ich sagte: »Gut, vielleicht können wir uns treffen und darüber reden.« Er sagte: »Nein, ich kann nicht. Wovon handelt er?« Ich beschrieb es ihm, und er sagte: »Nein, nein, nein. Ich kann nicht. Wer spielt mit?« Ich erzählte es ihm, und er sagte: »Nein, nein, nein. Vielleicht können wir uns kurz darüber unterhalten.« Mit ihm zu arbeiten war so ergiebig, daß ich, als er starb, – es war in der Nacht, als er die Filmmusik fertig hatte, am Heiligen Abend in Los Angeles – sagte, niemand käme ihm gleich. Wenn man genug Filme gesehen hat, weiß man allmählich, was man mag, und ich dachte, seine Musik würde für TAXI DRIVER die perfekte Atmosphäre schaffen.

Ich war schockiert darüber, wie das Publikum die Gewalt aufnahm. Früher war ich von der Publikumsreaktion auf THE WILD BUNCH überrascht worden, den ich zum ersten Mal mit einem Freund in einem Vorführraum von Warner Brothers gesehen hatte und sehr mochte. Eine Woche später nahm ich ein paar Freunde mit ins Kino, und es war, als ob sich die Gewalt auf das Publikum übertrug und umgekehrt. Ich glaube nicht, daß es nur Zustimmung war, einiges war sicher auch Ablehnung. TAXI DRIVER habe ich einmal in einem Kino gesehen, ich glaube, am Premierenabend, und alles brüllte und schrie bei der Schießerei. Ich habe ihn nicht in der Absicht gedreht, daß das Publikum mit dem Gefühl reagiert: »Ja, gib's ihm! Los, gehen wir und legen einen um.« Die Idee war, eine Katharsis der Gewalt zu schaffen, so daß sie sich zwar dabei ertappen, wie sie sagen: »Ja, umlegen« –, aber danach entdecken, daß sie es doch nicht tun sollten – wie bei einer von diesen eigenartigen Therapie-Sitzungen in Kalifornien. Diesem Instinkt bin ich gefolgt, aber es ist unheimlich zu hören, was mit dem Publikum passiert.

Überall in der Welt haben mir Leute dies bestätigt, sogar in China. Ich war zu einem dreiwöchiges Seminar dort, und da war auch ein junger mongolischer Student, der ein bißchen englisch sprach und mir überallhin durch Peking folgte. Er redete dauernd über TAXI DRIVER. Er sagte: »Wissen Sie, ich bin sehr einsam«, und ich sagte: »Ja, im Grunde sind wir das doch alle.« Dann sagte er: »Sie haben die Einsamkeit sehr gut vermittelt«, und ich dankte ihm. Dann kam er wieder an und fragte mich: »Was mache ich nur mit der Einsamkeit?« Er war nicht unbedingt verrückt, er war ein wirklich interessierter Filmstudent. Ich sagte: »Sehr oft versuche ich, sie in meine Arbeit einzubringen.« Also kam er ein paar Tage später wieder und sagte: »Ich habe versucht, sie in der Arbeit unterzubringen, aber sie geht nicht weg.« Ich antwortete: »Nein, sie geht nicht weg, es gibt dagegen kein Zaubermittel.«

Die Leute waren von der Einsamkeit, die der Film ausdrückte, angezogen. Ich hätte nie gedacht, was das Bild auf dem Plakat für den Film bewirkte – ein Photo von de Niro, der die Straße hinuntergeht, mit der Zeile »In every city there's one man.« Und wir hatten gedacht, die Zuschauer würden den Film ablehnen, wir hatten das Gefühl, er sei zu unerfreulich, und niemand würde ihn sehen wollen!

Ich wollte, daß die Gewalt am Schluß so wirkte, als müsse Travis alle diese Leute umbringen, um sie ein- für allemal aufzuhalten. Paul sah es als eine Art ehrenhaften Samurai-Tod – deshalb will sich de Niro umbringen –, und er meinte, wenn er die Szene inszeniert hätte, hätte es literweise Blut überall an den Wänden gegeben, ein eher surrealistischer Effekt. Ich wollte eine *Daily News*-Situation, wie man sie täglich liest: ›Einzelgänger tötet drei Männer, um junges Mädchen zu retten.‹ Bickle hat sich entschieden, mit seinem Taxi durch die ganze Stadt zu fahren, sogar durch die schlimmsten Gegenden, weil das seinen Haß schürt.

Ich habe an die Rolle von John Wayne in THE SEARCHERS gedacht. Er sagt nicht viel, außer ›That'll be the day.‹ (Danach schrieb Buddy Holly den Song.) Er gehört nirgendwohin, seitdem er gerade in einem Krieg, an den er geglaubt hatte, gekämpft und verloren hat, aber er trägt eine große Liebe in sich, die ausgelöscht wurde. Er läßt sich hinreißen

John Wayne als der verbitterte Ethan Edwards in Fords
THE SEARCHERS (1956)

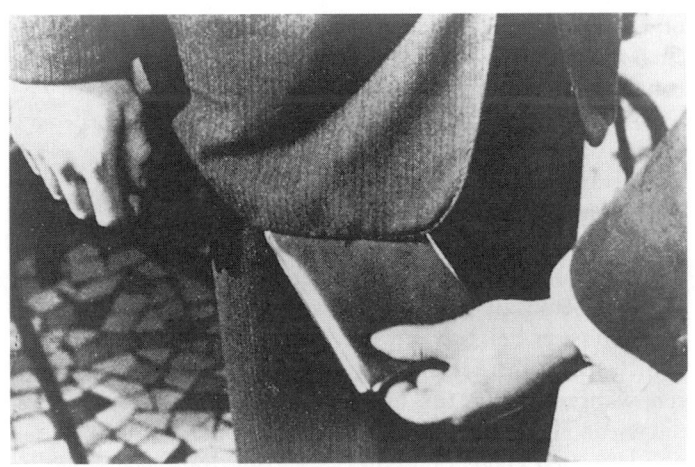

Diebstahl als Ritual in Bressons PICKPOCKET (1959)

De Niro übt vor einem Spiegel in TAXI DRIVER

und tötet während der langen Suche nach dem jungen Mädchen mehr Büffel als nötig, denn das bedeutet weniger Nahrung für die Komanchen – aber während der ganzen Zeit weiß er, daß er sie finden wird; ›so sicher, wie die Erde sich dreht‹, wie er sagt.

Paul war auch von Robert Bressons PICKPOCKET beeinflußt. Ich bewundere Bressons Filme sehr, aber ich finde sie ziemlich anstrengend. In PICKPOCKET gibt es eine wunderbare Szene, in der die Taschendiebe Brieftaschen mit ihren Händen herausziehen, viele Bewegungen rein und raus, und genauso ist es bei Travis, wenn er allein im Zimmer mit seinen Pistolen übt. Ich meinte, er sollte Selbstgespräche führen, während er das tut, und es war eine der letzten Szenen, die wir in einem ungenutzten Gebäude in einer der übelsten und lautesten Gegenden von New York drehten. Ich wollte nicht, daß sie wie andere Spiegelszenen wirkte, die wir gesehen hatten; als daher Bob immer sagte: »Redest du mit mir?«, sagte ich immer nur: »Sag das nochmal.« Ich hockte auf dem Boden, trug Kopfhörer und konnte eine Menge Straßenlärm hören, daher dachte ich, wir würden nichts draufkriegen, aber die Tonspur war in Ordnung.

Sehr beeinflußt war ich auch von einem Film mit dem Titel MURDER BY CONTRACT (1958), inszeniert von Irving Lerner, der bei NEW YORK, NEW YORK als Cutter arbeitete und dem der Film nach seinem Tod gewidmet wurde. Ich sah MURDER BY CONTRACT als zweiten Film einer Doppelvorstellung mit THE JOURNEY, und die Jungs aus der Nachbarschaft redeten dauernd darüber. Er enthielt ein musikalisches Thema, das nach einem ähnlichen Muster wie in THE THIRD MAN immer wieder auftaucht. Aber vor allem vermittelte er uns einen Einblick in die Gedanken eines Mannes, der für seinen Lebensunterhalt tötet, und es war ziemlich furchterregend. Ich hatte sogar einen Ausschnitt davon in MEAN STREETS einbauen wollen, die Szene im Auto, wenn die Hauptfigur beschreibt, was verschiedene Kaliber bei Menschen bewirken, aber der Punkt war bereits abgehandelt. In TAXI DRIVER gibt es diese Szene natürlich, von mir gespielt.

1   Bud Abbott und Lou Costello waren in den Vierzigern und Fünfzigern ein erfolgreiches Komikerpaar im amerikanischen Kino. Sie spielten in mehr als 30 abendfüllenden Slapstick-Filmen mit, bis sie sich 1957 trennten.

2   Sam Fuller (geb. 1911) war Reporter für Jugendkriminalität und bereiste das ganze Land, bevor er Mitte der dreißiger Jahre anfing, Groschenromane und Drehbücher zu schreiben. Nach einem hochdekorierten Einsatz im 2. Weltkrieg begann er 1949 mit I SHOT JESSE JAMES, seine eigenen Drehbücher zu produzieren und zu inszenieren. Weitere bemerkenswerte Filme sind THE STEEL HELMET (1950), PARK ROW, (1952), PICKUP ON SOUTH STREET (1953), RUN OF THE ARROW (1956), FORTY GUNS (1957), UNDERWORLD USA (1960) und SHOCK CORRIDOR (1963). Von Sarris als ›ein authentischer amerikanischer Primitiver‹ beschrieben, hat Fuller einen plakativen, wenn nicht reißerischen Stil, indem er häufig bizarre subjektive Einstellungen benutzt, lange identifikatorische Fahrten und energische Gegenschnitte.

3   PARK ROW (1952) war Fullers sehr persönlicher Tribut an das frühe amerikanische Zeitungswesen, für den er im Studio eine phantastische Rekonstruktion der New Yorker ›Fleet Street‹ baute. Der Film enthält auch einige seiner hervorragendsten Kamerafahrten: für eine, die eine endlose Schlägerei in und vor vielen Kneipen verfolgt, fettete er dem Kameramann den Hosenboden ein, damit er reibungslos auf den Balken rutschen konnte.

4   Russel Metty (1906–78) arbeitete in seiner langen Laufbahn als Kameramann mit vielen bedeutenden Regisseuren, einschließlich Hawks (BRINGING UP BABY) und Welles (THE STRANGERS, A TOUCH OF EVIL). Er fotografierte auch Douglas Sirks drei große Technicolor-Melodramen: MAGNIFICENT OBSESSION, WRITTEN ON THE WIND und IMITATION OF LIFE.

5   William Cameron Menzies (1896–1957) war einer der anerkanntesten Ausstatter in Hollywood (THE THIEF OF BAGDAD, 1924), bevor er in den Dreißigern auch Regie führte. Sein anspruchsvollstes Projekt in den Dreißigern war Kordas spektakuläre Produktion THINGS TO COME (1939), bei dem er auch Ausstatter war. Aber seine späteren low-budget Science-fiction-Filme lösten einen Kult aus – besonders INVADERS FROM MARS (1953), in dem sowohl die Erwachsenenwelt als auch die Invasion von fliegenden Untertassen aus dem Blickwinkel eines Kindes gesehen werden.

6   Manny Farber prägte den Begriff ›Termiten-Kunst‹, um das unbekümmerte Action-Kino, das er neben Avantgarde-Werken sehr schätzte, in Schutz zu nehmen, und arbeitete so als Kritiker gegen den Anspruch des sogenannten Wertvollen. Er hat Fuller als einer der ersten unter anderen Genre- und B-movie-Spezialisten gefeiert, ist auch Maler und Lehrer und hat das Schreiben von Kritiken in letzter Zeit zugunsten von anspielungsreichen ›Kino-Malereien‹ aufgegeben.

7   Hitchcocks THE WRONG MAN (1956) hat eine seltene dokumentarische Qualität und ein Gespür für reale New Yorker Schauplätze unter seinen sonst eher üppigen theatralischen Werken und ist auch einer seiner offenkundig katholischsten Filme. Ein unschuldiger Mann (Fonda), fälschlich des Mordes angeklagt, wird nach einem religiösen Erlebnis im Gefängnis schließlich rehabilitiert.

8   Jack Hazans A BIGGER SPLASH (1975) bezog seinen Titel von dem Bild David Hockneys, der auch Gegenstand des Films war. Eine Art freie Dokumentation über Hockney, sein Werk und sein Leben, die farbenprächtigen Bilder und präzisen, klaren Ausschnitte entsprachen genau den Kunstwerken, die sie gelegentlich exakt produzierten.

NEW YORK, NEW YORK – THE LAST WALTZ
RAGING BULL – THE KING OF COMEDY

»It's a goddamned impossible way of life.«
Robbie Robertson in THE LAST WALTZ

TAXI DRIVER gewann 1976 die Goldene Palme beim Filmfestival in Cannes. Er hatte nur $ 1,9 Millionen gekostet. Aber um eine Indizierung als ›nicht jugendfrei‹ für die amerikanischen Aufführungen zu vermeiden, was die Einspielergebnisse reduziert hätte, mußte Scorsese erlauben, daß über das Blutbad am Ende ein Rotfilter gelegt wurde. Anschließend bot man ihm an, Charles Manson in HELTER SKELTER zu spielen, und Sam Fuller fragte ihn, ob er in THE BIG RED ONE mitspielen wolle, aber er lehnte beide Angebote ab. Er spielte jedoch einen Mafioso in Paul Bartels ›Sex and crime‹-Film CANNONBALL (1976). Nicht verwirklichte Projekte aus dieser Phase waren unter anderem Haunted Summer über Mary Shelley und ein Film mit Marlon Brando über das Massaker am Wounded Knee und die Zerstörung der amerikanischen Indianerkultur. Aber NEW YORK, NEW YORK war schon in Sicht, bevor die Goldene Palme von Cannes Scorseses Ruhm weiter steigerte.

Bevor wir mit TAXI DRIVER anfingen, hatte ich im Hollywood Reporter gelesen, daß Irwin Winkler die Rechte für das Drehbuch NEW YORK, NEW YORK gekauft hatte und daß noch kein Regisseur dafür angekündigt war. Ich spürte, daß es ein interessanter Film werden könnte, zumal der Big-Band-Sound der vierziger Jahre die Musik war, mit der ich aufgewachsen war. Wir glaubten, der Film könnte ein kommerzieller Erfolg werden – vielleicht hätte er das Potential, ein Hit für jedermann zu werden. Ich wollte ihn im Stil der

Vierziger-Jahre-Filme machen, mit ihrer ganzen Künstlichkeit und keiner Spur von Realität. Die Dekorationen sollten vollkommen unecht sein, aber der Trick wäre, die Personen im Vordergrund wie in einem Dokumentarfilm zu behandeln und so beide Techniken miteinander zu kombinieren. So gäbe es im Vordergrund eine andere Geschichte, nicht ›boy meets girl, boy loses girl, boy gets girl‹ oder gar MEET ME IN ST. LOUIS. Wie auch immer, TAXI DRIVER kam dazwischen, dann beendete Bob 1900 mit Bertolucci und stand wieder zur Verfügung.

Nachdem wir jedoch für TAXI DRIVER die Goldene Palme von Cannes gewonnen hatten, wurden wir alle etwas hochmütig und fanden kein Drehbuch gut genug. Wir drehten zum Beispiel wochenlang an der Anfangsszene, wenn de Niro Liza Minelli anmacht, und die ursprüngliche Schnittfassung davon dauerte allein eine Stunde. Das war vor HEAVEN'S GATE, als ein Regisseur noch alles bekam, was er wollte, zwei brillante Schauspieler, dahinter tausend Komparsen und eine Schlußsequenz von einer Stunde.[1]

Da es die alten Hollywood-Dekorationen nicht mehr gab, ließ ich sie von Boris Leven bauen; er hatte THE SHANGHAI GESTURE, GIANT, THE SILVER CHALICE und WEST SIDE STORY entworfen. In den Straßen, die ich in Musicals von MGM und Warner Brothers gesehen hatte, waren die Bordsteinkanten immer sehr hoch und sehr sauber. Als Kind stellte ich fest, daß das nicht stimmte, daß es aber ein Teil der ganzen mythischen Stadt war, die sie erschaffen hatten. Nun wollte ich diese mythische Stadt wiedererschaffen, ebenso das Gefühl der alten Three-strip-Technicolor[2], in denen der Lippenstift zu grell war und sogar die Männer geschminkt waren.

Bei den Kamerabewegungen versuchte ich, dem Beispiel von Vincente Minnellis Filmen zu folgen, und ging sogar noch weiter. Zuerst war die Kamera für ein paar Takte Musik nah auf der Band, vor dem ersten Schnitt, der 24 Takte dauern sollte, d.h., es gab keinen master shot.[3] Dann kam die Kamera für 12 Takte aus einem Winkel, dann für 12 Tak-

Bei der Regiearbeit mit Liza Minnelli und de Niro in NEW YORK, NEW YORK (1977)

›Zwei Verliebte, die beide kreativ sind‹: NEW YORK, NEW YORK

te aus einem anderen und so weiter, vor und zurück, bis ein Stil daraus wurde. Dasselbe Prinzip wandte ich auch bei den Studiosequenzen in THE LAST WALTZ und den Box-Szenen in RAGING BULL an, wo es alle fünfzehn oder zwanzig Hiebe einen anderen Winkel ohne Sicherheitsaufnahmen gibt, und sogar bei den Billardspielen in THE COLOR OF MONEY.

Marcia Lucas, die damals mit George verheiratet war, war bei ALICE DOESN'T LIVE HERE ANYMORE, TAXI DRIVER und bei NEW YORK, NEW YORK meine Cutterin. Nicht, daß wir je wirklich den Schnitt des Films beendet hätten, schließlich erscheint er immer noch in verschiedenen Versionen! George Lucas kam vorbei, um den Rohschnitt zu sehen, und meinte, wir könnten die Kasseneinnahmen um $ 10 Millionen steigern, wenn wir dem Film ein Happy End gäben und den Mann und die Frau zusammen weggehen ließen. Er hatte recht, aber ich sagte, das passe nicht zu dieser Geschichte. Ich wußte, daß er auf etwas extrem Kommerzielles aus war, aber ich mußte einen anderen Weg gehen.

Ich denke, es ist ein guter Film, obwohl ich glaube, daß er nur gut ist, weil er aufrichtig ist. Es ist kein Film über Jazz, deswegen brauchten wir niemand, der sich, wie in ROUND MIDNIGHT, ein Saxophon schnappt und tatsächlich darauf spielt. Es hätte ein Film über einen Regisseur und eine Schriftstellerin sein können oder eine Künstlerin und einen Komponisten. Er handelt von zwei ineinander verliebte Menschen, die beide kreativ sind. Das war die Idee: zu sehen, ob die Ehe gutgehen würde. Wir wußten nicht, ob diese Ehe gutgehen würde, da wir nicht wußten, ob unsere eigenen Ehen gutgingen. So fingen wir einfach an – schrieben um, improvisierten, improvisierten, improvisierten, bis schließlich zwanzig Wochen Drehzeit vorbei waren und wir so etwas wie einen Film hatten.

Gleichzeitig versuchten wir, die Technik der Improvisation und den realistisch-dokumentarischen Stil im Vordergrund mit der Künstlichkeit der unechten Dekorationen im Hintergrund beizubehalten. Man muß aber die Bühnenbilder im voraus bauen, das heißt, man ist nicht mehr beweglich, denn wenn man einmal in einem Bild angefangen hat zu improvisieren, improvisiert man sich schnell aus diesem Bild heraus in eine andere Situation. Inzwischen wurde aber ein anderes Bild gebaut, weil es so im Drehbuch stand! Also muß man zurückgehen und etwas dranhängen, um den Anschluß für das zweite Bild zu bekommen. Das ist einer der Gründe, warum die Szenen so lang sind.

Es war eine experimentelle Situation, und rückblickend glaube ich, man hätte uns nicht so freie Hand lassen dürfen. Es war ein einziges Durcheinander, und es ist ein Wunder, daß der Film überhaupt Sinn macht. Manchmal glaube ich, er ist brillant geworden, aber wir haben den kurzen brillanten Stellen zuliebe zu viel vom Ganzen geopfert. Wie gesagt, es ist ein Film über zwei kreative Menschen und die Aussichtslosigkeit einer solchen Beziehung. Die Art der Musik, die sie machen, spielt keine Rolle. Er liebte Jazz über alles, aber es gab eine Grenze für ihn: er war weiß und wollte schwarz sein. Sie machte diese Showbusiness-Musik, Typ Las Vegas. Aber wir ergreifen nicht Partei für eine Musik, wir folgen den Figuren.

Ich war zutiefst enttäuscht, als der Film fertig war, denn ich hatte während der Herstellung wirklich sehr schlechte Erfahrungen gemacht. Aber über die Jahre habe ich erkannt, daß er Wahrheiten enthält. Trotzdem mag ich ihn immer noch nicht wirklich. Manche Leute verstehen den Schluß, andere nicht. Ich habe nicht klar genug gemacht, daß die beiden es sich noch einmal überlegen: warum sollten sie zusammen essen gehen? Verstehen Sie, der Schmerz, die Schwierigkeiten – vergessen wir's, es kommt doch nichts dabei heraus. Deswegen beschließen beide gleichzeitig, nicht hinzugehen.

Scorsese kürzte NEW YORK, NEW YORK *von einer anfänglichen Schnittfassung von viereinhalb Stunden auf kommerziell akzeptable 153 Minuten (die für die Aufführungen in Europa noch einmal auf 136 Minuten gekürzt wurde). Die endgültigen Kosten lagen bei $ 9 Millionen, das waren*

$ 2 Millionen über dem Budget. Obwohl er ein ansehnliches Einspielergebnis brachte, wurde der Film doch weitgehend als Mißerfolg betrachtet.

Erst 1981 wurde er in einer 163-Minuten-Fassung neu herausgebracht, mit einigen wichtigen wieder eingefügten Szenen – insbesondere die Happy Endings-Musical-Nummer, die zu inszenieren allein $ 350.000 gekostet hatte –, und erntete nun großes Kritikerlob dafür, daß er das klassische Hollywood-Musical, wenn auch in ironischer Distanz, wieder heraufbeschworen hatte.

Während der letzten Woche der Dreharbeiten zu NEW YORK, NEW YORK fragte mich Jonathan Taplin, der Jahre zuvor Tour-Manager von *The Band* gewesen war, ob ich nicht THE LAST WALTZ drehen wollte, das letzte gemeinsame Konzert von *The Band*, mit ein paar berühmten Leuten als Gästen.[4] Ich sagte, ich wüßte es nicht, aber das Ereignis sollte auf jeden Fall aus dokumentarischen Gründen gefilmt werden, auch wenn es nur auf 16 mm wäre. Damals waren wir alle nicht recht bei Trost und konnten unsere Pläne nur schwer ordnen, aber Jonathan fand die Idee großartig, also sagte ich zu. Das war im September, und das Konzert sollte am Thanksgiving-Tag im November stattfinden!

Jedenfalls kam ich auf die Idee, auf 35 mm zu drehen, mit vollem Synchronton und sieben Kameras. *The Band* zahlte das Rohmaterial, während der Kameramann und ich einen Anteil bekommen sollten, wenn der Film je fertiggestellt würde, und im übrigen sollten wir unseren Spaß an der Show haben. Ich bereitete ein 200-Seiten-Drehbuch vor, so daß ich, wenn einer Kamera der Film ausging, angeben konnte, welche Kamera wo übernehmen sollte. Aber natürlich bekam ich kaum eine meiner geplanten Einstellungen, denn als *The Band* einmal angefangen hatte zu spielen, konnte man niemanden mehr verstehen. Aber trotz des ganzen Geschreis erwischten die Kameras es doch, und als ich zum ersten Mal die Muster sah, stellte ich fest, daß wir einen Film hatten.

Aus irgendeinem Grund hatte Bob Dylan Bedenken, daß THE LAST WALTZ seinem eigenen Film, RENALDO AND CLARA, Konkurrenz machen könnte.[5] Ich wußte nur, daß sein Auftritt der letzte nach sieben Stunden sein sollte, und unmittelbar bevor er auf die Bühne kam, wurde uns mitgeteilt, daß wir nur zwei Songs mitdrehen durften, ›Forever Young‹ und ›Baby, Let Me Follow You Down‹. Ich fragte, ob wir ein Zeichen erhielten, wenn er sie singen würde, und mir wurde gesagt: »Ja, schon, irgendwie.« Aber als er auftrat, war es so laut auf der Bühne, daß ich nicht wußte, was ich tun sollte. Bill Graham neben mir sagte: »Dreh schon! Er stammt aus denselben Straßen wie du. Mach dir keine Sorgen, laß dich nicht von ihm rumschubsen, dreh schon.« Aber wir hatten schon ein Sieben-Stunden-Konzert, und ich wollte nicht darauf bestehen. Nichtsdestoweniger bekamen wir unsere Stichworte und drehten die zwei Songs, die in dem Film vorkommen.

Dann mußte ich anfangen, NEW YORK, NEW YORK zu schneiden. Tatsächlich war der Produzent Irwin Winkler sehr ungehalten, als er erfuhr, daß ich in San Francisco war, um das Konzert zu filmen. Also mußte ich jetzt zwei Filme schneiden, und darum hat es zwei Jahre gedauert, bis THE LAST WALTZ herauskam. Während dieser Zeit kam Robbie Robertson immer wieder mit neuen Ideen an. Er sagte, wir müßten eine ›Last Waltz Suite‹ haben, die aus ›Evangeline‹, ›The Last Waltz‹ und ›The Weight‹ bestünde, weil das Material der Bühnenversion von ›The Weight‹ unvollständig sei. Und für ›Evangeline‹ könnten wir Emmylou Harris, die Staple Singers und Ray Charles bekommen, und dies alles leuchtete mir ein. Zu der Zeit war der Film an United Artists verkauft worden; sie gaben uns mehr Geld, damit wir noch weitere zehn Tage nachts in einem Studio drehen konnten.

Ein paar Monate später meinte Robbie, er wolle noch ein paar Interviews einbauen, also bekamen wir noch einmal Geld von UA, und er beschloß, *ich* sollte sie interviewen, aber das war keine gute Idee. Sie waren sehr schweigsam –

›The Band‹ bei einem Studioauftritt für THE LAST WALTZ (1978)

Dreharbeiten zu AMERICAN BOY in einem Whirlpool

besonders Levon, er wollte niemandem irgendwas erzählen, auf keinen Fall! Also hielt ich die ganze Zeit zwei 35-mm-Kameras auf die Jungs und wußte nicht, was sie als nächstes tun würden. Robbie war in Ordnung und machte mit; und Rick war lustig. Es kam aber vor, daß er aufstand und den Korridor hinunterging und ich mit ihm gehen mußte. Schließlich teilte er mir aber mit, daß er genau das vorhatte, also beleuchtete ich den Korridor, aber ich war mir nicht ganz sicher, was er am Ende des Ganges tun würde! 1978 kam der Film endlich heraus.

Kurz nach den Dreharbeiten von NEW YORK, NEW YORK, *am 6. September 1976 , wurde Scorseses zweite Tochter Domenica geboren. Ein Star des Films, Liza Minelli, bot Scorsese an, eine Bühnenshow von ihr zu inszenieren, in der sie einen ehemaligen Musical-Comedy-Star spielte, der ein Comeback plant.*

Ich inszenierte ein Theaterstück – ich glaube, das einzige, das ich je machen werde –, es hieß *The Act*, Liza Minelli spielte die Hauptrolle, und es ging mir sehr, sehr schlecht. Ich fühlte mich nicht in meinem Element, aber ich wollte durchhalten, bis ich merkte, daß es mir wirklich zuwider war. Das war eine schwierige, sehr schmerzliche Situation. Schließlich durfte ich drei Tage freinehmen, um zum Telluride-Festival oben in den Bergen von Colorado zu fahren; Tom Luddy hatte mich gebeten, Michael Powell den Festival-Preis zu überreichen. Ich weiß noch, wie ich mit Jim McBride, Brooks Riley und meinem Co-Autor Mardik Martin in einem offenen Wagen in Telluride ankam und wir an Michael vorbeifuhren. Er sollte nicht wissen, daß ich den Preis überreichen sollte – also mußte ich mich ducken, als sie anhielten, um ihn zu begrüßen.

An jenem Abend zog ich einen weißen Anzug an, um ins Opernhaus zu gehen, und als ich auf der Bühne erschien, war Michael sehr gerührt. Er sagte: »Mein lieber Junge, was machst du hier? Solltest du nicht bei deinem Stück sein?«

Da merkte ich, daß er recht hatte – und es mußte einen Grund gegeben haben, daß man mir für drei Tage freigegeben hatte. Am nächsten Tag kehrte ich nach L. A. zurück und gab zwei Wochen vor der Premiere in New York die Inszenierung auf. Michael besuchte mich danach, und wir sprachen darüber.

Der ehemalige Tänzer und Broadway-Star Gower Champion übernahm die Regie von THE ACT. *Scorsese kündigte ein neues Projekt an,* GANGS OF NEW YORK, *über die irischen Straßenbanden Ende des neunzehnten Jahrhunderts. Im Juni 1978 bekam er in Florenz den David de Donello-Preis.*

Im selben Jahr drehte er außerdem einen Dokumentarfilm über seinen Freund Steven Prince, der in TAXI DRIVER *als Waffenverkäufer aufgetreten war.* AMERICAN BOY *kostete nur $ 15.000 und wurde in einem Wohnzimmer gedreht, wo viele Kollegen von Scorsese versammelt waren und zuhörten, wie Prince von seinen Erlebnissen als Rekrut, als zeitweiliger Drogenabhängiger und als Tour-Manager von Neil Diamond erzählte. Princes lebendige Erinnerungen an brutale Vorfälle und seine Begeisterung für Waffen machen* AMERICAN BOY *zu einer Art Ergänzung von* TAXI DRIVER, *genauso wie es* ITALIANAMERICAN *für* MEAN STREETS *gewesen war.*

Scorsese begann, mit Jay Cocks an einem neuen Drehbuch über die Rivalität zwischen Brüdern zu arbeiten, mit dem Titel NIGHT LIFE. *Doch Ende 1978 brach seine Ehe auseinander, es ging ihm körperlich schlecht, und er hatte schwere Depressionen. In diesem kritischen Augenblick eröffnete ihm* RAGING BULL, *die Lebensgeschichte des ehemaligen Box-Champions Jake La Motta, die Möglichkeit, aus seiner kreativen und persönlichen Sackgasse herauszukommen. Wie Scorsese später bekannte, war der Film seine Rettung.*

Als ich an ALICE DOESN'T LIVE HERE ANYMORE arbeitete, gab mir de Niro das Buch RAGING BULL. Es ist keine richtige Autobiographie; Jake La Motta hat es mit Pete Savage und Joseph Carter geschrieben. Wir haben Carter nie kennengelernt, und eine Zeitlang glaubten wir, er existiere gar nicht, obwohl irgendwer das Geld bekam! Aber Pete war ein guter Freund von Jake, und Jakes Bruder Joey und Pete verschmolzen im Drehbuch zu einer Figur. Pete wurde auch einer der Co-Produzenten des Films. Im Buch wurde alles, was Jake in seinem Leben anstellte, seine Schuld und seine Gewalttätigkeit, begründet. Es taugte nicht viel. Aber es gab Episoden darin, die höchst interessant waren, und wir einigten uns, den Film auf dieser Basis zu machen.

Direkt nach NEW YORK, NEW YORK, während der zweieinhalb Jahre von 1976 bis 1978, mußte ich viele Probleme bewältigen. Der Film hatte keinen Erfolg, und ich war sehr deprimiert. Ich erholte mich schließlich wieder davon, als ich am Labour Day-Wochenende 1978 im Krankenhaus lag und de Niro mich besuchte. Er sagte: »Wir können diesen Film machen.« Mittlerweile waren drei oder vier Drehbücher geschrieben und wieder verworfen worden. Ich mochte keines von ihnen und hörte nicht richtig zu, weil ich in ziemlich schlechter Verfassung war. Und Bob sagte: »Hör zu, wir könnten aus diesem Film wirklich eine große Sache machen. Willst du ihn drehen?« Ich hörte mich »ja« sagen. Damals, nachdem ich eine ähnliche Erfahrung gemacht hatte, verstand ich erst, was mit Jake los war. Ich hatte einfach Glück, daß es gerade ein Projekt gab, womit ich das ausdrücken konnte. So fiel die Entscheidung für den Film.

Ich war von den selbstzerstörerischen Zügen in Jake La Mottas Charakter fasziniert, von seinen sehr elementaren Gefühlen. Was konnte elementarer sein, als seinen Lebensunterhalt dadurch zu verdienen, daß man einem anderen solange auf den Kopf schlägt, bis einer von beiden umfällt oder aufgibt? Bob und ich beschlossen nun, mit Paul Schraders Drehbuch und seinem Segen auf eine Insel zu gehen – was mir schwerfiel, denn soweit es mich betrifft, gibt es nur eine Insel: Manhattan. Aber Bob sorgte für mich, weckte mich morgens und kochte Kaffee; wir verbrachten zweieinhalb Wochen dort und schrieben alles um. Wir legten Figuren zusammen und schrieben tatsächlich den gesamten Film neu, einschließlich der Dialoge. Als wir zurückkamen, zeigten wir es Paul, den das alles nicht weiter zu interessieren schien, aber als wir mit den Dreharbeiten anfingen, schrieb er uns in einem Telegramm: »Jake machte es auf seine Weise, ich machte es auf meine Weise, macht ihr es auf eure Weise.«

Ich steckte alles, was ich wußte und fühlte, in diesen Film und dachte, das wäre das Ende meiner Karriere. Diese Art, Filme zu machen, nenne ich ›Kamikaze‹: gib alles von dir hinein, dann vergiß es und fang ein neues Leben an.

Wir hatten eine Version von Pauls Drehbuch, in der der ›Abend mit Jake La Motta‹ am Anfang und am Ende vorkam, wodurch sich der ganze Film zum Kreis schloß. Jake rezitierte Stellen aus Shakespeare, Tennessee Williams, eine Rede aus ON THE WATERFRONT; und ich dachte, es wäre interessant, wenn er eine Szene aus *Richard III.* vorspielte. Man kann das Vorstellungsplakat, auf dem diese ganze Reihe von Autoren aufgelistet ist, in dem Film sehen. Wie auch immer, wir hatten das Drehbuch schon Michael Powell gezeigt, und seine Reaktion war, daß das falsch wäre: »Das kannst du ihn nicht machen lassen, egal ob er es in Wirklichkeit getan hat oder nicht, für den Film ist es einfach falsch.« Also schauten Bob und ich uns auf der Insel an, und er sagte, *unsere* Ikonographie sei ON THE WATERFRONT, nicht Shakespeare, warum sollten wir die nicht benutzen?

Ich machte ihn darauf aufmerksam, daß das bedeute, daß er, de Niro, Jake La Motta spiele, der Marlon Brando spiele, der Terry Malone spiele! Die einzige Möglichkeit hierfür war, es so kalt zu inszenieren, daß man sich auf die Wörter konzentrierte und fühlte, daß er schließlich vor diesem Spiegel zu einer Art Frieden mit sich selbst kommt. Und so haben wir es auch gemacht, in neunzehn Takes. Manchmal spielte Jake selber es sehr heftig und herzzerreißend vor, und Bobby hat es dreimal genauso gemacht. Es war am letzten Drehtag, und ich glaube, wir haben am Ende Take 13 genommen. Ein Kritiker in Amerika schrieb, dies sei die bru-

De Niro mit Jake La Motta am Set von RAGING BULL (1978)

Die Brüder in Abraham Polonskys FORCE OF EVIL (1948)

talste Szene des Films. Wenn er zum Spiegel sagt: »Du warst es, Charlie«, spielt er dann seinen Bruder oder beschuldigt er sich selbst? Ich finde das jedenfalls sehr beunruhigend.

Bob lernte Jake gut kennen und arbeitete viel mit ihm, nur um bei ihm zu sein. Ich glaube, tatsächlich paßte er auf Jake auf. Als wir die Boxszenen drehten, war Jake zehn Wochen dabei. Nachdem sie fertig waren, schaute Bob ihn an, und Jake sagte: »Ja, ich weiß: ›goodbye‹.« Bob sagte: »Genau.« Die Spielszenen haben wenig mit dem zu tun, was tatsächlich passiert ist. Mardik Martins ursprüngliches Drehbuch enthielt, ähnlich wie bei RASHOMON, verschiedene Versionen der Wahrheit, aus denen Bob und ich das Wesentliche für uns, herausfilterten.[6] Jake war nicht dabei, als wir diese Szenen filmten.

Ich finde im Theater den Antagonisten immer interessanter als den Protagonisten, den Bösewicht interessanter als den Helden. Dazu kommt ein, wie ich vermute, entschieden christlicher Gesichtspunkt, etwa in dem Sinne, daß wir nicht berufen sind, auf den Splitter im Auge des Bruders zu deuten, während wir den Balken im eigenen Auge nicht sehen. Im wirklichen Leben agierte Jake La Motta viel erbarmungsloser als im Film. Das Drehbuch enthielt ursprünglich viel schlimmere Dinge über ihn, aber meiner Meinung nach konnte man sie unmöglich zeigen – über einen Zeitraum von zwanzig Jahren vielleicht, aber in zwei Stunden besteht das Risiko, sie aus dem Zusammenhang zu reißen. Dennoch finde ich solche Figuren faszinierend. Offensichtlich erkenne ich in ihnen Spuren von mir selbst. Ich hoffe, den Leuten im Publikum geht es genauso, und sie können vielleicht von ihnen lernen.

FORCE OF EVIL hat mich wegen der Beziehung zwischen den Brüdern stark beeinflußt; der Film zeigt, wie ein Verrat abläuft, und hat diese merkwürdigen Dialoge in Versen.[7] Während der Vorbereitung zu RAGING BULL zeigte ich Bob BODY AND SOUL auf 16 mm; dann schaute er sich FORCE OF EVIL an, den er interessanter fand. Illegales Glücksspiel, die Basis der ganzen Geschichte, fand die ganze Zeit um uns herum statt, und dies war endlich ein Film, der ehrlich und offen damit umging und in dem ein gerissener Anwalt vorkam, mit dem wir uns identifizieren konnten.

KISS OF DEATH faszinierte mich wegen seiner wunderbaren Optik – Twentieth Century Fox unter dem Einfluß des italienischen Neo-Realismus – und natürlich, weil Richard Widmark so hysterisch und vollkommen unkontrolliert ist.[8] Doch er wurde aus der ›Sicht des Gesetzes‹ erzählt, mit Victor Mature als Spitzel – also da, wo ich aufgewachsen bin, war ein Spitzel das Schlimmste, was man sein konnte, deshalb war mir diese Rolle nicht wirklich sympathisch. Die harten Burschen aus ›downtown‹ schwärmten für Cagney in THE PUBLIC ENEMY und WHITE HEAT. Sicher, auch ich mochte WHITE HEAT, wenn ich mir auch nicht besonders viel aus der Rolle von Edmund O'Brien machte.[9]

Zu jener Zeit kam eine ganze Reihe von Boxfilmen heraus: ROCKY II, ein Kinohit in leuchtenden Farben, kräftigem Rot und Blau; THE MAIN EVENT, THE CHAMP und sogar einer über ein boxendes Känguruh namens Matilda.[10] Alle natürlich in Farbe. Aber das einzige Mal, daß mich der Gebrauch von Farbe in einer Kampfszene wirklich beeindruckt hat, war die Rückblende in John Fords THE QUIET MAN, als John Wayne nach unten blickt und ihm klar wird, daß er seinen Gegner getötet hat – und ich werde nie seine leuchtend smaragdgrünen Boxershorts vergessen.

Während der Vorbereitungen zu RAGING BULL drehten wir ein paar 8-mm-Aufnahmen von Bob beim Training in einer Sporthalle, und ich weiß noch, wie wir sie uns, auf eine Tür projiziert, in meiner Wohnung in der 57th Street ansahen und Michael Powell dabei auf dem Boden saß. Plötzlich sagte Michael: »Irgendwas stimmt nicht, die Handschuhe dürften nicht rot sein.« Vor Jahren, 1975, hatte er mir, nachdem er MEAN STREETS zum ersten Mal gesehen hatte, geschrieben, daß er ihm gefallen habe, ich aber zuviel Rot benutzt hätte – und das von dem Mann, in dessen eigenen Filmen alles rot war und durch den ich überhaupt erst dar-

›Jake läßt sich für das bestrafen, was er glaubt, falsch gemacht zu haben.‹

›In RAGING BULL bleibt die Kamera immer mit Jake im Ring.‹

Robert de Niro und Joe Pesci in RAGING BULL

auf gekommen bin! Aber bezüglich dieser Boxaufnahmen hatte er recht, und unser Kameramann Michael Chapman wies ebenfalls darauf hin, wie Farbe Bilder auch schwächen kann. Ein Mann namens Gene Kirkwood, der damals mit Chartoff-Winkler arbeitete und Co-Produzent bei ROCKY war, kam häufig in unser Büro und erzählte, wieviel THE SWEET SMELL OF SUCCESS und NIGHT AND THE CITY, beide in Schwarzweiß, mit MEAN STREETS zu tun hätten.[11] Wir sagten, nein, es sei zu prätentiös, heutzutage Schwarzweiß zu benutzen. Aber dann klickte es bei mir, und mir fiel ein, daß die Farbe sich ohnehin nicht halten würde – Filmmaterial bleicht sehr schnell aus.

In den Siebzigern wurden so viele Boxerfilme gedreht, daß ich den Moment in der Zukunft fürchtete, wenn ich einmal nicht schlafen könnte, und das einzige, was im Fernsehen liefe, wäre der armseligste von ihnen, sonst nichts, und ich wäre gezwungen, ihn mir anzusehen. Wirklich ein Alptraum! Ich war nie ein Fan von Kämpfen. Um zu recherchieren, sah ich mir zwei Kämpfe im Madison Square Garden an, und das erste Bild, das sich bei mir festsetzte, war ein blutiger Schwamm. Als ich das zweite Mal hinging, saß ich in der fünften Reihe und sah das Blut von den Seilen tropfen. Auch als der nächste Kampf angekündigt wurde, hat sich niemand darum gekümmert. In RAGING BULL bleibt die Kamera fast immer mit Jake im Ring. Wenn ich als Kind samstags nachmittags zwischen den Doppelvorstellungen Boxkämpfe sah, dann waren sie immer aus einem einzigen Kamera-Winkel aufgenommen, und deshalb fand ich sie so langweilig. Für mich gibt es nur einen, der die richtige Haltung bei Boxkämpfen im Kino hatte: Buster Keaton.[12]

Ich hatte das Gefühl, daß Jake alle benutzte, um sich selbst zu bestrafen, besonders im Ring. Warum läßt er sich im Kampf gegen ›Sugar‹ Ray Robinson fünfzehn Runden lang dermaßen verprügeln? Jake selbst sagt, er habe sich totgestellt. So mag Jake vielleicht in Wirklichkeit sein, aber Jake auf der Leinwand ist etwas anderes. Er nimmt die Strafe hin für etwas, das er seinem Empfinden nach falsch gemacht hat.

Und als er ins Gefängnis gesperrt wird, steht er nur einer Mauer gegenüber und so zum ersten Mal seinem wirklichen Feind – sich selbst. Jonathan Demme gab mir ein Portrait, das ein Kunsthandwerker von Jake angefertigt hatte, und am Rand dieser Schieferplatte war eingeritzt: ›Jake hat gekämpft, als verdiente er nicht zu leben.‹ Genau. Ich machte einen ganzen Film, und dieser Typ schaffte das mit einem einzigen Bild!

Der Ton bei RAGING BULL war besonders schwierig, weil jeder Schlag, jedes Geräusch der Fotoapparate und jedes Blitzlicht anders war. Die Toneffekte machte Frank Warner; er hatte bei CLOSE ENCOUNTERS OF THE THIRD KIND und TAXI DRIVER mitgearbeitet. Er benutzte Gewehrschüsse und zerplatzende Melonen, aber viele Effekte wollte er uns nicht verraten; er war sehr eigensinnig und verbrannte sie hinterher sogar, damit niemand sonst sie benutzen konnte. Die Kampfszenen wurden in Dolby Stereo, der Dialog jedoch normal aufgenommen, und das führte zu einem gewissen Problem. Wir rechneten mit ungefähr acht Wochen fürs Mischen, und ich glaube, wir brauchten sechzehn. Es war die Hölle, weil jede Kampfszene ein anderes Klima haben sollte.

Einer unserer besten Einfälle war aber, den Ton an bestimmten Stellen ganz wegzulassen. Stille, dann plötzlich zischt eine Faust durch die Luft – zack! Es wurde fast eine Komposition daraus, und dafür brauchten wir die zusätzliche Zeit. Für die eigentliche Musik konnte ich die Songs aus meiner Jugend benutzen und auf meine eigene 78er Plattensammlung zurückgreifen. Jede Szene spielt an einem bestimmten Datum, und es gibt nicht einen Song im Hintergrund, der zu der Zeit nicht im Radio gespielt worden wäre. Beim Mischen konnte ich auch Liedtexte, die ich mochte, zwischen die Dialoge schieben.

Bob ist ein sehr uneigennütziger Schauspieler und das um so mehr, wenn sein Partner in Großaufnahme erscheint. Oft klaue ich seine Sätze, wenn wir über seine Schulter drehen, weil sie so gut sind. Er bringt andere Schauspieler wirklich dazu, in seinen Szenen mitzuspielen. Wenn zum Beispiel Jake Joey fragt: »Hast du mit meiner Frau gevögelt?«, – ich hatte eine sieben Seiten lange Szene geschrieben, die einzige Szene des Films, die nur aus Dialog besteht, – Wenn er die Frage stellt, sieht man, wie Joey zurückfragt: »Was, wie kannst du so was sagen?« Ich sagte Bob, ich bekäme nicht genügend Reaktion von Joe Pesci. Er meinte, ich solle die Kamera noch einmal laufen lassen, und fragte diesmal: »Hast du deine Mutter gevögelt?« Wenn Sie den Film das nächste Mal sehen, achten Sie auf Joes Reaktion! Diese Art Hilfe mag ich. Man muß sein Ego vor der Tür lassen: man kann es nicht mit in den Proberaum und an den Set nehmen.

Bob und ich hatten eine eigene Art, zusammenzuarbeiten. Es kam vor, daß wir morgens probten und uns dann für den Rest des Tages Kostüme anguckten. Oder ich sah mich nach Drehorten um, und er ruhte sich aus oder schrieb eine Szene. De Niro ist kein Schüler einer speziellen Schauspiel-Methode. Er nahm von verschiedenen Lehrern das an, was ihm am besten gefiel, von Stella Adler bis zu Lee Strasberg und anderen. Schauspieler jagen einem Angst ein, wenn sie zur Vorbereitung auf eine Szene in einer Ecke verschwinden und anfangen zu schreien. Bei Bob erlebte ich solche Sachen nicht, außer natürlich bei einer körperlich so anspruchsvollen Rolle wie Jake La Motta. Bei den Kampfszenen hatten wir einen Sandsack in die Mitte des Rings gehängt, im Off hörte man ihn auf dieses Ding einschlagen, dann flog er, völlig verschwitzt und bereit zum Töten, ins Bild. Als ich in ROUND MIDNIGHT mitspielte, war das für mich ein demütigendes Erlebnis, weil ich die Art, wie ich aussehe oder mich anhöre, nicht mag. Auch wenn anderen mein Auftritt gefallen mag, ich persönlich bin immer noch irritiert.

RAGING BULL dauerte lange, weil Bobby sich das nötige Gewicht zulegen wollte.[13] Wir mußten alles dicht machen und die ganze Crew für ungefähr vier Monate bezahlen, während er sich durch Norditalien und Frankreich fraß. Er sagte, es sei schwer gewesen, morgens aufzustehen und sich zum Frühstück, dann zum Mittag-, dann zum Abendessen

De Niro nach der Gewichtszunahme für ›die fetten Szenen‹ in RAGING
BULL

zu zwingen. Nach einer Weile wurde es wirklich unangenehm für ihn. Währenddessen schnitten Thelma Schoonmaker und ich den ganzen Film, außer natürlich den »fetten Szenen«. Die mußten wir in der Weihnachtszeit 1979 drehen.

Die Arbeit hat mich emotional ziemlich ausgelaugt. Ich entschloß mich, mit dem Film um die ganze Welt zu reisen. Gleichzeitig beschlossen wir, das Programm zur Konservierung von Farbfilmen in Angriff zu nehmen. Zwei Abende widmete ich meinem Film und einen, zusammen mit Thelma, der Filmkonservierung. Bob und Harvey Keitel kamen auch mit, obwohl Harvey in dem Film nicht mitspielte. Und wir haben es, wie immer, übertrieben. Wir waren erschöpft, ich holte mir schließlich in Rom eine Lungenentzündung, die mich sechs oder sieben Wochen ans Bett fesselte.

RAGING BULL *wurde Haig Manoogian, der vor der Fertigstellung starb, ›in unverbrüchlicher Liebe‹ gewidmet. Er eröffnete die Berliner Filmfestspiele im Februar 1981 und gewann Oscars für de Niro als besten Schauspieler und für Thelma Schoonmaker für den besten Schnitt. Vor seinem Kinostart im Jahr zuvor hatte Scorsese am 5. April eine Erklärung veröffentlicht: ›Alles, was wir heute tun, hat keine Bedeutung!‹ Damit meinte er, solange das Farbfilmmaterial, das seit dem Verschwinden des Three-strip-Technicolor um 1950 für beinahe alle Filme benutzt wird, so anfällig für schnelles Ausbleichen bleibe, hätten Filmemacher keine Garantie für den Erhalt ihrer Arbeit. Nach der Premiere von* RAGING BULL *reiste er zu Festivals und besuchte Cinematheken, um dort Vorträge mit Anschauungsmaterial über die problematische Konservierung von Farbfilmen zu halten. Eastman Kodak, sowohl in Amerika als auch weltweit der Hauptlieferant von Filmmaterial, hat seitdem ohne Mehrkosten Material geliefert, das erheblich weniger ausbleicht – während ironischerweise einige Three-strip-Technicolor-Produktionen aus den Vierzigern, wie die von Powell/Pressburger und Ford, viel leichter zu restaurieren*

Scorsese bei einem Vortrag über das Ausbleichen von Farbfilmen bei
der Filmex, Los Angeles, 1981

waren als Filme, die später auf Eastman Color gedreht wurden.

Während der Dreharbeiten zu RAGING BULL *hatte Scorsese am 30. September 1979 Isabella Rossellini, die Tochter von Roberto Rossellini und Ingrid Bergman, geheiratet. Außerdem hatte er einen kurzen Auftritt als Fernsehregisseur in der italienischen Komödie* IL PAP'OCCHIO *(englischer Titel:* IN THE EYE OF THE POPE, *1981), eine Parodie auf Johannes Paul II, in der Papst Woytila einen Fernsehsender im Vatikan einrichtet. Eine Parade-Komödie für Roberto Benigni, in dem auch Isabella Rossellini eine Hauptrolle spielte; die Aufführung führte zu einer gerichtlichen Auseinandersetzung wegen angeblicher ›Beleidigung der Staatsreligion‹.*

Wir beschlossen, THE KING OF COMEDY zu machen, als gerade ein bedrohlicher Regisseursstreik bevorstand. Wenn man nicht zu einem bestimmten Datum mit den Dreharbeiten angefangen und vier Wochen mit wichtigen Szenen – nicht nur, wie ein Schauspieler die Straße überquerte – im Kasten hatte, wurde der Film während der Dreharbeiten gestoppt. Bei diesem Film war Arnon Milchan zum ersten Mal Produzent; er war ein wirklich toller Bursche, aber er bestand darauf, daß wir am 1. Juni mit dem Drehen anfingen. Das war vier Wochen früher, als wir geplant hatten, und ich sagte ihm, wir wären noch nicht soweit. Ich sah Bob an und fragte: »Meinst du, wir schaffen es?« Er sagte: »Ja«, aber ich fühlte mich körperlich noch zu schwach. Ich hätte es nicht tun sollen. Es stellte sich bald heraus, daß ich dem nicht gewachsen war. In der zweiten Drehwoche flehte ich sie an, mich nicht weitermachen zu lassen. Ich hustete und hörte mich wohl an, wie eine Figur aus dem *Zauberberg.*

Schließlich wurde es so schlimm, daß ich manchmal erst um 14.30 Uhr eintraf. An einem Tag schafften wir es, die ganze Szene in Sardis Restaurant zwischen 14.30 Uhr und 19 Uhr zu drehen. Danach ging der ganze Film langsamer voran – denn jetzt ging es erst richtig los. Wir drehten in New York und hatten etwa fünf Sattelschlepper, die auf bestimmte Art geparkt werden mußten, die Mitarbeiter wollten dies und die Polizei das. Wenn wir schließlich woandershin wollten, mußte der ganze Troß tagsüber wie eine Karawane durch die Straßen der City fahren.

Wir bekamen dabei nicht die geringste Unterstützung, oder wenigstens empfanden wir es so. Wenn wir irgend etwas wollten, mußten wir dafür bezahlen, und das nicht zu knapp; als mache man einen Film mit einem Dinosaurier: der Schwanz war so groß, daß er alles zerschlug, vielleicht nicht mit Absicht, aber mit einer Zerstörungskraft wie in einem *Godzilla*-Film. Bob und ich waren erschöpft und mußten immer nur warten.

In diesem Stadium drehten wir täglich von 16 bis 19 Uhr, drei intensive Stunden. Die Dreharbeiten für den ganzen Film dauerten zwanzig Wochen. Der Regisseur bestimmt immer das Tempo, und vielleicht hätte ein schnellerer Kameramann mich antreiben können. Ich selbst tat es nicht, und so bin ich für alles, was schiefging, selbst verantwortlich. Aber ich habe nicht das Gefühl, daß vor der Kamera etwas schiefging. Zwischen ›Action‹ und ›Cut‹ machte mir alles großen Spaß, und wir hatten eine tolle Zeit. Die Proben liefen gut, Jerry Lewis war großartig, und alle anderen waren phantastisch. Aber es war ein sehr merkwürdiger Film. Die Szene, wenn Rupert Pupkin ungebeten in Jerrys Haus auftaucht, war für alle äußerst schwierig. Wir brauchten zwei Wochen dafür, und es war nur deshalb so quälend, weil die Szene selbst so scheußlich war.

Scorsese äußerte später, daß THE KING OF COMEDY, *obwohl sehr lustig, keine Komödie sei. Das Unbehagen, das von Rupert Pupkin ausging – seine verklemmte Mittelmäßigkeit, seine Wahnvorstellung von Talent, seine Entschlossenheit, ein Star zu werden, selbst wenn er dafür einen echt kidnappen muß –, war sicher ganz anders als die Furcht, die man mit früheren Scorsese/de Niro-Antihelden verbindet. Scorseses Film-Stil war nach den Experimenten in früheren Filmen auffallend schnörkellos.*

Pupkin überfällt Jerry in dessen Haus in THE KING OF COMEDY (1983)

Sandra Bernhardt versucht, in THE KING OF COMEDY Jerry zu verführen

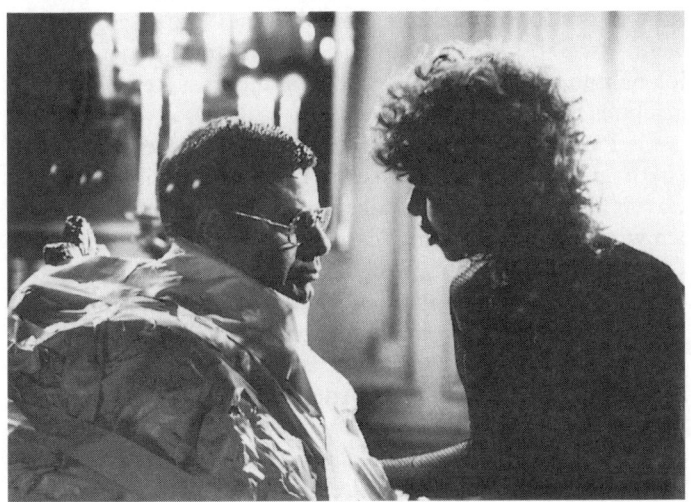

Nach der Reaktion des Publikums auf RAGING BULL – es sei ein wunderschöner Film, wie DAYS OF HEAVEN, man könne jedes einzelne Bild nehmen und an die Wand hängen –, beschloß ich, den nächsten Film im Stil von 1903 zu machen, eher wie Edwin S. Porters THE LIFE OF AN AMERICAN FIREMAN, ohne Großaufnahmen. Genau das habe ich in THE KING OF COMEDY versucht.

Als der Film auf dem Festival in Cannes am Eröffnungsabend gezeigt wurde, ging ich mit Sergio Leone hinter die Bühne, und er schaute mich an und sagte: »Martin, das ist dein reifster Film.« Ich weiß nicht, ob das seine Art war, mir zu sagen, daß er ihn nicht mochte. Ich vermute, ich kam darauf, weil meine Freunde und ich über langsame Filme, bei denen die Kamera sich nicht bewegt, jahrelang denselben Witz machten: sie verrieten ›Reife‹. In der *Village Voice* habe ich einmal gelesen, Jim Jarmusch, der Regisseur von STRANGER THAN PARADISE und DOWN BY LAW, habe so etwas gesagt wie: »Es interessiert mich nicht, die Leute beim Schopf zu packen und ihnen zu sagen, wo sie hinschauen sollen.« Also, *ich* will, daß sie genauso sehen wie ich. Die Straße hinuntergehen, sich schnell umsehen, Fahrten, Schwenks, Zooms, Schnitt und all diese Dinge. Ich mag es, wenn zwei Bilder zusammenkommen und sich bewegen. Ich nehme an, so etwas gilt vielleicht nicht als ›reif‹, aber mir macht es Spaß.

Als Paul Zimmerman das Drehbuch etwa vierzehn Jahre zuvor geschrieben hatte, hatte er wahrscheinlich an Dick Cavett als Gastgeber der Talkshow gedacht. Natürlich wollten wir unbedingt Johnny Carson, aber viele Leute meinten, Carson sei nicht richtig, weil das Besondere seiner Talkshow außerhalb Amerikas nicht so bekannt sei. Außerdem wollte Johnny nicht. Er sagte: »Hör mal, ein Take reicht mir schon.« Ich sagte, es wären höchstens ein oder zwei Takes, aber er wußte, was Filmen bedeutet. Also dachte ich, daß Sinatra der Beste wäre. Und wenn wir weiter in Richtung dieser Vegas-Clique guckten, dann gab es noch Joey Bishop, Sammy Davis Jr., die ganze *Ocean's Eleven*-Truppe, von der

De Niro als Rupert Pupkin im Fernsehen in THE KING OF COMEDY

ich begeistert bin.[14] Wir dachten sogar an Orson Welles, aber der hatte nicht genug ›Showbusiness‹ an sich. Dann dachte ich – vielleicht Dean Martin und natürlich Jerry Lewis.

Nun ist Lewis ja nicht nur ein großer »stand-up-Komiker« und Regisseur, sondern auch ein Philanthrop, wegen der unglaublichen Spendenaktion für Koma-Patienten in seinen Fernsehshows, die sich in ihrer Mischung aus karitativem Geldeinsammeln und dem gewissen Vegas-Gefühl manchmal am Rande des Nervenzusammenbruchs zu bewegen scheinen. Auch der schmale Grat zwischen Wirklichkeit und Show scheint während dieser Fernsehaktion dauernd gefährdet zu sein. Wer so eine Atmosphäre heraufbeschwören und durchhalten kann, muß ziemlich außergewöhnlich sein. Ich war Jerry nie zuvor begegnet, aber es war großartig, mit ihm zu arbeiten. Ich erholte mich noch von meiner Lungenentzündung und hatte Mühe, die üblichen Probleme, die dauernd am Set auftreten, zu bewältigen. Er sagte: »Ich weiß, daß ich in diesem Film die Nummer zwei bin. Ich mache dir keine Schwierigkeiten und werde tun, was du willst. Ich bin durch und durch Profi. Ich kenne meinen Platz. Wenn du willst, daß ich rumsitze und warte, dann tue ich das. Du zahlst meine Zeit.« So wie ich mich damals fühlte, war es sehr befreiend, das zu hören. Zwischen den Aufnahmen war er sehr komisch, und als er anfing, Witze zu reißen, kriegte ich Asthmaanfälle vor Lachen. Er trieb es bis zum Wahnsinn, man mußte ihn schütteln, damit er aufhörte. Aber er ließ sich auch ganz und gar auf die dramatischen Situationen ein. In der Szene, in der er mit Bobby spricht, sagt er: »Ich bin einfach nur ein Mensch, mit all den Ticks und Tricks, der Show, dem Druck, den Groupies, den Autogrammjägern, dem Team, den Versagern...« – das hat er improvisiert. Ich finde, er ist ein wunderbarer Schauspieler.

THE KING OF COMEDY enthält wenig Improvisation; er ist randvoll mit Dialogen, was nicht verwunderlich ist, denn der Drehbuch-Autor Paul Zimmerman redet sogar noch schneller als ich! Wir konnten keine Musik unterbringen;

obwohl Robbie Robertson einen phantastischen Soundtrack zusammengestellt hat, ist er im Film nicht zu hören, weil er den Dialog übertönt hätte. Wenn es überhaupt Improvisation gab, stammte sie hauptsächlich von Sandra Bernhard, in der Sequenz, in der sie versucht, Jerry zu verführen. Sandra Bernhard ist eine »stand-up-Komikerin«, und ich habe in dieser Szene viel von ihrer Bühnen-Routine benutzt. Die sexuelle Bedrohung für Jerry war sehr wichtig, aber er brach immer wieder in Gelächter aus. Es wurde immer schwerer, damit umzugehen, und seine Kommentare und Witze wurden krasser und brachten Sandra für eine Weile aus dem Konzept. Schließlich bekam er die Szene in den Griff und half ihr dabei.

Das amerikanische Publikum war von THE KING OF COMEDY irritiert und sah in Bob eine Art Mannequin. Aber ich hielt es für de Niros beste darstellerische Leistung überhaupt. Wir wollten in völliger Gleichberechtigung wieder zusammenarbeiten, wenn wir etwas voneinander lernen könnten. THE KING OF COMEDY war für uns genau an der Grenze: damals konnten wir nicht weiter gehen.

---

1   Die Kostenüberschreitung bei Michael Ciminos Superwestern HEAVEN'S GATE, der über das veranschlagte Budget von $ 12 Millionen hinaus schließlich $ 36 Millionen kostete und eine epische Länge von 219 Minuten erreichte, gilt als Ursache dafür, daß United Artists als Produktionseinheit amputiert wurde, und als Wendepunkt in den Beziehungen zwischen Regisseur und Studio. Nach der Katastrophe seines ersten Erscheinens in einer gekürzten Version von 148 Minuten wurde HEAVEN'S GATE 1983 in einer kompletten Fassung neu herausgebracht; dies leitete einen Trend ein, der später NEW YORK, NEW YORK zugute kommen sollte.

2   Technicolor war noch Mitte der zwanziger Jahre ein Zwei-Farben-System, bei dem rot und grün entwickelte Filmstreifen von einem Spezialprojektor gleichzeitig projiziert wurden. 1932 führte Technicolor ein Drei-Farben-System ein, bei dem rote, grüne und blaue Negative übereinanderkopiert wurden.

3   Die traditionelle amerikanische Schnittechnik verlangte einen ›master shot‹, der das gesamte Layout des Szenenbildes zeigt, entweder am Anfang der Szene oder kurz nach einer einführenden Nahaufnahme. Sparsamkeit und seine frühere Auffassung von ›modernem‹ Stil haben Scorsese veranlaßt, hauptsächlich in master shots zu drehen – weshalb er bei THE HONEYMOON KILLERS gefeuert wur-

de. Jetzt ging er zum anderen Extrem über, benutzte mehr Kamerabewegungen und ersetzte ›rhythmische‹ durch rein erzählende Schnitte.

4 *The Band*, bestand aus Robbie Robertson (dessen Zusammenarbeit mit Scorsese noch weitergehen sollte), Rick Danko, Richard Manuel, Garth Hudson und Levon Helm. Sie wurde 1960 in Kanada unter dem Namen The Hawks zunächst als Begleitband für Ronnie Hawkins gegründet, wurde dann zu Levon and The Hawks, und am berühmtesten war sie, als sie Mitte der Sechziger gelegentlich als Begleitband von Bob Dylan international auf Tour ging. Ihre eigene Platten- und Konzertkarriere setzte sich parallel fort, immer stärker unter Robertsons Leitung, der die meisten ihrer Songs schrieb und Filmambitionen verfolgte.

5 Der bis heute einzige kommerzielle Film, bei dem Bob Dylan Regie führte (1977 in zwei Versionen von 235 bzw. 112 Minuten herausgekommen), dokumentiert angeblich seine ›Rolling Thunder‹-Tournee von 1975/76 und sollte das Elend der Tuscarora-Indianer und des im Gefängnis sitzenden Boxers ›Hurricane‹-Carter publik machen. Er erzählt jedoch eher von dem Mythos, ›on the road‹ zu sein, und der geheimnisvollen Aura, die Dylan selbst kultivierte. Auch seine damalige Frau Sara, Joan Baez und Ronnie Hawkins treten auf, aber nicht *The Band*.

6 In Kurosawas RASHOMON, der 1951 den Goldenen Löwen in Venedig gewonnen hatte, geben die vier Protagonisten, jeder nach seinem eigenen Interesse, vier verschiedene Darstellungen von ein und demselben Vorfall.

7 FORCE OF EVIL (1948) war die erste Regiearbeit des Drehbuchautors Abraham Polonsky (im Jahr davor hatte er den Boxerfilm BODY AND SOUL für Robert Rossen geschrieben), aber er wurde bald ein Opfer der Hexenjagd von McCarthy, kam auf die schwarze Liste und hat in Hollywood nicht mehr unter seinem eigenen Namen gearbeitet bis 1968, als er für Don Siegel MADIGAN schrieb. 1970 führte er bei TELL THEM WILLIE BOY IS HERE Regie. FORCE OF EVIL, heute allgemein als einer der wichtigsten amerikanischen Nachkriegsfilme angesehen, handelt von dem Netz der Korruption, das das illegale Glücksspiel umgibt, und hat stilisierte Dialoge, die auf Interpunktion verzichten und mit Wiederholungen spielen.

8 KISS OF DEATH (Henry Hathaway, 1947) gehörte zur Welle der Kriminalfilme der späten Vierziger, die auf echten Fällen basierten und an Originalschauplätzen gedreht wurden; der wahrscheinlich berühmteste war CALL NORTHSIDE 777 (1948) vom selben Regisseur. Richard Widmark gab sein Leinwanddebut in KISS OF DEATH mit der unvergeßlichen Darstellung eines kichernden Psychopaten, während Victor Mature den Informanten Nick Bianco spielte. Die psychoanalytische Sicht auf die kriminelle Persönlichkeit beeinflußte neben der grobkörnigen Authentizität der italienischen ›neo-realistischen‹ Filme den amerikanischen Kriminalfilm der Nachkriegszeit.

9 William Wellmans PUBLIC ENEMY (1931) machte James Cagney zum Star und verband ihn für immer mit dem neuen harten Gangster-Genre: er enthält die berühmte Szene, in der er May Clarke eine Grapefruit ins Gesicht klatscht. WHITE HEAT, 1949 von Raoul Walsh inszeniert, markierte den explosiven Höhepunkt von Warners Gangsterzyklus, mit Cagney als dem geisteskranken

138

Codey Jarrett. Edmund O'Brien spielt den verdeckten Ermittler Hank Fallon, der sich als ›Vic Pardo‹ in Codeys Gang einschleusen läßt und sich als dessen Freund ausgibt.

10 ROCKY II (1979), geschrieben und inszeniert von seinem Star Sylvester Stallone, folgte auf den riesigen Erfolg von ROCKY (1976). THE MAIN EVENT (1979) war ein Film ausschließlich für Barbra Streisand, mit Ryan O'Neal in der zweiten Hauptrolle, unter der Regie von Howard Zieff. THE CHAMP (1979) war ein rührseliges Remake von King Vidors sentimentalem THE CHAMP von 1931, mit Jon Voight in der Titelrolle.

11 THE SWEET SMELL OF SUCCESS (1957), eine brillante Anatomie der Medienkorruption, war das US-Debut des Komödien-Regisseurs der englischen Ealing Studios, Alexander Mackendricks. NIGHT AND THE CITY (1950) hatte Jules Dassin in England gedreht, nachdem er wegen einer Denunziation vor dem Senatsausschuß für unamerikanische Umtriebe gezwungen war, Hollywood zu verlassen.

12 Wahrscheinlich denkt Scorsese an BATTLING BUTLER (1926), Keatons siebten Film, in dem er einen verwöhnten jungen Mann spielt, der vorgibt, Box-Champion zu sein, um das Mädchen seiner Träume zu beeindrucken, und für diese Täuschung brutal zusammengeschlagen wird.

13 Um als älterer, erschreckend übergewichtiger La Motta glaubwürdig zu wirken, verzichtete de Niro darauf, sich ausstopfen zu lassen, und nahm selbst 55 Pfund zu.

14 OCEAN'S ELEVEN (Lewis Milestone, 1960) etablierte endgültig Sinatras Leinwandimage als knallharten ›Rat Pack‹.

AFTER HOURS – THE COLOR OF MONEY

»I'm back.«
›Fast‹ Eddie Felson in THE COLOR OF MONEY

THE KING OF COMEDY *kostete schließlich $ 20 Millionen und hatte 1983 beim Film-Festival in Cannes Premiere. Obwohl er ein kommerzieller Mißerfolg war – er wurde schon im selben Jahr zu Weihnachten im englischen Fernsehen gesendet, nachdem er der Form halber im Kino herausgekommen war –, erhielt er fünf* BAFTA-*Nominierungen* (British Academy of Film and Television Arts) *und stieß auf beträchtliche Resonanz bei der Kritik. Scorsese bekannte in Interviews, daß die Rollen von Rupert und Jerry sehr viel mit ihm zu tun hätten: der ehrgeizige Außenseiter, der sich durch nichts von seinem Ziel abbringen läßt, und der erfolgreiche Prominente, der im Grunde einsam und verletzlich ist (seine eigene Ehe mit Isabella Rossellini war gerade in die Brüche gegangen).*

Vor seinem nächsten Projekt – THE LAST TEMPTATION OF CHRIST *– fand Scorsese noch Zeit für einen kurzen, exotischen Gastauftritt als Regisseur der Metropolitan Opera in* PAVLOVA – A WOMAN FOR ALL TIME, *eine englisch-sowjetische Koproduktion, die von Michael Powells damaligem Partner Frixos Constantine initiiert wurde und ursprünglich von Powell inszeniert werden sollte. Dieser Auftritt sollte zu einer bedeutenderen Rolle in Taverniers* ROUND MIDNIGHT *(1984) führen.*

Auf THE KING OF COMEDY sollte THE LAST TEMPTATION OF CHRIST folgen. Ich hatte einige Jahre zuvor Kazantzakis Roman THE LAST TEMPTATION gelesen und schon lange im Kopf, daraus einen Film zu machen.[1] Paul Schrader hatte den 600-Seiten-Roman zu einem 90-Minuten-Drehbuch zusammengefaßt, das Jay Cocks und ich dann umschrieben und um weitere zwanzig Seiten ergänzten. 1983 beschloß Paramount, den Film zu machen – damals bestand Paramount aus Barry Diller, Michael Eisner (Präsident) und Jeff Katzenberg (Produktionschef).

Vom Januar jenes Jahres an stellten wir neun Monate lang die Besetzung zusammen, suchten nach Schauplätzen in verschiedenen Ländern und entschieden uns schließlich für Israel. Arnon Milchan, mein Produzent bei KING OF COMEDY, erreichte sogar, daß wir dort einen Militär-Hubschrauber benutzen durften. Als Produzenten waren Bob Chartoff und Irwin Winkler vorgesehen, wie bei NEW YORK, NEW YORK und RAGING BULL. Aber schon allein dadurch bekam der Film den Ruf, finanziell außer Kontrolle zu geraten – und das nicht in New York oder Los Angeles, sondern im Mittleren Osten!

Die Geschäftsführer bei Paramount waren der Ansicht, die weiteste Entfernung von Hollywood, in der man einen Film machen könne, sei San Francisco, weil es nur eine Flugstunde entfernt ist. Man muß sich nur STAR TREK IV: THE VOYAGE HOME ansehen, wo die Geschichte den Film günstigerweise in San Francisco landen läßt! Die Politik bei Paramount hieß zu der Zeit, vorsichtig bei ›namhaften‹ Regisseuren zu sein, die das Budget überschreiten und außerhalb von Hollywood drehen, vor allem, weil alle wegen der Affäre um HEAVEN'S GATE schreckliche Angst hatten.

Denn schließlich hatte Paramount für FLASHDANCE, der ein Riesenerfolg wurde, sehr wenig ausgegeben und jederzeit die Kontrolle behalten, weil er in Los Angeles gedreht worden war. Wenn irgend etwas schief ging, konnten sie direkt zum Set gehen und die Produktion beenden oder den Regisseur feuern. Katzenberg sagte zu mir: »Ich habe schon einen Film auf dem Gelände, der eine Woche hinter dem Drehplan zurück ist. Wenn jetzt bei euch noch was schiefläuft, wenn dort ein Krieg ausbricht, müssen wir rüberfliegen und euch da rausholen.« Worauf ich sagte: »Wir müssen in Israel drehen.« So ging es hin und her, bis das Budget für den Film etwa $ 12 Millionen und der Drehplan neunzig Tage erreicht hatte.

Es sollte kein großer, spektakulärer Monumentalfilm im klassischen Sinn werden. Es sollte ein Film über Menschen sein. Aber um zu bestimmten Schauplätzen zu kommen, würde man einen Tag brauchen, und dann müßte noch alles aufgebaut und gedreht werden. Zu dieser Zeit war ich zutiefst überzeugt, daß jeder Film, den ich in Zukunft machen würde, mindestens zwanzig Wochen fürs Drehen (ungefähr neunzig Arbeitstage) und ein Budget von mindestens $ 15 – 16 Millionen erforderte. Bei dieser Quote wäre das nicht mehr ein Film pro Jahr, sondern einer alle drei Jahre, und dieser Film müßte eine Menge Geld einspielen. Nicht nur lumpige $ 40 Millionen, sondern $ 150 Millionen. Nehmen Sie zum Beispiel ALIENS: Der sollte in Amerika der große ›heiße‹ Film des damaligen Sommers werden, aber nach fünf Wochen verfiel Hollywood in tiefe Depression. Sie errechneten, daß er nur $ 80 Millionen bringen würde! Ein Film muß den Profit eines BEVERLY HILLS COP oder eines CROCODILE DUNDEE erzielen, um ein richtiger Erfolg zu sein – das sind $ 150 oder $ 180 Millionen.

Also sagte Irwin Winkler im September, dem neunten Monat unserer Vorbereitungen, daß wir zehn Drehtage zusätzlich und weitere $ 2 Millionen brauchten. Ich glaube, das war der endgültige Todesstoß, zusammen mit der Kampagne, die von der ›moral majority‹ organisiert wurde. Die religiösen Fundamentalisten in Amerika schickten Briefe an Gulf and Western (denen Paramount gehört) und protestierten gegen diesen schmutzigen Film, der eine Beleidigung für Christen und Gläubige sei – er stelle Christus sogar als Homosexuellen dar. Natürlich hatten sie das Buch nie gelesen, da es angeblich gegen ihren Glauben verstieß, woher wußten sie das also? Aber es war eine Patt-Situation. Dann fingen sie mit Telefonkampagnen an, bis hinauf zum Chef von Gulf and Western, Martin Davis, so daß er Barry Diller anrief und fragte, was für einen Film er da mache. Wir veranstalteten Symposien mit Protestanten, Katholiken und Juden, um über Gott und die ganze Situation in Hollywood zu diskutieren. Es ging wirklich hysterisch zu.

Jede zweite Woche rief mich Michael Eisner an und sagte: »Wir haben grünes Licht für den Film; die Ampel sagt ›go‹, Jeff Katzenberg steht wirklich dahinter.« Zwei Wochen später rief Jeff Katzenberg an, um mir mitzuteilen: »Michael Eisner kämpft wirklich dafür, daß du diesen Film machen kannst.« Ich fragte mich, warum sie mich zu überzeugen versuchten, daß sie diesen Film machen wollten. War es nicht längst entschieden, daß er gemacht würde? Als wir sie also um $ 2 Millionen mehr und weitere zehn Tage baten, wurde Irwin mitgeteilt, daß für THE LAST TEMPTATION OF CHRIST aus dem gelb blinkenden ein knallrotes Licht geworden war, das bedeutete, die Ampel stand auf ›stop‹. Und ich dachte, wir hätten immer noch grünes Licht! Eine Woche danach kam THE RIGHT STUFF, den Irwin produziert hatte, heraus und war ein Flop an der Kinokasse: niemand wollte ihn sehen. Mein Film wurde dann vier Tage vor Drehbeginn abgesetzt.

Ungefähr einen Monat zuvor hatte Brian de Palma in einem Interview gesagt: »Sehen Sie sich Scorsese an, er schafft es nicht, in Hollywood einen Film zu machen.« Das hatte mich gekränkt. Am Abend dieses Thanksgiving, an dem Barry Diller mir morgens gesagt hatte, daß der Film abgesetzt sei, war ich bei Brian zum Essen eingeladen, und als ich ankam, fragte er mich: »Haben sie dich schon auf Eis gelegt?« Er meinte damit: hat das Studio das Projekt fallengelassen? Aber das sollte ein Witz sein. Er erklärte, daß es zur Zeit bei Paramount üblich sei, einen zu holen und dann zu sagen, daß sie doch nicht wollten. Das war ironisch gemeint, aber ich verriet ihm nicht, daß sie uns genau an diesem Morgen ›auf Eis gelegt‹ hatten.

Zu diesem Zeitpunkt hatten wir die Besetzung, die Dekorationen waren gebaut und die Kostüme fertig (1987 entdeckte ich, daß die Schuhe schließlich in KING DAVID benutzt worden waren). Also verbrachten wir die nächsten vier Wochen damit, das Projekt mit allen möglichen Mitteln in Hollywood wiederzubeleben. Wir hielten sogar Leute auf der Straße an, um den Film zu ermöglichen. Ich blieb in Los

Angeles, hatte aber für jeden Tag einen Flug nach Tel Aviv und einen nach New York gebucht. Aidan Quinn hatte gehungert, um Christus zu spielen, und Harvey Keitel hatte sich für den Judas die Haare rot gefärbt. Schließlich boten wir ihn Paramount für die Hälfte der Kosten und die Hälfte der Drehzeit wieder an; inzwischen hatte ich einen anderen Produzenten, John Avnet, der RISKY BUSINESS produziert hatte. Aber genau zwei Tage vor Weihnachten sagte Barry Diller schließlich: »Wir wollen ihn einfach nicht machen. Er ist den Ärger nicht wert.« Er entschuldigte sich und meinte, er hätte uns das früher sagen sollen. Statt jetzt meine Wut herauszulassen, ging ich in mich und versuchte, eine Lösung zu finden.

Die Antwort war, einen Film zu machen – jeden Film, den wir kriegen konnten –, und zwar sofort. Ich hatte eine gute Beziehung zu Katzenberg und Eisner bei Paramount, und sie boten mir sofort ein paar Drehbücher an. Sie sahen mich an und sagten: »BEVERLY HILLS COP, willst du den machen? Er ist für Sylvester Stallone.« Ich fragte, worum es ginge, und sie antworteten: »Er ist ein Fisch an Land.« »Was ist ein Fisch an Land?« »Na ja, ein Bulle aus der Provinz kommt nach New York.« Ich erwiderte: »Das ist doch COOGAN'S BLUFF« von Don Siegel. Und sie sagten: »Nein, nein, das ist BEVERLY HILLS COP.« Die gleiche Unterhaltung hatten wir über WITNESS, aber ich sagte, ich könne ihn nicht machen – ich weiß nichts über die Amish-People, und ich sah mich nicht unter ihnen da draußen in Pennsylvania. Aber mein Agent, Harry Ufland, sagte, das sei alles, was es derzeit gäbe.

Ich ging zurück nach New York, wo mein damaliger Anwalt Jay Julien – in KING OF COMEDY spielt er den Anwalt, der jeden verklagt – mir das Drehbuch von AFTER HOURS gab. Der Autor war Joe Minion, er hatte es in seinem Kurs an der Columbia University geschrieben. Sein Lehrer dort, Dusan Makavejev, hat ihm eine Eins dafür gegeben! Es war kein richtiges Drehbuch, eher ein Roman. Ich fing an, es zu lesen, und die ersten zwei, drei Seiten gefielen mir wirklich gut. Ich mochte den Dialog und fast alles, bis hin zu der Figur mit dem Eiswagen.

Griffin Dunne und Rosanna Arquette in AFTER HOURS (1985)

Das Buch gehörte Amy Robinson, die in MEAN STREETS mitgespielt hatte, und Griffin Dunne, einem jungen Schauspieler, den ich nur in einer kleinen Rolle in AN AMERICAN WEREWOLF IN LONDON gesehen hatte. Da trat er dauernd in verschiedenen Stadien der Verwesung auf, so daß ich wirklich nicht viel über seine Schauspielerei sagen konnte – vor allem, da für die letzten Szenen eine Puppe benutzt worden war. Robert Colesberry, mein Co-Produzent bei THE KING OF COMEDY, tat sich mit Amy und Griffin zusammen – zu diesem Zeitpunkt hatten sie von Fox Classics die Zusage für ein sehr niedriges Budget von $ 3,5 Millionen. Ich schrieb das Drehbuch zusammen mit ihnen und Joe Minion um, und nachdem wir den Film gedreht hatten, erfanden wir das Ende noch einmal ganz neu.

Joe Minions Drehbuch, dessen ursprünglicher Titel LIES war, dann A NIGHT IN SOHO, verfolgt die Mißgeschicke von Paul, einem jungen Programmierer; er nimmt die Einladung einer attraktiven Frau an, die er in einem Lokal kennengelernt hat, sie am Abend in ihrer Wohnung im Künstlerviertel zu besuchen. Alles und jeder, den er trifft, scheint sich dagegen verschworen zu haben, daß er wieder nach Hause kommt, geschweige denn, am Leben bleibt. Da Scorsese sich für einen Independent Film entschieden hatte – Robinson und Dunne finanzierten den Film mit einer Bankanleihe mit Aussicht auf die Übernahme durch ein Studio –, hatte er keine Eingriffe von den großen Hollywood-Gesellschaften zu befürchten.

So machte ich anstelle eines Hollywood-Films einen Independent-Film, genauso wie vor zehn Jahren, als ich TAXI DRIVER in vierzig Tagen gedreht und etwa vier Monate für den Schnitt gebraucht hatte – auch das war eine sehr harte Drehzeit, mit dem Hin und Her der Kamera und dem Risiko von Dauerregen. Konnte ich noch einmal einen Film in vierzig Tagen machen? Natürlich war dies nicht das Drehbuch von TAXI DRIVER, ein Territorium, das ich nicht wieder betreten wollte. Aber ich riß mich zusammen, um wieder in Form zu kommen.

Die Produzenten stellten mir einen neuen Kameramann vor, Michael Ballhaus, der viele Fassbinder-Filme gedreht hatte. Michael ist ein Gentleman. Er lächelt am Set, er ist sehr freundlich, und er ist der Neffe von Max Ophüls.[2] Außerdem ist er sehr schnell. Im Drehbuch gab es nur eine Figur nachts auf der Straße, eine einfache Produktion, und mit den neuen hochempfindlichen Filmen und Linsen mußte man sich keine allzu großen Sorgen um das Licht machen. Tatsächlich mußten wir für einige Szenen die Straßenlaternen abdunkeln, weil es zu hell war.

Ich hatte alle Einstellungen vorher auf dem Papier entworfen, mit kleinen Zeichnungen am Rand des Drehbuchs. Demnach waren etwa 500 Einstellungen nötig, was unmöglich war. So wie ich bisher gedreht hatte, schafften wir fünf Kamera-Einrichtungen pro Tag, und dieses Drehbuch verlangte durchschnittlich sechzehn pro Tag! Aber Michael meinte, er könne es schaffen. Er hatte sein eigenes Team und übernahm selbst die Schärfeneinstellung. Wir arbeiteten mit der kleineren NABET-Gewerkschaft (National Alliance of Broadcast Engineers and Technicians) in New York zusammen statt mit der IA (International Alliance), weil es ein unabhängiger Film war. Normalerweise sind in der NABET jüngere Leute, und alle sind Filmenthusiasten, was ohnehin interessanter ist. Am ersten Drehtag stellte ich mit Freuden fest, daß ich keine Zeit hatte, mich hinzusetzen oder in meinem Wohnwagen zu warten. Wenn ich mich doch hinsetzte, stimmte etwas nicht! Am Ende dieses Films fühlte ich mich wie neugeboren.

Wenn man am Set ist, kann man sicher sein, daß man nie genug Zeit hat, und daß alles, was schiefgehen kann, schiefgeht. Deshalb braucht man einen Plan, und meine Zeichnungen sind dieser Plan. Bestimmte Schauspieler kommen schwer mit bestimmten Kamerabewegungen zurecht, dann sage ich ihnen oft: »Wenn du merkst, daß es schwer für dich ist, rückwärts zu gehen, sag es mir bitte.« Zu Griffin Dunne sagte ich: »Hier gibt es viele verrückte Einstellungen. Du mußt mit der linken Hand nach dem Telefon greifen und in diese Richtung reden. Bitte, wenn du es nicht kannst, wenn du dich unwohl fühlst, dann sag es mir.« Er meinte, es sei alles in Ordnung, andere hätten vielleicht gesagt, daß sie es nicht können, und dann muß man die Situation entsprechend anpassen. Ohne diese kleinen Zeichnungen und ohne die ausgearbeitete Schnittfolge wäre ich bei jeder Kleinigkeit, die am Drehort passierte, tot umgefallen.

Ich unterschrieb den Vertrag zu dem Film unter der Voraussetzung, daß wir einen guten Schluß fänden. Die Idee war, den Film zu drehen, ihn zu montieren und dann zu sehen, wie es darüberhinaus weitergehen sollte – ich verstand, warum Woody Allen und Brian de Palma oft nach Fertigstellung des Schnitts mindestens noch zwei Wochen lang nachdrehten. Im ursprünglichen Drehbuch ging Paul am Ende los, um für June unten im Keller ein Eis zu kaufen, und das war's. Ich fühlte, daß etwas fehlte und daß wir ein magisches Ende brauchten. Also dachte Minion sich aus, daß June im Keller plötzlich immer größer wird, während die Leute gegen die Tür schlagen und brüllen: »Wir bringen ihn um, wir holen ihn uns.«

Wir wollten keine Trickaufnahmen benutzen, man sollte erst nur Paul sehen, dann so schneiden, daß man zwischen ihren Knien am linken und rechten Bildrand die kleine Gestalt in der Mitte sieht. Sie würde irgend etwas sagen wie: »Du weißt, was jetzt zu tun ist«, und er würde sagen: »Na ja, viel Erfahrung mit der Rückkehr in den Mutterleib habe ich bisher nicht.« Sie würde erwidern: »Es ist kein Problem, wenn du eine wasserfeste Uhr anhast, wenn nicht, nimm sie ab.« Und dann sollte er in sie hineinkriechen. Er verschwindet am unteren Bildrand – man sieht kein BLECHTROMMEL-Zeugs – und dann Schnitt auf ihn, wie er nach der Geburt nackt und zusammengekrümmt auf dem Kopfsteinpflaster mitten auf der 57th Street liegt.[3] Die Kamera schaut auf ihn herab; er steht auf und rennt wie der Teufel nach Hause.

AFTER HOURS wurde schließlich von der Geffen Company finanziert, und als David Geffen dieses Ende las, sagte er: »Marty, ich bitte dich!« Ich protestierte, denn es sei wie 2001: A SPACE ODYSSEY, aber ich mußte zugeben, daß wir uns die Köpfe zerbrochen hatten und immer noch keine andere Lösung wußten. Der Rest des Films enthielt Situationen, die möglich waren – in ihrer Abfolge höchst unwahrscheinlich, aber doch möglich –, und ich inszenierte jede einzelne realistisch, so daß man im Endeffekt immer sagen konnte, daß es passieren *könnte*. Dieser Schluß war ein surrealistischer Ausweg aus dem Dilemma, aber David meinte, wir müßten eine organische Lösung finden, die sich aus dem Stil des restlichen Films ergäbe.

Nachdem ich den Film Michael Powell und meinem Vater gezeigt hatte, wurden beide sehr böse, daß ich ihn damit enden ließ, daß Paul von Cheech und Chong weggefahren wird. Michael sagte: »Das ist unmöglich, das kannst du nicht machen, wir wollen wissen, was mit ihm passiert.« Dann sagte er irgendwas über Paul, der aus dem Lieferwagen fällt und wieder bei seiner Arbeit landet, und er erwähnte Kafka. Ich sagte, daß ich niemals Kafka gelesen und keine Ahnung davon hätte. Dann machten Thelma, Amy Robinson und wir alle verschiedene Vorschläge. Ich weiß noch, wie ich den Film in London Terry Gilliam und dann in Los Angeles Steven Spielberg gezeigt habe und sich alle in einem Punkt einig waren – daß Paul aus dem Lieferwagen fallen sollte!

Also mußten wir nochmal drehen, wie er aus dem Lieferwagen fällt, aber es gab immer noch verschiedene Möglichkeiten, wo er hinausfallen sollte. Im Ausschlußverfahren einigten wir uns darauf, daß er wieder bei der Arbeit landen sollte. So kamen wir schließlich wieder bei Michaels ursprünglichem Vorschlag an. Die Geffen Company gab uns das Geld für die zusätzlichen vier Drehtage. Die Kosten beliefen sich schließlich auf $ 4,5 Millionen, inklusive einem Viertel meiner üblichen Gage. Als ich anschließend nach Hollywood ging, um für meinen nächsten Film zu werben, stellte ich zu meiner Überraschung fest, daß einige Leute es mir übelnahmen, daß wir den Film für so wenig Geld gemacht hatten.

AFTER HOURS ist bis zu einem gewissen Grad eine Parodie auf Hitchcocks Stil. Mit den Jahren bekamen seine Filme emotional immer größere Bedeutung für mich. Jedes Mal, bevor ich die Kamerabewegung bewußt wahrnahm, hatte ich die Wirkung der Bewegung emotional und intellektuell gespürt. Wenn man zum Beispiel in AFTER HOURS die Szene nimmt, in der Paul mit der Einladung in der Hand losrennt – die Einstellung von der Hand mit dem Straßenpflaster darunter –, so verweist das im Grunde auf den Augenblick in MARNIE, wo sie die Pistole hält und gleich das Pferd erschießen wird. Als ich MARNIE zum ersten Mal sah, blieb mir diese Einstellung im Gedächtnis, und ich ging immer wieder hinein, schaute mir die ganzen zwei Stunden an, nur um diese Einstellung noch einmal zu sehen. Ich war begeistert von dieser speziellen Atmosphäre, und dann stellte ich fest, daß es auch an der Musik von Bernard Herrmann lag, an der ganzen Geschichte und an den Schauspielern – das kam mit den Jahren alles zusammen, und die Kombination war überwältigend.

Sobald ich AFTER HOURS beendet hatte, inszenierte ich, um mich weiter zu testen, eine Episode der ›Amazing Stories‹ für Steven Spielberg mit dem Titel MIRROR, MIRROR. Das war ein 24-Minuten-Fernsehfilm mit sechs Drehtagen und fast ohne Kontrolle, jedenfalls nicht beim Endschnitt. Beim Fernsehen gibt es so etwas wie das Recht auf den Endschnitt nicht, außer man heißt Spielberg. Nach einer gewissen Anzahl von Filmen hatte ich das Recht auf den Endschnitt bekommen, obwohl das nicht viel bedeutet, denn sie versuchen alles, um einen umzustimmen. Sie rufen deine Mutter an und sagen: »Vielleicht könnten Sie mal mit ihm reden, sagen Sie ihm, er soll diese Szene schneiden, ja?« Dann rufen sie deine Frau an. Schon seltsam. Man muß wirklich wie Odysseus am Mast festgebunden sein! Egal, MIRROR, MIRROR gehörte zur ersten Staffel von ›Amazing Stories‹, die sich als große Enttäuschung für die Sender erwies.

Das denkwürdige Bild von Tippi Hedren, wie sie ihr Pferd in MARNIE (1964) erschießt

Eine Geschichte über einen Mann zu erzählen, der in einem Haus einen Nervenzusammenbruch hat, mit sehr wenig Dialog, aber viel Atmosphäre, war eine Nagelprobe für mich. Ich würde mir wünschen, daß Horror ernster genommen wird. Kürzlich sah ich mir die Val Lewton-Filme wieder an, als sie auf Video herauskamen, darunter auch ISLE OF THE DEAD.[4] Ich weiß noch, daß ich ihn mit ungefähr elf Jahren allein gesehen habe, und noch vor dem Ende aus dem Kino rannte, weil ich mich zu Tode fürchtete! Ich gab Griffin Dunne die Kassette, und er konnte ihn sich aus demselben Grund auch nicht bis zum Ende ansehen! Auch Mario Bavas Filme gefallen mir sehr: kaum eine Geschichte, nur Atmosphäre, mit all dem Nebel und den Damen, die in langen Korridoren wandeln – eine italienische »Gothic«-Variante. Am liebsten ließe ich sie in Endlos-Schleifen laufen, in jedem Zimmer meines Hauses einen anderen, bei mir stehen nämlich viele Fernseher herum. Das mache ich manchmal, lege verschiedene Bänder ein und laufe einfach herum und schaffe so eine »Gesamtstimmung«, eine »Gesamtatmosphäre«. Bava kommt mir wie neunzehntes Jahrhundert vor, wohingegen David Cronenberg eindeutig zwanzigstes Jahrhundert ist – spätes zwanzigstes Jahrhundert! Er ist wie etwas, das man nicht unter Kontrolle hat: die uns unmittelbar bevorstehende Zerstörung. Manchmal will ich seine Filme lieber nicht sehen, wenn sie herauskommen, aber dann gehe ich doch hin, und es ist ein kathartisches Erlebnis. Da MIRROR, MIRROR mein erster Ausflug ins Horror-Genre war, holte ich mir dafür den Komponisten Michael Kamen, denn seine sinnlich-romantische Musik für Cronenbergs THE DEAD ZONE hatte mir gefallen.

MIRROR, MIRROR beginnt mit einem kleinen Ausschnitt aus der Hammer-Produktion PLAGUE OF THE ZOMBIES, als eine Art Tribut an das englische Kino mit seinem Hang zum Schaurigen, das Scorsese besonders schätzt.

Immer wenn ich als Teenager mit Freunden im Kino das Logo der Hammer-Filme sah, war klar, daß wir einen ganz besonderen Film zu sehen kriegen würden. Ich werde nie vergessen, wie ich 1957 ins New Yorker Paramount zu einer Mitternachts-Voraufführung von THE CURSE OF FRANKENSTEIN ging, einen Tag, bevor er herauskam. Das Publikum mochte ihn, und er hatte eine reißerische Qualität, die völlig überflüssig war, bei uns etwa Fünfzehnjährigen aber unglaublich gut ankam. Im Jahr darauf sahen wir DRACULA und fanden, daß er ein ganzes Stück weiter ging. Nichts ist mit dem ersten Auftritt von Dracula in diesem Film vergleichbar, wenn Christopher Lee einfach die Treppe herunterkommt, irgendwie hüpfend und sagt: »Hello, I'm Dracula.« Mit Bela Lugosi großgeworden, bei dem man gleich wußte, daß er ungemütlich werden konnte, empfanden wir Lee als einen sehr sensiblen, kultivierten Gentleman. Deshalb ist die Szene später, wenn eine seiner ›Bräute‹ versucht, Jonathan Harker das Blut auszusaugen, und Dracula erscheint, mit blutunterlaufenen Augen in extremer Großaufnahme, um so grauenvoller. Aber er war ein sehr liebenswerter Dracula – man war gern in seiner Gesellschaft, konnte sich gut vorstellen, freundschaftlich mit ihm zu verkehren. Auch Peter Cushing als Van Helsing gefiel uns sehr gut, weil er alles durchschaute, und er war in seinen Bewegungen innerhalb des Bildausschnittes sehr präzise.

Einerseits arbeiteten diese Filme mit sehr grellen Farben und waren in dieser Hinsicht ähnlich stilbildend wie William Friedkins THE EXORCIST. Da jedoch Christopher Lee andererseits wie jemand wirkte, den man auf der Straße treffen konnte, wurde der Inhalt unmittelbarer und bedeutungsvoller für uns, weil der Subtext von psychologischem Horror und Sexualität deutlicher wurde. Bei FRANKENSTEIN CREATED WOMEN war ich sehr überrascht von der, wie mir das in den späten Sechzigern vorkam, metaphysischen Diskussion, wenn der Baron die Seele abtrennt und in eine kleine Kammer sperrt. Und dann besaßen sie die Kühnheit, sie zu fotografieren, und zeigten, glaube ich, einen kleinen, blauen Ball als ›Seele‹. Sie schienen mehr zu wollen als nur einen Splatterfilm. Mit absolut schlagenden Bildern er-

Scorseses Auftritt in Bertrand Taverniers ROUND MIDNIGHT (1986)

Paul Newman als ›Fast‹ Eddie, fünfundzwanzig Jahre später, in THE
COLOR OF MONEY (1986)

zeugten sie eine Stimmung, in die man sofort hineingezogen wurde. Man wußte, daß nichts gelogen war.

AFTER HOURS brachte Scorsese in Cannes den Preis als bester Regisseur ein, und obwohl der kommerzielle Erfolg bescheiden war, schien seine Karriere wieder aufzuleben. Am 8. Februar 1985 heiratete er Barbara de Fina, die zuvor an Low-Budget-Produktionen beteiligt gewesen war und nun seine Produzentin wurde. Das anhaltend hohe Ansehen, das er in Europa genoß, führte auch zu seiner bis dahin wichtigsten Rolle: als Goodley, der Manager des ›Birdland‹ in Bertrand Taverniers nostalgischer Verneigung vor den großen Männern des Jazz der Be-bop-Ära, ROUND MIDNIGHT.

Ich bekam die Rolle in ROUND MIDNIGHT, weil ich Bertrand Tavernier mit Irwin Winkler zusammengebracht hatte. Im Januar 1983 war ich mit Irwin in Paris, auf der Suche nach Schauplätzen für THE LAST TEMPTATION OF CHRIST. Als wir einmal zu Mittag essen wollten, rief ich Bertrand an, weil er die besten Restaurants kennt. Bertrand sagte, daß Irwin der beste Produzent in Hollywood sei und daß er ihn gern kennenlernen würde. Irwin fand, Bertrand mache gute Filme. Und bei diesem Mittagessen entstand der Film, in dem Bertrand mich besetzen wollte, denn er sagte, wenn ich meinen Mund aufmache, sei das New York. Ich würde ihm viele einführende Aufnahmen (establishing shots) ersparen! Er sagte zu mir: »Du mußt den Besitzer des Clubs spielen, denn er ist genau wie du, ein netter Kerl, aber rücksichtslos.« Ich sagte: »Oh, danke.« Aber ich schätze, beim Übersetzen geht viel Humor verloren.

Verschiedene Projekte waren für Scorsese vorgesehen, darunter DICK TRACY mit Warren Beatty, WINTERS TALE, ein 15-Millionen-Dollar Kostümfilm, geschrieben von Tom Benedek; GERSHWIN, ein Drehbuch von Paul Schrader, ähnlich stilisiert wie sein MISHIMA; und WISE GUY, ein Buch im

Dokumentarstil über die Mafia in New York von Nick Pileggi. Aber diese wurden noch übertroffen von Paul Newmans Angebot, eine Fortsetzung von THE HUSTLER *zu inszenieren, dem Billard-Klassiker von 1961, den Robert Rossen inszeniert hatte und der Newman sein bleibendes Image als etwas heruntergekommenem Helden einbrachte.*

Paul Newman hatte RAGING BULL gefallen, und er schrieb mir einen Fanbrief, adressiert an ›Michael Scorsese‹! (THE DEER HUNTER wurde häufig mir zugeschrieben.[5]) Als ich in London war, rief mich sofort nach den Dreharbeiten von AFTER HOURS, Paul an, und fragte mich, ob ich Interesse hätte, THE COLOR OF MONEY zu machen, eine Art Fortsetzung von THE HUSTLER; die Geschichte basiert auf dem späteren Roman von Walter Tevis und greift die Figur des ›Fast‹ Eddie Felson fünfundzwanzig Jahre später wieder auf. Es interessierte mich.

Er hatte ein Drehbuch, an dem er seit ungefähr einem Jahr mit einem Autor gearbeitet hatte. Ich war der Ansicht, daß dieses Drehbuch nicht stimmte und daß, falls ich nicht von vornherein an dem Buch beteiligt würde, nichts entstehen könnte, wofür ich bereit wäre, frühmorgens am Drehort zu erscheinen. Wir unterhielten uns darüber in New York, und er sagte: »Gönnen wir dem Autor noch eine Fassung.« Das taten wir, aber natürlich behielt das Drehbuch dieselbe ursprüngliche Intention, die mir nicht gefallen hatte. Die Figur des ›Fast‹ Eddie war mir nicht stark und dramatisch genug. Ich hatte das Gefühl, sie müßte in eine andere Richtung gehen. Dann kam mir die richtige Idee. Um sie zu entwickeln, schlug ich als neuen Drehbuchautor den Schriftsteller Richard Price vor, der THE WANDERERS und BLOODBROTHERS geschrieben hatte.[6]

Richard hatte im selben Jahr ein Drehbuch für mich geschrieben, das auf dem Film NIGHT AND THE CITY basierte, weil Bertrand Tavernier darauf bestand, daß ich davon ein großartiges Remake machen könnte. Aber ich will keine Remakes machen. Richard bewies mit dem Drehbuch ein gutes

157

Gespür für die Straße. Es hatte wunderbare Dialoge. Wir besuchten Paul in Kalifornien, damit ich ihm meine Idee erklären und ihn mit Richard bekannt machen konnte.

Unser Konzept war, daß ›Fast‹ Eddie Felson kein Typ ist, der einfach resigniert, nachdem er am Ende des ersten Films verloren hat, und für die nächsten fünfundzwanzig Jahre nichts mehr tut. Er ist ein großer Zocker, und wenn schon Bert Gordon hart und gemein war, gab es für mich nur eine Möglichkeit, wie ›Fast‹ Eddie überleben konnte. Er mußte noch härter, noch gemeiner, noch korrupter sein als Bert.[7] Um zu überleben, legt er sich genau die Eigenschaften zu, die er immer gehaßt hat. Und als ihm das bewußt wird, ist er zu alt, um sich zu ändern – bis er den Jungen sieht. Er nimmt ihn unter seine Fittiche und versucht, ihn zu korrumpieren, ihn zu seinem Ebenbild zu machen. Aber statt dessen tauschen sie die Rollen. Wie das geschehen sollte, wußte ich nicht, da wir zu dem Zeitpunkt noch keinen richtigen Handlungsablauf hatten. In jedem Fall mußte Eddie wieder spielen, ob er wollte oder nicht. Es war egal, ob er gewann oder verlor, aber er mußte spielen. Paul gefiel die Idee. Am nächsten Tag hatten wir einen Ablauf und fingen an, das Drehbuch umzuschreiben. Richard schrieb, brachte es mir, und wir diskutierten es. Dann brachten wir es zu Paul und bezogen ihn in unsere Drehbuch-Konferenzen ein, so daß es wie eine Probe mit ihm wurde. Ich sagte immer zu Richard: »Wir schneidern ihm einen dreiteiligen Anzug auf den Leib. Er ist die Hauptfigur und der Grund, warum wir überhaupt dabei sind. Auf ihn muß es passen, und der Text muß aus seiner Kehle kommen.«

Es war eine ziemlich gute Erfahrung, und nach neun Monaten beschlossen wir, den Film zu machen. Die Entscheidung, ob wir zusammen arbeiten könnten oder nicht, dauerte so lange, weil wir sehen wollten, wie weit wir Paul treiben konnten, um herauszufinden, wie er reagieren würde. Manchmal ging die Rechnung nicht auf: er trieb uns in eine andere Richtung, und jeder von uns sagte: »Ich weiß nicht, was er meint.« Dann kamen wir mit etwas anderem an und einigten uns schließlich. In diesem Fall hat es funktioniert. Ich habe es aber bei anderen Gelegenheiten mit anderen Leuten versucht und kam zu dem Schluß, nicht mit ihnen zu arbeiten. Persönlich hätte ich mich gut mit ihnen verstehen können, aber wenn ich ihnen nicht ganz vertraue, dann kommt es beim Drehen leicht zu etwas wie in THE EXORCIST – zu verdrehten Köpfen und heraushängenden Zungen.

Der Film war eine weitere Herausforderung für mich. Bei AFTER HOURS hatte ich eine reduzierte Gage akzeptiert, und die Gesamtkosten des Films lagen bei $ 4,5 Millionen. In diesem Film sollte ich zwei große Stars haben. Sicher, wir wußten nicht, daß Tom Cruise ein *so* großer Star werden sollte, denn wir besetzten ihn, bevor TOP GUN herauskam. Aber Paul Newman bekam eine Menge Geld, und Tom, wegen seines Erfolges in RISKY BUSINESS, auch. Ich hatte ihn in Mike Chapmans Film ALL THE RIGHT MOVES gesehen, und er hatte mir gefallen. Insgesamt ging es um eine Menge Geld, große Stars und sehr komplizierte Billard-Sequenzen. Es war schon viel Geld für einen anderen Autor und für die Rechtsnachfolger von Walter Tevis ausgegeben worden, und Pauls letzter Film, HARRY AND SON, war kein Erfolg gewesen. Zunächst lag das Projekt bei Fox, aber das Drehbuch gefiel ihnen nicht, sie wollten es nicht einmal mit Paul und Tom realisieren, also wurde es schließlich von Katzenberg und Eisner übernommen, die inzwischen bei Touchstone waren.[8]

Ich wollte sehen, ob ich das Budget und den Zeitplan einhalten und weiter so schnell drehen konnte. Ich wußte, wenn ich Ballhaus bekäme, könnte ich es wieder schaffen. Also holte ich Ballhaus, und meine Frau Barbara de Fina produzierte zusammen mit Paul Newmans Anwalt Irving Axelrad. Wir achteten auf jeden Pfennig, bis hin zur Telefonrechnung! Stellen Sie sich vor, Sie machen einen Film mit Paul Newman und Tom Cruise. Jeder von uns kriegt einen Wohnwagen. Paul braucht ein Telefon, Tom braucht ein Telefon, warum soll ich dann kein Telefon bekommen? Ich bekomme keins, weil es zu teuer ist. Okay, ich kann meine An-

Tom Cruise in THE COLOR OF MONEY

rufe am Set erledigen. Also fing ich an, meine Gespräche vom Set aus zu führen, warf meine Münzen ein oder benutzte meine Kreditkarte, und andere Leute kamen und schubsten mich weg. Das Ganze wurde ziemlich peinlich. Daher fragten mich die Teamleiter schließlich, ob ich mein eigenes Mobiltelefon haben wollte. Aber seine Gespräche mußte weiterhin jeder selbst zahlen, und um Geld zu sparen, ließ ich mich zurückrufen!

In gewissem Sinn war es ein Experiment für mich zu erleben, wie es ist, mit jemandem wie Paul Newman einen Film zu machen, ohne ein Regisseur zu sein, der zwischen zwei Filmen fünf Jahre Pause hat. Ich wollte weiterhin regelmäßig Filme machen. Für den Fall, daß wir das Budget überzogen, stellten Paul und ich je ein Drittel unserer Gage zur Verfügung, um den Film zu ermöglichen. Und wegen der gründlichen Vorbereitung waren wir in neunundvierzig statt in fünfzig Drehtagen fertig und kamen statt mit $ 14,5 Millionen mit $ 13 Millionen aus. Das ist der Stoff, aus dem in Hollywood Heilige gemacht werden.

Viel davon war Paul zu verdanken, denn er ist kein Schauspieler, der viel am Set improvisiert, daher war alles vorher geprobt. Wir folgten seinem Vorschlag und verwendeten zwei ganze Wochen nur darauf, mit den Schauspielern alles in einem Loft zu erarbeiten. Ich war wirklich nervös, denn es war wie beim Theater, und das hatte ich vorher nie gemacht (abgesehen von der katastrophalen Erfahrung mit Liza Minelli). Als Paul sagte: »Man nimmt ein Klebeband und markiert damit den Platz für einen Stuhl; dann markiert man den Platz für ein Bett«, sah ich all diesen schrecklichen Theaterkram auf mich zukommen, wenn Leute so tun, als gäbe es eine Tür. Ich hasse das. Ich sagte: »Warum benutzen wir keinen richtigen Stuhl?« »Gut, ein Stuhl,« antwortete er zu meiner Erleichterung. Also benutzten wir einen Stuhl, dann ließen wir ein Krankenhausbett hereinbringen und so weiter.

Proben sind immer belastend. Man hat Angst, etwas Lächerliches zu sagen, und den Schauspielern geht es genauso. Wir übertrugen die Improvisationen und Änderungen ins

Drehbuch. Schließlich holten wir Richard Price hinzu, und er beteiligte sich daran. Danach fühlte sich jeder einigermaßen sicher in seiner Rolle, es war aber wichtiger, daß sie untereinander sicher waren und die Gewißheit hatten, daß sie ruhig einen Fehler machen konnten. Wir hatten allerdings nicht alle Probleme gelöst. Insbesondere hatten wir noch keine Lösung für das Ende, und wir wußten, daß wir uns in eine Sackgasse geschrieben hatten. Wir wußten, daß keiner den anderen besiegen dürfte, daß der Junge nicht weggehen dürfte und daß Newman gegen ihn spielen müßte.

Wir wurden gebeten, in Toronto zu drehen, eine wundervolle Stadt, aber viel zu sauber. Man kann meilenweit Billardtische sehen, aber wie meine Frau Barbara sofort sagte: »Sie sind toll, aber es sind Snooker-Tische!« Um zu drehen, hätten wir die meisten austauschen müssen. Also drehten wir in Chicago, wo wir einen milden Winter erlebten. Paul Newman spielte alle Pool-Szenen selbst. Tom konnte zwar Pool-Billard spielen, mußte aber die speziellen Stöße, die er in dem Film ausführt, lernen; der technische Berater, Michael Segal, brachte sie ihm bei. Er führte alle seine Stöße selbst aus, bis auf einen – wenn er in Zeitlupe eine Kugel über zwei andere springen läßt. Er hätte es gekonnt, aber es hätte zwei Tage länger gedauert, und dafür wollte ich keine Zeit opfern. Jeder Stoß sollte unbedingt ungestellt wirken. Ich hatte alle Billard-Aufnahmen im voraus auf Papier geplant, und wir waren diesbezüglich gut vorbereitet.

Der größte Teil des Films spielt in Bars und Billardhallen, und wenn man dort hineinkommt, spielt meistens eine Musikbox. Überall, wo wir hingingen, hörten wir Rock'n'Roll, schwarze Musik oder Swing. Ich wollte das so wiedergeben wie bei MEAN STREETS. Ich rief Robbie Robertson an, damit er mir bei der Musik half. Er machte gerade seine erste Solo-LP, die zugleich sein erstes Album seit zehn Jahren war, und er wollte auf jeden Fall fertig werden. Aber er versprach mitzumachen, und er schickte mir eine Kassette mit ungefähr fünfzehn verschiedenen Ideen, dann noch einmal sechs mit je zwanzig musikalischen Vorschlägen.

Was man am Anfang des Films hört, war einer davon; wir nannten ihn einfach ›Riff‹; es war im Grunde nur Robbies Stöhnen und ein Drum-Computer. Das übertrugen wir auf 35 mm-Film und legten es auf den Rohschnitt. Mir gefiel die Wärme darin, und es ist buchstäblich von einer normalen Kassette auf Stereo aufgeblasen worden. Ich wollte das Material von Gil Evans größer arrangieren lassen, aber Robbie sagte: »Nein, es ist gut so,« und Gil stimmte zu. Robbie lieferte uns schließlich zwanzig Minuten Musik für den Film, hauptsächlich das Eröffnungsstück und das, was wir ›The Blues Suite‹ nannten, das Gil Evans orchestrierte, ein insgesamt sechsminütiges Musikstück für die Szene, wenn Eddie zurückgeht, um allein im ›Chalkie‹ zu spielen.

THE COLOR OF MONEY sollte ein kommerzieller Film werden, dazu muß man heutzutage in Amerika wenn irgend möglich die Musik als Platte herausbringen. Robbie war aber bei Geffen Records unter Vertrag, und Jeff Katzenberg konnte sich wegen des Soundtracks nicht mit David Geffen einigen. Ich konnte das nie verstehen, sie sind Freunde und gehen abends zusammen essen, aber tagsüber verhandeln sie unerbittlich. So verpaßten wir auch die Chance, Peter Gabriel zu bekommen, und wir durften Robbie nur ohne seine Stimme nehmen – ich wurde sogar aufgefordert, das Stöhnen zu löschen!

Heutzutage verwendet jeder verdammte Film in Amerika und vermutlich auf der ganzen Welt Schallplatten von Jerry Lee Lewis, The Ronettes und all diesen Leuten aus meiner Jugend für nostalgische Soundtracks. Ich wollte anders vorgehen und sagte: »Warum geben wir nicht zuerst dem Film seine endgültige Form, und holen dann die Künstler, die wir mögen?« Touchstone schloß einen Vertrag mit MCA, so daß Robbie deren Musiker wie Don Henley und Eric Clapton ansprechen konnte. Wir sagten Eric Clapton, daß er für etwa eineinhalb Minuten ein Gitarrensolo spielen könne, an der Stelle ohne Dialog, wenn Carmen an den Billardtischen entlanggeht und alle Typen sie anstarren, bevor Eddie sie auffordert zu gehen. Wenn also der Song genau zu Beginn der Szene anfängt, ist das kein Zufall. Ich weiß noch, daß ich Erics ursprünglichen Text – ›He's getting ready to use you‹ – als ein bißchen zu eindeutig empfand, daher berieten er und Robbie sich telefonisch und erfanden ›It's in the way you use it‹, das ist offener und viel besser. Ich fühlte mich himmlisch, weil ich getrennte Spuren mischen konnte, als spielte ich selbst die Gitarre!

Robert Palmer hatte einen kleinen Song geschrieben, der hieß ›My Baby's in Love with Another Guy‹. Auf der Platte wurde er von Little Willie John gesungen, der nur etwa fünf Singles und kein Album gemacht hat. Seine fünfte Platte war kein Hit gewesen, und dieser Song, den wir einfach großartig fanden, war die B-Seite. Als die Firma ihn schließlich in Brooklyn aufspürte, war seine Frau am Telefon, und sie sagten ihr: »Hier ist Disney, und wir zahlen Ihnen $ 2.000, wenn wir den Song in einem Film benutzen dürfen.« Sie schrie: »Ein Wunder ist geschehen!« Dann weckte sie ihren Mann, um es ihm zu erzählen.

Viele Ideen für die Billard-Szenen kamen mir, wenn ich spät in der Nacht Musik hörte, zum Beispiel den Song ›One More Night‹ von Phil Collins. Ich hörte morgens um zwei irgend etwas im Fernsehen und schrieb verschiedene Ideen, wie man diese Szenen drehen könnte, auf die kleinen Notizzettel, die man überall im Haus herumliegen läßt. So bin ich im Lauf der Jahre von Musik stark beeinflußt worden.

Ich hatte überlegt, THE COLOR OF MONEY in Schwarzweiß zu drehen, aber das Studio bat mich, es nicht zu tun, und ich merkte, daß ich jede Anspielung auf THE HUSTLER vermeiden wollte. Michael Ballhaus, ich und Boris Leven – es war sein letzter Film, er starb in der Woche, als er herauskam – entwarfen die ersten zwei Drittel des Films in Grau, Schwarz und Weiß, wie der Winter in Chicago. Dann fuhren wir nach Atlantic City, wo alles ein bißchen lebhafter zugeht. Von nun an beschloß ich, mit Farbe zu malen. Nach unserer Kampagne für die Farbkonservierung brachte Kodak neues Material heraus und behauptete, es sei zwanzigmal haltbarer und würde 500 Jahre überdauern. Aber trotzdem glaube ich immer noch, wenn ein Film nach Schwarzweiß verlangt, sollte man es benutzen.

Ich glaube, daß das Ende von AFTER HOURS und THE COLOR OF MONEY vielleicht etwas mehr Hoffnung enthält als meine früheren Filme. Wenn man einmal im Leben den Entschluß gefaßt hat, daß man leben will, wenn man feststellt, daß man weitermachen muß, dann wird dieser Hoffnungsschimmer im eigenen Werk auftauchen. Deshalb war es in AFTER HOURS das beste, nicht damit aufzuhören, daß Paul in den Lieferwagen gesteckt wird; das Wunderbare ist, daß er überlebt. Und in THE COLOR OF MONEY ist Eddie wieder genau da, wo er hingehört. Was nicht heißt, daß er gewinnt.

Sofort nach dem Kinostart von THE COLOR OF MONEY *erhielt Scorsese einen weiteren unerwarteten Auftrag. Der Superstar Michael Jackson bat ihn, Regie bei einem Werbefilm für seinen neuen Song ›Bad‹ zu führen.*

Michael Jacksons Auftritte, besonders sein Tanzen, haben mich schon immer fasziniert. Jahrelang hatte ich mir die Musicals von Vincente Minelli angesehen und in den Musical-Sequenzen von NEW YORK, NEW YORK und bei den Songs, die für THE LAST WALTZ im Studio gedreht wurden, dieselbe Kameratechnik angewandt. Ich war ganz wild darauf, noch einmal so zu arbeiten, und mir war klar, daß Michaels Rock-Video, oder wie immer man es nennen will, auch Tanz enthalten würde und daß ich die Kamera bewegen und dabei Spaß haben könnte. Quincy Jones nahm Kontakt zu uns auf und schickte mir den Song ›Bad‹, er gefiel mir. Als das Angebot kam, hatte ich gerade Zeit, und ich fragte mich, was Michael wohl erwartete. Als ich ihn in Kalifornien traf, meinte er, ich solle eine Idee entwickeln, also holte ich Richard Price dazu, und wir hatten eine Idee, die auf einem wahren Zwischenfall in Harlem beruhte.

Wir stellten Michael zwischen schwarze Schauspieler in Harlem und drehten die Spielszenen in schwarzweiß, ganz

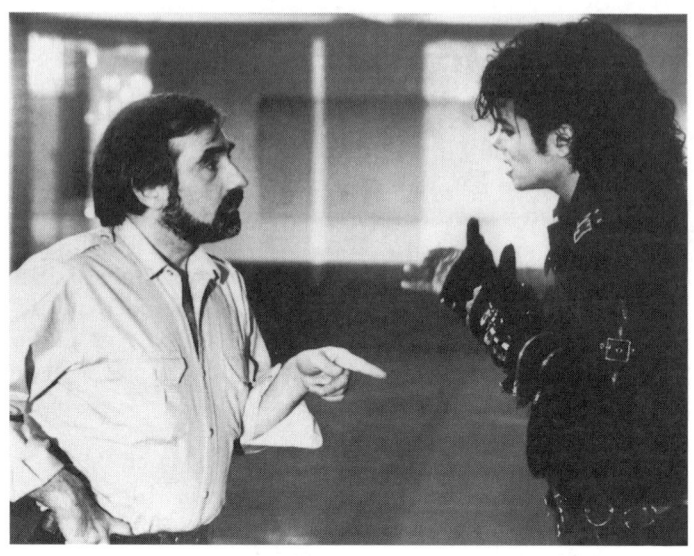

Scorsese inszeniert Michael Jackson in BAD (1986)

im Geiste von Shirley Clarkes THE COOL WORLD.[9] Der
ganze Film dauert ungefähr 16 Minuten, wobei die tatsächliche Handlung zehn einnimmt. Im entscheidenden Augenblick, wenn die Musik anfängt und Jackson im neuen Kostüm auftritt, wechseln wir zu Farbe. Aber selbst dort, in
der Subway-Station, gibt es nur weiße Kacheln, und alle
sind schwarz gekleidet. Dann fängt der Song ›Bad‹ an, und
alles löst sich im Tanz auf.

Aber vor dieser Auflösung machte Michael etwas, was er
selbst wollte, und ich ermunterte ihn weiterzumachen, er
nannte es einen ›Zusammenbruch‹ – eine Vorstellung, in der
er, wenn der Song vorbei ist, mit einem ganzen Chor hinter
sich wie ein Prediger diese Typen abkanzelt und sagt: »Es ist
vorbei, Jungs.« Wir drehten das mit drei Kameras, und es ist
eine hübsche kleine Szene geworden. Michael Jackson war
sein eigenes ›Studio‹, er bezahlte alles, hatte großen Spaß
und wollte immer weiter drehen. Das Video kostete $ 2 Millionen, und meine Frau produzierte es.

Die Arbeit mit Michael Jackson war der Ausgleich für
meine Erfahrung mit Paul Newman bei THE COLOR OF
MONEY, genauso wie THE LAST WALTZ das Gegenstück zu
NEW YORK, NEW YORK gewesen war, ITALIANAMERICAN
zu MEAN STREETS, AMERICAN BOY zu TAXI DRIVER und
vielleicht MIRROR, MIRROR zu AFTER HOURS. Ich brauche
noch immer kleinere Projekte, um mich beweglich zu halten. Und es gibt noch immer ein oder zwei Dokumentarfilme, die ich gern machen würde, aber für halbnahe Einstellungen bei Gesprächen (talking heads) würde ich heute
Video benutzen, weil es billiger ist als Film.

Durch ITALIANAMERICAN und AMERICAN BOY lernte
ich, RAGING BULL zu machen. Ich hatte nur einen Begriff
im Kopf: ›Klarheit‹, zum Wesentlichen kommen. Das schien
mich zu befreien. In Dokumentarfilmen, wenn Leute Geschichten erzählen, springe ich lieber herum, bis ich frei von
der Form bin, statt von einem Bild zum nächsten zu überblenden, um harte Schnitte zu vermeiden. Vieles von diesem
Impuls findet sich in RAGING BULL.

In Italien drehte ich für meinen Freund Georgio Armani einen 30-Sekunden-Werbespot, gewissermaßen mein erster echter Werbespot. Vier oder fünf Jahre lang hatten wir darüber geredet, einen zu machen, nun war der richtige Zeitpunkt gekommen. Ein Junge und ein Mädchen im Bett unterhalten sich auf Italienisch, sie sind angezogen. Ursprünglich gab es einen Entwurf ohne Kleider, aber dann fiel uns natürlich ein, daß der Werbefilm für einen Modedesigner bestimmt war. Ich drehte ihn in Schwarzweiß mit Nestor Almendros in einer Villa mit Fresken an der Wand.[10] Er ist wunderschön, denn er erinnert mich an die italienischen Filme, denen ich in den sechziger Jahren verfallen war.

In Scorseses Werbefilm bringt das Mädchen dem Jungen ihre Sprache bei, indem sie auf Teile ihres Körpers zeigt und sie benennt – die Hand, der Mund, die Nase, die Augen, die Wimpern, die Brauen. Scorsese sagt, so habe er selbst Italienisch gelernt.

Paul Newman gewann für seine zweite Verkörperung des ›Fast‹ Eddie Felson endlich den Oscar als bester Schauspieler. Scorsese unterzeichnete einen Zweijahres-Vertrag mit Walt Disney und überließ der Abteilung für ›erwachsene‹ Produktionen, Touchstone, die erste Option für seine sämtlichen Projekte. Nach seinem ersten kommerziellen Erfolg seit TAXI DRIVER war er wieder gefragt. Für ihn war THE COLOR OF MONEY eine gelöste Aufgabe, ein Test für seine neue Selbstdisziplin – rückblickend hatte er das Gefühl, daß der Film nicht hart genug sei. Aber er gibt gerne zu, daß andernfalls sein kommerzieller Erfolg nicht so groß gewesen wäre.

Die Filmindustrie wird heutzutage von Geschäftsleuten geleitet, und wenn ich weiterhin persönliche Filme machen will, muß ich ihnen zeigen, daß ich einen gewissen Respekt vor Geld habe und, daß sich das auch auf der Leinwand zeigt. Man redet immer von den großen alten Tagen der Film-Mogule, aber das war eine andere Zeit. Ich glaube, alle großen Studio-Filmemacher sind tot oder arbeiten nicht mehr. Ich zähle mich, meine Freunde und andere zeitgenössische Filmemacher nicht zu dieser Kategorie, ich sehe uns nur als Leute, die einer Arbeit nachgehen. Die Zeit der Studios war vorbei, als ich in den frühen Siebzigern anfing: Das alte System gehörte zu einer ganz anderen Epoche, einer geschlossenen naiven Welt, in sich stimmig. Heute ist alles zu offen, zu international. In Kalifornien traf ich einmal André de Toth, und er erzählte mir: »Harry Cohn war ein schwieriger Mensch, aber wir machten damals Filme, junger Mann, Filme!«[11] Und er hatte recht.

---

1   Scorsese erinnert sich, daß ihm Barbara Hershey das Buch 1972 nach den Dreharbeiten zu BOXCAR BERTHA zum Lesen gegeben hatte.

2   1955, im Alter von zwanzig Jahren, hat Ballhaus die Dreharbeiten von Max Ophüls' LOLA MONTEZ beobachtet, und seine Fähigkeit, komplizierte Kamerabewegungen sehr schnell einzurichten – ein Merkmal von Ophüls' Stil – beeindruckte Scorsese sofort. Ballhaus drehte insgesamt vierzehn Filme für Fassbinder, bevor er 1982 zum ersten Mal nach Amerika ging, um für John Sayles BABY, IT'S YOU zu drehen.

3   In Volker Schlöndorffs Verfilmung von Günter Grass' Roman *Die Blechtrommel* (1979) wird Oskars Geburt aus dem Innern des Mutterleibes gezeigt.

4   ISLE OF THE DEAD (1945) war der zehnte und vorletzte des Low-Budget-RKO-Horror-Zyklus des Produzenten Val Lewton, Regie führte Mark Robson, die Hauptrolle spielte Boris Karloff, inspiriert war er von Arnold Böcklins geheimnisvollem symbolistischen Gemälde mit demselben Titel (Die Toteninsel).

5   Der Regisseur von THE DEER HUNTER war Michael Cimino.

6   THE WANDERERS wurde von Philip Kaufman nach einem Drehbuch gedreht, das er 1979 mit seiner Frau Rose, nach dem Roman von Richard Price, geschrieben hatte. BLOODBROTHERS (1978) spielt im italo-amerikanischen Milieu von New York, in dem Scorsese aufgewachsen ist, und wurde ein Jahr zuvor von Robert Mulligan nach einem Drehbuch von Walter Newman gedreht.

7   In Robert Rossens THE HUSTLER (1961) ist Bert Gordon (gespielt von George C. Scott) ein Spieler-Promoter, der ›Fast‹ Eddie zum großen Geld führt und die neugewonnene Liebe seines Meister-Spielers zerstört, indem er ihn schließlich aus dem Spiel drängt.

8   Touchstone wurde als Tochtergesellschaft von Disney gegründet, um ›erwachsenere‹ Filme zu produzieren, die nicht mit dem üblichen Disney-Code von reiner Familienunterhaltung vereinbar waren. Zu ihren ersten Erfolgen zählten SPLASH (1984), DOWN AND OUT IN BEVERLY HILLS (1986), und der Riesenhit THREE MEN AND A BABY (1987).

9   Shirley Clarkes THE COOL WORLD (1963) setzte die neu aufgekommene Erkundung von New Yorks schwarzer Subkultur und deren Attraktion für weiße Trendsetter fort, die sie mit THE CONNECTION (1960) begonnen hatte.

10 Der auf Kuba geborene Kameramann Nestor Almendros studierte in Italien, machte sich aber Mitte der Sechziger in Frankreich einen Namen, wo er die meisten Filme von Eric Rohmer und François Truffaut fotografierte. 1978 erhielt er den Oscar für DAYS OF HEAVEN.

11 Der in Ungarn geborene André de Toth spezialisierte sich in den vierziger und fünfziger Jahren auf Western und gewalttätige Actionfilme und inszenierte 1953 HOUSE OF WAX in 3-D. Harry Cohn (1891–1958) war der gehaßte, gefürchtete und doch respektierte Chef von Columbia Pictures, die er in den frühen Zwanzigern als Baracken-Studios im sogenannten Poverty Row-Bezirk gegründet und bis zu den Fünfzigern zu einem großen, höchst ertragreichen Unternehmen aufgebaut hatte.

THE LAST TEMPTATION OF CHRIST

>»It is accomplished.«
Jesus in THE LAST TEMPTATION OF CHRIST

Als Scorsese im Januar 1987 in England drei von der Zeitung ›Guardian‹ veranstaltete Vorträge hielt, sprach er mit großer Bitterkeit über seine vergeblichen Versuche, THE LAST TEMPTATION OF CHRIST zustande zu bringen. Er würde noch nicht aufgeben, aber es gäbe wohl kaum eine Chance auf Unterstützung in einem Hollywood, das sich von ihm ganz offenkundig Filme wie THE COLOR OF MONEY mit Newman und Cruise wünschte. Aber ein paar Wochen, nachdem er England verlassen hatte und schon sicher war, daß sein nächster Film eine Adaption von WISE GUY sein würde, bot sich ausgerechnet durch die Neuorientierung der Mächtigen von Hollywood die Gelegenheit, den lange geplanten Stoff doch noch zu realisieren.

Ich hatte zwar schon als Student an der NYU von Kazantzakis' Roman gehört, bekam ihn aber erst 1972 in die Hände, und zwar durch Barbara Hershey und David Carradine, als wir BOXCAR BERTHA zu Ende gedreht hatten.[1] Damals gab es in Amerika eine unglaublich starke Tendenz zum Spirituellen, und wir dachten, ein Film darüber könnte zu einer Veränderung beitragen. Ich brauchte einige Jahre, um das Buch zu lesen – es gefiel mir so gut, daß ich das Ende der Lektüre so lange wie möglich hinauszögerte! Ich beendete sie erst, als ich 1979 in Florenz den Drehort von IL PRATO, dem Film der Brüder Taviani, besuchte.

Für mich war eine Darstellung Christi, die seine menschliche Seite betont, ohne zu leugnen, daß er Gott ist, immer schon am zugänglichsten. Seine göttliche Seite begreift nicht ganz, was die menschliche Seite tun muß; wie er sich selbst

verwandeln muß und schließlich am Kreuz zum Opfer wird
– das lernt der Mensch Christus erst nach und nach. Im ganzen ersten Teil des Buches bestimmen menschliche Emotionen und Psychologie sein Handeln, was ihn verwirrt und
beunruhigt. Für mich unterschied sich dieser neurotische –
fast psychotische – Jesus in seinen wechselnden Stimmun-
gen und seiner Psychologie nicht sehr von dem, dessen Spuren man auch in den Evangelien findet. Wenn Christus zum
Beispiel den Feigenbaum verflucht, die Geldwechsler aus
dem Tempel jagt oder wenn er sagt: »Ich bin nicht gekommen, Frieden zu bringen, sondern das Schwert! Ich bin gekommen, den Sohn zu entzweien mit seinem Vater, die
Tochter mit ihrer Mutter«, und so weiter.

Diese Problematik fand ich auch bei Kazantzakis. Es gibt
eine wunderbare Beichtszene – in meinem Film ist es die mit
Jeroboam –, in der Christus sagt: »Luzifer ist in mir, er sagt,
ich bin nicht der Sohn von Maria und Josef, ich bin Gottes
Sohn, ich bin Gott.« Er denkt also, es sei der Teufel in ihm,
der dies sagt, und er hält sich für den schlimmsten Sünder
der Welt. Ich fühlte, daß das etwas mit mir zu tun hatte:
Dies war ein Jesus, mit dem man sich zusammensetzen, essen oder trinken konnte. Sogar in den Evangelien beschweren sich die Pharisäer und Sadduzäer über seine Eß- und
Trinkgewohnheiten und werfen ihm vor, er handle nicht in
der Tradition der Propheten, wie Johannes der Täufer, der in
die Wüste ging, fastete und den Umgang mit Prostituierten
und Geldeintreibern vermied. Für mich war dies ein sehr
menschlicher Jesus.

Da ich wußte, daß zwischen Paul Schrader und mir eine
starke Affinität bestand, interessierte es mich, wie ein Calvinist an das Buch herangehen würde. Der Roman ist sehr
lang, und da ich einen Film von normaler Länge wollte und
keine Sechs-Stunden-Miniserie, dachte ich, Paul könnte alle
unnötigen Elemente herausstreichen. Die ganze Beziehung
zwischen Maria Magdalena und den Aposteln, auch ihr
Streit untereinander, das war alles faszinierend, konnte aber
nicht im Film untergebracht werden. Ich hatte immer ge-

dacht, mir würde es gehen wie George Stevens mit THE GREATEST STORY EVER TOLD und Nicholas Ray mit seinem KING OF KINGS – beide am Ende ihrer Karriere.[2] Aber als Paul nach vier Monaten ein Drehbuch von neunzig Seiten ablieferte, wurde mir klar, daß wir es jetzt wirklich angehen konnten.

Ich wollte immer schon einen Film über das Leben Christi machen, seit ich ihn mit elf Jahren zum erstenmal in THE ROBE als Figur auf der Leinwand gesehen hatte. Ich war Ministrant, und der Priester unserer Diözese hatte mich zu einem kleinen Ausflug ins »Roxy« mitgenommen. Er haßte den Film wegen seiner Absurdität, aber ich werde nie den Zauber des Moments vergessen, als ich zum erstenmal diese gigantische Cinemascope-Leinwand sah.[3] Und als ich die Musik in Stereo hörte, vermischte sie sich in meinem Kopf mit dem gregorianischen Gesang der Totenmesse, bei der ich jeden Sonntagmorgen um halb elf Meßdiener war. Ich weiß noch, wie einmal ein neunzigjähriger Italiener gestorben war. Seine Witwe, die etwa dreiundneunzig war, stürzte sich in ihrem Schmerz auf den Sarg und fiel mit ihm um, und wir Meßdiener mußten ihr aufhelfen. Mit diesen verwirrenden Erlebnissen im Kopf wurde der ganze Film zu einer heiligen Erfahrung. Das erste Bild von Jesus, der das Kreuz durch die Straßen schleppt, war für mich schockierend.

Die ersten Bilder von Christus, an die ich mich erinnere, waren die Gipsstatuen und Kruzifixe in St. Patrick's Old Cathedral. Der stärkste Eindruck, den sie bei mir hinterließen, war der von einem Menschen, der gefoltert, geschlagen und schließlich gekreuzigt worden war, – und all das war jemandem angetan worden, der geliebt hatte, der ein guter Mensch gewesen war. Ich weiß noch, wie ich mit meinen Eltern zu einer Messe ging und mich fragte, warum sie mich nicht schon früher mitgenommen hatten. Es war so eindrucksvoll: die verschiedenfarbigen Gewänder für die verschiedenen Messen, weiß mit gold oder grün mit gold. Ich vermute, ich stellte den Zusammenhang zwischen dem Besuch einer Kathedrale und dem eines Kinos in sehr jungen

Jahren her. Tatsächlich machten wir uns als Kinder über die Messe lustig, weil es jeden Tag dieselbe Show war.

Meine Erstkommunion war sehr wichtig für mich: am Abendmahl teilnehmen und die erste Beichte ablegen. Damals war ich fasziniert von Kreuzigungsdarstellungen und malte viele Bilder davon, die ich den Nonnen in der Schule schenkte. Wenn man die alten Religionen betrachtet, wenn man sich vergegenwärtigt, daß die Karthager 500 fünfjährige Kinder geopfert haben, oder wenn man an die Blutopfer der Israeliten bis hin zum Opfer Jesu am Kreuz und dann schließlich an das Meßopfer denkt – so hat offensichtlich eine ›Zivilisierung‹ der Religionen stattgefunden. Aber dieser ursprüngliche Instinkt für Blutopfer ist immer noch Teil unseres Unterbewußtseins. In TAXI DRIVER ist Travis in gewissem Sinne eine alttestamentarische Figur: Um rechtschaffen und korrekt zu sein, gibt es für ihn nur eine Antwort – den Zorn Gottes herauszufordern. Ich erinnere mich, daß ich die Szene in John Hustons Film THE BIBLE, in der Gott Abraham befiehlt, Isaak zu opfern, ganz wunderbar inszeniert fand.

Die erste Fassung des Drehbuchs von THE LAST TEMPTATION OF CHRIST schrieb Paul, während er gerade versuchte, mit dem Tod seiner Mutter fertig zu werden. Dadurch war es eine sehr tief empfundene Arbeit. Er meinte, daß das Übernatürliche neben dem Natürlichen existieren sollte, daher schrieb er eine Szene hinein, wie Jesus sein Herz herausnimmt, und eine ebenso buchstäbliche Version des letzten Abendmahls, bei dem Jesu Fleisch und Blut verzehrt wird. Ich sagte: »Paul, ich bitte dich,« aber er sagte, das sei nur für uns gedacht, ein Calvinist hänsele einen Katholiken; in seinem zweiten Entwurf gab es diese Szene nicht mehr, und wir kamen auf Kazantzakis zurück.

So sind wir auch verfahren, als es darum ging, die Wunder im Film zu zeigen. Nach dem Motto: Was war Hypnose, was war ein echtes Wunder, was war eine denkbare Heilmethode? Als er den Blinden heilt, hält Jesus Kräuter in der Hand, fügt Speichel hinzu, verreibt sie miteinander und legt

Dekoration am Kinoeingang für die Erstaufführung eines
Cinemascope-Films, THE ROBE, 1953

Abraham bereitet das Opfer Isaaks vor, in THE BIBLE. . . IN THE BE-
GINNING (1966)

175

ihm das Gemisch auf die Augen. Ich habe viel recherchiert und herausgefunden, daß viele Heiler damals Speichel als Arznei benutzten, und deshalb wird es so gezeigt. Und anstatt über diese Wunder zu lächeln, ist Jesus erschrocken. Jedes Wunder führt ihn einen Schritt näher an etwas heran, von dem er nur weiß, daß es schwierig sein wird; und wie bei Kazantzakis findet er schließlich heraus, daß es das Kreuz ist.

Paul hatte seinen zweiten Entwurf sehr schnell geschrieben, und wir gaben ihn Irwin Winkler und Bob Chartoff. Ich glaube, er ging zunächst zu United Artists, die ihn ablehnten, und als dann Anfang 1983 THE KING OF COMEDY herauskam, hatte Paramount den Film angenommen. Bei dem einen Treffen, das ich mit Barry Diller hatte, der damals zusammen mit Jeff Katzenberg und Michael Eisner Chef der Gesellschaft war, wurde ich gefragt, warum ich diesen Film machen wollte, und ich antwortete: »Damit ich Jesus besser kennenlerne.«

In gewisser Weise wollte ich das mein Leben lang: Zuerst wollte ich Priester werden, aber es sollte nicht sein. Der Gedanke, seine Feinde zu lieben und ihnen zu vergeben, schien so naheliegend, und Gandhi hatte gezeigt, daß man ihn in die Praxis umsetzen konnte. Ich dachte, daß ich vielleicht durch den Arbeitsprozeß an diesem Film ein bißchen mehr Erfüllung finden würde. Ihre Reaktion war sehr nett, aber so eine Antwort hatten sie nicht hören wollen. Sie fragten mich, wieviel Geld ich ausgeben wollte, und ich erklärte, daß es mir nicht um den traditionellen amerikanischen oder italienischen Monumentalfilm ginge (obwohl ich ihn wegen des Handwerks und seiner Ausstattungskunst liebe, trotz all seiner Fehler und Albernheiten), sondern um etwas anderes, nämlich eine intime Charakterstudie – was weniger Geld bedeute. Und damit waren sie einverstanden.

Im Januar begannen wir in Israel nach Schauplätzen zu suchen, sahen uns verschiedene Gegenden an, fanden dann aber Dörfer in Marokko, die wirklich aussahen, als seien sie 2000 Jahre alt, darunter Oumnast, wo wir später, 1987, filmten. Also dachten wir daran, die ersten zweieinhalb Wochen in Marokko zu drehen und das Ende in Israel, wo uns der Bürgermeister und sogar der Präsident großartig aufgenommen und Kooperation versprochen hatten. Aber die Fundamentalisten, die ›moral majority‹, hatten von all dem Wind bekommen, und es trafen körbeweise Briefe ein. Sie waren an Gulf and Western adressiert, deren Chef Charlie Bluhdorn kurz zuvor gestorben war; seinen Platz hatte Martin Davis eingenommen. Ich weiß nicht, welche Politik dahinterstand, aber es war anders gewesen, als Barry Diller mit Bluhdorn zusammengearbeitet hatte.

Im September hatten wir die Besetzung zusammen, das Budget war von $ 12 Millionen auf $ 16 Millionen erhöht und der Drehplan von neunzig auf hundert Tage erweitert worden. Aber nach einem abschließenden Treffen in jenem Monat hatte Irwin Winkler (dessen Zusammenarbeit mit Bob Chartoff endete – dies sollte ihr letzter gemeinsamer Film werden) das Gefühl, aus dem Film aussteigen zu müssen. Das war ein Schlag, der es dem Studio schwermachte, zu uns zu halten, und am Morgen von Thanksgiving teilte mir Barry Diller mit, daß er den Film nicht mehr machen wolle. Ich glaube nicht, daß seine Beziehung zu Gulf and Western sehr gut war, weil er bald zu Twentieth Century-Fox wechselte, während Katzenberg und Eisner Touchstone übernahmen. Wir versuchten dann, das Budget zu halbieren und gingen damit zu jedem Studio, wurden aber immer noch abgelehnt. Aber das Schöne an diesem Jahr war, daß nichts davon vergeudet war, weil wir gelernt haben, wie man den Film *nicht* macht.

Ich fing an zu glauben, daß dieser Film nicht in Hollywood gemacht werden könnte, womit ich die Hauptfinanzierung durch eine der großen Gesellschaften meine. Salah Hassanein, damals Chef der Kinokette von United Artists an der Ostküste (der größten Amerikas), rief Frank Mancuso an, den Chef des Paramount-Verleihs, und erklärte ihm, er würde unseren Film in seinen Kinos nicht zeigen. Auch in seinen Kabelkanälen werde er ihn nicht zeigen –, und er hatte die Kabellizenz für das Pay-TV ›Home Box Office‹. Also trafen wir uns mit Salah, er war Herstellungsleiter bei George Romeros *Creepshow* gewesen, und merkten, daß er das Drehbuch gar nicht gelesen hatte; dabei hatte ihm seine Familie geraten, den Roman zu lesen, weil der großartig sei.

Aber er sagte: »Ihr macht die Filme nur, ich muß sie zeigen und mit dem Publikum fertigwerden, wenn sie die Sitze rausreißen und im Kino Schlägereien ausbrechen.« Dann sagte er: »Erzählt mir nichts über religiöse Filme« – er ist halb Ägypter und halb Protestant –, »in den Fünfzigern hatte ich einen Film über Martin Luther, und die Katholiken bauten sich mit Transparenten vor den Kinos auf. Dann demonstrierten die Leute auch vor THE GREATEST STORY EVER TOLD, und bei MESSENGER OF GOD gab es Bomben im Kino.« Also wurde klar, wenn man für einen Film überhaupt eine Verleih-Garantie haben wollte, mußte man die Kosten so gering halten, daß er eine Zeitlang in nur einem Kino in Amerika laufen konnte, bis die Leute begriffen hätten, daß er nicht anstößig war.

1983 schrieb ich während des ganzen Jahres Pauls Drehbuch um, wie schon bei RAGING BULL, mit seiner Erlaubnis und der Absprache, daß ich im Vorspann nicht genannt werde. Ich erwähnte dies Jay Cocks gegenüber, und er sagte, er würde mir helfen, obwohl er wußte, daß auch er nicht genannt würde. In drei Mammutsitzungen produzierten wir, glaube ich, sechs Fassungen. Einige der besten Textstellen sind für mich die, die schon Paul aus dem Roman verwendet hatte, wie: »Wenn ich ein Feuer wäre, ich würde brennen, wenn ich Holzschnitzer wäre, ich würde mir Herz und Lunge herausschneiden,« und gegen Ende, wenn sich der Engel zu Jesus umdreht und fragt: »Bist du zufrieden?« und er antwortet: »Ich schäme mich, wenn ich an all die Fehler denke, die ich gemacht habe, an all die falschen Wege, auf denen ich Gott gesucht habe.«

Eine neue Möglichkeit ergab sich, den Film als französische Co-Produktion mit staatlicher Unterstützung zu ma-

178

chen, da Mitterands Kulturminister Jack Lang eine Politik verfolgte, die nicht-französischen Filmemachern von internationalem Renommee Unterstützung anbot (und Asyl im Fall verfolgter Regisseure, wie zum Beispiel Yilmaz Güney und Andrzej Wajda). Aber schon als Scorsese und THE LAST TEMPTATION OF CHRIST *als mögliche Kandidaten für diese Hilfe nur erwähnt wurden, startete eine den amerikanischen Fundamentalisten entsprechende katholische Bewegung eine Kampagne gegen das Projekt. Die Kontroverse über Godards Film* JE VOUS SALUE, MARIE, *die während des ganzen Jahres 1985 inklusive eines päpstlichen Verdiktes anhielt, brachte die religiösen Protestierer in Frankreich dazu, andere ›blasphemische‹ Filme um so entschlossener im Keim zu ersticken. Schließlich übermittelte der Erzbischof von Paris, Kardinal Lustiger, Präsident Mitterand eine feierliche Warnung vor dem Mißbrauch öffentlicher Mittel für ein Projekt, das die Heilige Schrift untergrabe.*

Während des Jahres 1985 versuchte eine Reihe von Leuten, mir den Film zu ermöglichen, unter ihnen Jack Lang, der französische Produzent Humbert Balsan und Maroun Bagdadi, ein libanesischer Filmemacher. Sie baten mich, 1986 mit AFTER HOURS nach Cannes zu gehen, so daß sie THE LAST TEMPTATION OF CHRIST ankündigen und sagen könnten, daß er für $ 5 Millionen in Ägypten gedreht werden könne. Ich fuhr nicht hin, unter anderem wegen meiner Angst vorm Fliegen. Normalerweise kann ich damit umgehen, aber manchmal wird sie völlig irrational.

Eine Reihe neuer Drehorte wurden für THE LAST TEMPTATION OF CHRIST *erwogen. Der ursprüngliche Plan, hauptsächlich in Israel zu filmen, hatte sich als zu teuer erwiesen; es waren Sets einschließlich ganzer Dörfer gebaut worden, und ungefähr $ 5 Millionen von Paramount mußten abgeschrieben werden. Scorsese war besonders traurig, Drehorte wie Timna für die Erweckung des Lazarus und das Amphitheater in Beit Shear für die Pilatus-Szene zu verlie-*

179

ren. Nach Scorseses Worten war es nötig, dem Film »ein völlig neues Aussehen« zu geben. Michael Powells Partner Frixos Constantine versuchte sogar, Geld aus Moskau zu bekommen, mit dem Hintergedanken, den Film in Taschkent zu drehen. Als auch das nicht zustande kam, wurde bei verschiedenen Treffen überlegt, ob Griechenland in Frage käme. Damals wurde ihnen klar, daß die Rechte an dem Roman in andere Hände fallen könnten.

Es stellte sich plötzlich heraus, daß wir die Vorkaufsrechte etwas vernachlässigt hatten, weil sonst niemand an dem Buch interessiert war. Also haben wir zusammen mit meinem Agenten Harry Ufland und John Avnet, dem Produzenten, den Paramount für Winkler einstellte, unser Geld in einen Topf getan, um sie zu sichern.

Von 1983, als der Film gestoppt wurde, bis 1986 hat Harry sich ständig bemüht, ihn zustande zu bringen. 1986 versuchte er, den Film bei John Dalys Hemdale Company unterzubringen, aber das zerschlug sich gegen Ende des Jahres. Es sah ganz so aus, als sollte mein nächster Film WISE GUY werden, der auf dem Buch von Nick Pileggi basiert. Doch während ich im Oktober in Los Angeles für THE COLOR OF MONEY warb, fing ich Gespräche mit Mike Ovitz von der CAA[4] an; er war Paul Newmans Agent und hatte THE COLOR OF MONEY weitgehend hinter den Kulissen zustande gebracht. Ich beschloß, von Harry Ufland, der zwanzig Jahre lang mein Agent gewesen war, zu Mike Ovitz zu wechseln. Daher traf ich mich im November mit Harry, und wir vereinbarten, daß meine neue Verbindung mit CAA am 1. Januar 1987 beginnen sollte. Nach dem Werbespot für Armani in Mailand und den ›Guardian Lectures‹ in England kehrte ich nach New York zurück, und plötzlich war Universal an einem Gespräch interessiert – das einzige Studio in Hollywood, das mich vorher nie hofiert hatte.

Mike hatte ein Treffen in Los Angeles mit Tom Pollock, dem neuen Studio-Chef, und Sean Daniel arrangiert, und es lief gut. Dann fuhr ich auf Marlon Brandos Insel Tetiaroa, um mit ihm über ein Projekt zu reden, und blieb drei Wochen dort. Es gab nur ein Telefon auf der Insel, ich rief nur ein paar Mal an, aber Mike sagte: »Hör mal, Marty, diese Leute machen deinen Film vielleicht, komm also besser zurück.« Mir war nicht klar, wie mächtig und geschäftstüchtig er war, wie er mit Leuten argumentieren und ihnen das Gefühl vermitteln konnte, sie hätten ziemlich viel von ihren Forderungen durchgesetzt. Als wir nach Los Angeles zurückkamen, trafen wir uns noch einmal, und es war klar, daß sie es wirklich ernst meinten. Tom Pollock hatte bereits im Jahr zuvor das Drehbuch gelesen, und ihm hatte das Projekt gefallen. Mike und Tom gaben das Drehbuch Garth Drabinsky von Cineplex Odeon, der mittlerweile größten Kinokette in Amerika und Kanada; er fand es gut genug, um die Hälfte des Geldes beizusteuern. In gewissem Sinne war der Film die Lachnummer der Cocktail-Parties in Hollywood geworden, bis zu der Minute, als ich bei der CAA unterschrieb – denn nun wurde er gemacht!

Im April fuhren wir auf Motiv-Suche nach Tunesien und Marokko und flogen über Rom zurück; wir waren ziemlich sicher, daß Marokko der richtige Ort wäre. Die nächsten fünf Monate brachten wir dann mit Verhandlungen zwischen Universal und Paramount zu, die 1983 $ 5 Millionen für das Projekt ausgegeben hatten. Es gab irgendeine Verstimmung wegen eines anderen Films zwischen den Studios, die sich erst legen mußte, bevor wir Ende August wieder nach Marokko fahren konnten, um die endgültigen Schauplätze zu finden. Die Dreharbeiten begannen am 12. Oktober, und da Weihnachten uns eine Grenze setzte, mußten wir uns sehr beeilen.

Während des Sommers 1987 waren Jay Cocks und ich wieder zusammengekommen, um zwei weitere Fassungen des Drehbuchs zu schreiben, in denen wir schließlich die meisten Vorschläge der ursprünglichen Produzenten und des Studios rückgängig machten. Sie hatten so viele Fragen gestellt – wie: Warum geht er zum Kloster? Warum betet er zu Gott, wenn er wütend auf ihn ist? Trotzdem durfte man sie nicht unterschätzen, weil sie den Pulsschlag des Publikums fühlen.

Da Cineplex Odeon die Hälfte des Budgets beisteuerte, wußten wir, wenn es zum Schlimmsten käme, hätten wir wenigstens ein Kino, in dem der Film anlaufen könnte. Nach der amerikanischen Definition ist er in gewissem Sinne ein ›Kunstfilm‹, mit anderen Worten, es ist kein kommerzieller, dem allgemeinen Geschmack entsprechender Film: er dauert zwei Stunden und dreiundvierzig Minuten, er ist nicht aus Gründen der Vermarktung gedreht worden. Von einem befreundeten Priester weiß ich, daß das Buch von Kazantzakis in Seminaren verwendet wird, nicht als Ersatz für das Evangelium, sondern als frische und lebendige Parabel, über die man diskutieren und streiten kann. Und das erhoffte ich mir auch von dem Film. Ich glaube, daß Jesus vollkommen göttlich ist, aber die Lehre an katholischen Schulen betont seine göttliche Seite so sehr, daß schon, wenn Jesus den Raum beträte, jeder wüßte, daß er Gott ist, weil er im Dunkeln leuchtete, anstatt einfach ganz normal auszusehen. Wir dachten immer, wenn er so ist, dann müßte es ja ganz leicht für ihn sein, den Versuchungen zu widerstehen, denn er war ja Gott. Er könnte leicht die Versuchung der Macht in der Wüste von sich weisen und erst recht der Versuchung des Sex widerstehen; und er könnte das Leiden am Kreuz ertragen, weil er wüßte, was geschehen würde, was Tod bedeutete.

Im Laufe der Jahre habe ich mich von der Kirche entfernt, ich bin kein praktizierender Katholik mehr, und ich habe diese Dinge in Frage gestellt. Kazantzakis hat beide Seiten von Jesus behandelt, und Paul Moore, der Bischof der Episkopalen Kirche von New York, bestätigte mir, daß dies christologisch richtig sei: die Debatte geht zurück bis zum Konzil von Chalcedon im Jahre 451, als man darüber diskutierte, wieviel von Jesus göttlich und wieviel menschlich gewesen sei. Ich fand den Gedanken interessant, daß die menschliche Natur Jesu seine göttliche Seite immer und überall bekämpft, weil sie ihr unvorstellbar ist. Ich dachte,

Willem Dafoe als Jesus in THE LAST TEMPTATION OF CHRIST (1988)

dies sei ein großer dramatischer Stoff, der die Leute zwingen würde, Jesus ernst zu nehmen – bis zu einer Neubewertung seiner Lehren. Die meisten Nicht-Christen haben ein falsches Verständnis von der Bedeutung, die viele Gläubige den bildlichen Darstellungen Jesu beimessen. Zum Beispiel versucht Woody Allen in seinem wunderbaren Film HANNAH AND HER SISTERS, Christ zu werden, und ist irritiert, als er in einem Schaufenster ein 3-D-Bild von Jesus am Kreuz sieht, der ihm zuzwinkert. Durch den Roman von Kazantzakis wollte ich das Leben Jesu unmittelbarer und für Menschen zugänglicher machen, die schon seit langem nicht mehr wirklich über Gott nachgedacht hatten. Ich dachte ganz sicher nicht daran, daß Strenggläubige durch den Film in ihrem Glauben erschüttert würden.

Die ›letzte Versuchung‹ in dem Buch interpretierte ich ganz ähnlich wie die Episode, in der der Teufel Christus in der Wüste in Versuchung führt und ihn dann auf die Zinne des Tempels führt, damit er sich hinabstürze. Die letzte Versuchung für Christus besteht darin, vom Kreuz zu steigen und für den Rest seines Lebens als normaler Mensch zu leben. Er heiratet Maria Magdalena, schläft mit ihr in der Absicht, Kinder zu bekommen, und stirbt dann im Bett. Das stellte ich mir als eine Reihe lebendiger Tableaus vor, die der Teufel Christus zeigt, so daß 36 Jahre in einer Sekunde vorüberziehen.

Zugegeben, es gibt Augenblicke in dem Film, in denen ich zu der traditionellen katholischen Bildersymbolik zurückkehre; zum Beispiel stammt der große Felsen im Garten von Gethsemane, wo Christus betet, direkt aus meiner Kindheit. Ich stellte mir dieses Bild, wie er Blut schwitzt, genauso vor, wie ich es in der katholischen Schule gesehen hatte. Und dann gibt es wieder Augenblicke, in denen ich mich mit großem Vergnügen ganz einfach in dieser Bilderwelt bewege. Als ich Willem Dafoe sah, wußte ich, daß ich dieses Gesicht gesucht hatte. Wenn Christus sich nach der Rückkehr aus der Wüste umzieht oder wenn er sein Herz herausnimmt – was sich auf das katholische Motiv vom Heiligen Herzen bezieht –, wird er zu dem Jesus, der uns aus der christlichen Tradition des Abendlands vertraut ist. Merkwürdigerweise hatten alle Schauspieler, an die wir für die Rolle dachten, blaue Augen!

Ein Grund für den späten Beginn der Dreharbeiten war, daß ich auf Aidan Quinns Entscheidung wartete, ob er Jesus spielen wollte. Er war auf den Seychellen und hatte als CRUSOE anstrengende Dreharbeiten, und da er gerade heiraten wollte, hielt er es für eine zu große Aufgabe. Er hatte auch ein paar religiöse Probleme mit der Rolle. Eric Roberts oder Chris Walken waren 1983 auch im Gespräch, aber dann tauchte Willem Dafoe auf. Seine Agentur war ebenfalls die CAA. Ich hatte ihn nur in TO LIVE AND DIE IN L.A. gesehen, wo er den Schurken spielt, und da hatte er mir gefallen, daher wollte ich sehen, ob er auch die andere Seite spielen konnte. Als ich mich mit ihm in einem Zimmer unterhielt, war er wirklich gut; dann schaute ich mir PLATOON an und war überzeugt.

Die meisten Darsteller der ursprünglich geplanten Besetzung holte ich zurück – Harvey Keitel, Barbara Hershey und andere –, außer Sting, der Pilatus hätte spielen sollen. Er war auf einer Tournee für Amnesty International, und wir sprachen in Marokko darüber. Doch obwohl wir versuchten, irgend etwas zwischen seinen Terminen zustande zu bringen, klappte es nicht. Andererseits wollte ich auch schon immer mit David Bowie arbeiten, der schließlich nach Marokko flog und seine Szene an einem einzigen Tag drehte.

In allen religiösen Filmen, die ich als Kind gesehen und geliebt hatte, wie THE ROBE und QUO VADIS, ging es mehr um spektakuläres und monumentales Filmemachen als um Religion. Später gefielen mir Christopher Frys wunderbare Texte für John Hustons THE BIBLE; und in letzter Zeit die Mini-Serie A.D., die Anthony Burgess geschrieben hat. Ich wollte den Jesus in meinem Film aber greifbarer, unmittelbarer haben und das Publikum beteiligen. Da ich Amerikaner bin, muß ich zuerst an das amerikanische Publikum denken. Wenn sich plötzlich der Vorhang vor der Leinwand öffnet, und man sieht, daß es Panavision ist (anstatt 1:1,85, was ich benutze) und hört die Musik von Miklos Rosza mit himmlischen Chören und Wolken am Himmel, wie in Nicholas Rays KING OF KINGS, die Titel in goldenen Buchstaben, und die Darsteller sind wunderschön angezogen und sprechen perfektes Oxford-Englisch – dann klappen die amerikanischen Zuschauer ihre Ohren zu. Sie sagen: »Super, ein Kolossalfilm«, und wissen, daß sie nicht mitdenken müssen, weil er harmlos ist.

Ich habe an die 8th Avenue, Ecke 48th Street in Manhattan gedacht, den Block, wo wir nachts TAXI DRIVER gedreht hatten, eine sehr gefährliche Gegend, in der sich Drogendealer, Zuhälter und Prostituierte herumtreiben – das ist meine Vision von der Hölle. Wenn man dort hinginge, in diese zehn Blocks zwischen 42nd bis zur 52nd Street auf der 8th Avenue und sagte: »Selig sind die Sanftmütigen, denn sie werden die Erde besitzen«, dann würde man ausgeraubt oder zusammengeschlagen oder getötet. Wenn man aber hingeht, sich die Leute schnappt und sagt: »Hört zu, ich will euch was von Jesus erzählen; ich will euch was von dem erzählen, was er gerade gesagt hat«, dann führt es dazu, daß sich die Leute damit auseinandersetzen. Das habe ich mit der Bergpredigt versucht; wir mußten ihre wunderschöne Poesie zerstören und sie ändern, um annähernd den Eindruck zu vermitteln, daß Jesus in diesem Moment zum ersten Mal auf diese Gedanken kommt.

Und es mußten amerikanische Stimmen sein, New Yorker Akzente und andere: Harry Dean Stanton als Paulus war eine Art Baptist aus dem Süden, vielleicht Appalache; und Gary Basaraba, der den Andreas spielte, ist Kanadier. Die Mächte von außerhalb, die Römer und die Welt des Satans, sollten zwar unterschiedliche Akzente, aber dieselbe Sprache haben. Die einzige Möglichkeit, die ich mir dafür vorstellen konnte, war, William Wylers Idee aus BEN HUR zu übernehmen und sie britisch sprechen zu lassen.

Wir riskierten so viel, daß es zwangläufig etwas geben mußte, was den Leuten nicht gefallen würde. Die alten Judäer und Römer sprachen sicherlich nicht wie wir, dennoch verwendeten wir besondere Mühe auf die Sprache, wie sie jetzt im Film zu hören ist. Ich glaube nicht, daß Jesus aus dem Hause Herodes stammt; er war Zimmermann und muß auch wie ein Zimmermann gesprochen haben; und Judas muß erst recht ein Typ von der Straße gewesen sein – das ist meine Interpretation. Ich weiß noch, wie ich in Andrew Sarris' Kurs an der Columbia University einen Vortrag hielt, als KING OF COMEDY herauskam, und wie er sagte: »Jetzt bist du auf dem Weg nach Jerusalem. Wie wird das aussehen, ›Mean Streets‹ in Jerusalem?« Und ich ahnte, wenn der Film herauskäme und nicht funktionierte, wäre einer der ersten Kritikpunkte, daß in Jerusalem alle an den Straßenecken herumlungern und sagen: »Was machen wir heute abend?« Und ich dachte, es würde ein paar Jahre dauern, bis ich darüber hinwegkäme.

Etwas von diesem Humor sollte der Film haben, aber mit mehr Kraft. Zum Beispiel gibt es im Roman eine Stelle, wenn Christus im Kloster ist und sagt: »Ich sah gerade ein Zeichen, was bedeutet es?« Der Mönch rät ihm, hinauszugehen und zu predigen. Ich hatte das Gefühl, so etwas könne man heute nicht sagen, wir müßten ein anderes Wort für predigen finden, also mußten wir uns die Köpfe zerbrechen, mit Leuten darüber reden und andere Wege finden, um es auf Amerikanisch zu sagen. Eine andere Möglichkeit, das Problem zu lösen, wäre natürlich, das Ganze in Hebräisch mit Untertiteln zu machen. Dann würde der Film vermutlich als Meisterwerk bezeichnet – ironischerweise käme der Film viel besser an, indem man das Problem vermeidet!

Das New Yorker Publikum hat den Humor verstanden. Wenn Jesus Judas zur Verzweiflung bringt, weil er jeden Tag einen anderen Plan hat – erst sagt er: »Nimm die Axt!«, dann sagt er von sich, er müsse sterben – und Judas antwortet: »Das verstehe ich nicht, wir brauchen dich lebend«, dann drückt er all unsere eigene Verzweiflung mit Gott aus. Er ist ein Mann, der Gott anschreit, der ihn behandelt, als rede er mit jemandem auf gleicher Ebene, das ist wirklich sehr lustig – ich entdeckte, daß es beim zahlenden Publikum ankam. Das passiert aber auch an einigen Stellen, an denen es gar nicht geplant war. Der Löwe in der Wüste blinzelt irgendwie, wenn er fragt: »Erkennst du mich nicht, ich bin dein Herz«, das Witzige daran ist, daß Harvey und ich das allein in einem Raum gemacht haben (Keitel synchronisiert den Löwen), und ich habe es einfach so genommen, wie es kam. Es gibt auch so einen Straßenhumor, wie in MEAN STREETS, besonders in dem Olivenhain, wenn Judas zu Jesus sagt: »Du hast gesagt, wir sollen auch die andere Wange hinhalten, das paßt mir nicht.« Das Publikum brüllte vor Lachen, weil – wem paßt das schon? Das ist wirklich die Frage, und für Willem war es sehr schwer, darauf zu antworten.

Kazantzakis hat volkstümliches Griechisch geschrieben, doch die Sprache hat ihre Eigenheiten, so daß die englische Übersetzung sehr zäh und wortreich und zu ›poetisch‹ ist. Wir wollten eine direkte Sprache, gewissermaßen anti-poetisch. Jay Cocks und ich schrieben die Dialoge, als ob wir uns unterhielten; wir versetzten uns in die Szene und fragten uns, wie wir reagieren würden. Ich fand es interessant zu überlegen, wie die Apostel damit fertig wurden, rund um ein Lagerfeuer auf Matten am Boden zu schlafen und zu essen.

Oder zum Beispiel die Bergpredigt: Normalerweise wird sie so dargestellt, daß ein Mann von 3.000 Menschen umgeben auf einem Hügel steht. Es gibt diese wundervolle Szene in LIFE OF BRIAN, wenn hinten niemand etwas hören kann – und es heißt: ›Blessed are the Peacemakers (Selig sind die Friedfertigen)‹ –, und die hinten sagen: »Ich glaube, er hat gesagt: ›Blessed are the cheesemakers (Selig sind die Käser)‹, wie nett von ihm!« Und wenn man sich lange genug in Nordafrika aufhält, entdeckt man, daß man in diesen Dörfern, in denen wir gedreht haben, in denen es keine Elektrizität und nur ein paar Esel gibt, höchstens eine Schar von fünfundzwanzig oder dreißig Leuten zusammenbekommt. Deshalb nahmen wir nur eine kleine Gruppe, so daß Jesus wirklich jede Person ansprechen, sich unter die Menge mischen und mit jedem einzelnen reden konnte; so macht er

Michael Ballhaus und Scorsese am Drehort für THE LAST TEMPTATION
OF CHRIST

THE KING OF KINGS, 1927 von Cecil B. de Mille inszeniert

ihnen seine neue Philosophie verständlich und läßt sie an seiner Seele teilhaben. Von dieser Haltung gingen wir aus, und deshalb konnte Willem sie auch auf dieser Ebene angehen. Er hatte einen unglaublichen Mut, auch einfachste Dinge auszuprobieren. Es war ein geradezu therapeutisches Erlebnis, mit Willem dazusitzen und ihn als Jesus zu sehen, mit ihm zu essen und zu diskutieren und dann die Phantasie spielen zu lassen.

Die eigentlichen Dreharbeiten des Films waren für mich eher körperlich als geistig die härteste Arbeit, die ich je gemacht hatte. Doch es erwies sich als sehr emotionales und nahegehendes Erlebnis, das, was wir gedreht hatten, zu sichten und zusammenzusetzen. Ich schaue mir meine eigenen Filme normalerweise nicht mehr an, wenn sie fertig sind, doch diesen einen mußte ich mir wieder und wieder ansehen, und jedesmal bewegt mich der Gedanke, wie Jesus so leben konnte. Wie kann man dieses Konzept von Liebe wirklich leben? Ich versuche es, aber ich maße mir nicht an, es zu können.

Ich habe der Darstellung des Judas' in Filmen, die auf den Evangelien beruhen, nie wirklich ganz geglaubt. Es war zu einfach, ihn entweder total politisch zu zeigen oder uns weiszumachen, daß er Jesus für dreißig Silberlinge verraten habe. Philip Yordans Drehbuch zu KING OF KINGS hat sich für den ersten Weg entschieden, und sogar bei Kazantzakis ist Judas sehr politisch, aber dann sagt Jesus: »Gott hat mir den leichteren Job gegeben, gekreuzigt zu werden.« Ich glaube, jeder, der bei dem Film mitgearbeitet hat, und jeder, der im Laufe der Jahre den Roman gelesen hat, spürt, daß diese Beziehung zum ersten Mal glaubwürdig ist – daß Judas ihn nicht verraten wollte, daß er als Werkzeug Gottes für das Opfer Jesu bis zum Ende gehen mußte. Ich habe mich immer gefragt, wenn Jesus so versöhnlich ist und Liebe predigt, warum wird dann Judas von ihm zur Hölle verdammt, nur weil er Selbstmord begeht? Indem wir nicht sagen, unsere Version sei die ganze Wahrheit, regt sie zu Fragen an und vielleicht dazu, das Konzept der Liebe etwas besser zu verstehen.

Scorsese kam auf die Idee THE LAST TEMPTATION OF CHRIST *zu machen, nachdem er jahrelang Filme studiert hatte, die auf den Evangelien beruhten. Die wichtigsten für ihn waren die, die in seiner Jugend herausgekommen waren* – KING OF KINGS *(1961),* THE GREATEST STORY EVER TOLD *(1956) und* IL VANGELO SECONDO MATTEO *(1964, in den USA aber erst zwei Jahre später herausgekommen). Es ist vielleicht überraschend, daß die erste Verfilmung, die er sah, aus einer viel früheren Zeit stammt, und von Scorsese, wie er gesteht, nicht allzusehr geschätzt wird.*

Ich sah Cecil B. de Milles Stummfilm-Version von KING OF KINGS aus dem Jahre 1927 bei einer Wiederaufführung in einem kleinen Kino in New York, als ich etwa fünfzehn war. Ich fand es schwer, mich auf Stummfilme zu konzentrieren, da ich in der Tonfilm-Ära aufgewachsen bin, und deshalb entgingen mir einige emotionale Momente. Obwohl ich de Milles Filme mag, besonders ihre Ausstattung, fand ich gerade diesen sehr langweilig. Als Jesus das erste Mal in dem Film auftritt, heilt er gerade ein blindes Kind, und man sieht ihn aus der Sicht des Kindes; an dieser Stelle setzt de Mille sehr effektvoll und geradezu plakativ die spezielle Wirkung eines Lichtstrahls ein. Ich fragte mich, wenn Jesus wirklich so war, warum hörten dann nicht alle auf ihn. Warum war sein Wirken damals nicht erfolgreicher, warum wurde er gekreuzigt? Der Film schien mir die menschliche Natur Jesu ganz und gar zu leugnen. H.B. Warner trägt enorm dickes Makeup, er ist offensichtlich viel älter, als er sein soll, und ich dachte, Jesus sei jung gewesen – Willem Dafoe war zweiunddreißig, als er ihn spielte. Ich erinnere mich lebhaft an die Teufelsaustreibung, wenn die Bilder aus dem Körper der Frau herauskommen: das machte auf uns Kinder einen gewaltigen Eindruck, ich glaube, hauptsächlich wegen des sexuellen Untertons.

Dann sah ich BEN HUR, der auch nicht so interessant war. Aber die erste vollständige Geschichte vom Leben Jesu, von der ich noch weiß, daß ich sie aufregend fand, war Nicholas

Rays Film KING OF KINGS, und da ich zu der Zeit streng römisch-katholisch war, fand ich ihn anstößig! Jeffrey Hunter war fast wie ein ›Pin-up‹, besonders im Garten Gethsemane. Aber ich mochte den Anfang des Films, seinen visuellen Stil – und seinerzeit wußte ich nicht viel von Regisseuren. Bestimmte Szenen fand ich in 70 mm sehr schockierend, zum Beispiel, wenn Pompejus ins Allerheiligste geht und die Gaze durchtrennt oder die Overhead-Aufnahme, wenn Herodes mit seinem Sohn kämpft und stirbt. Der Film ist reinstes Hollywood, sehr emphatisch und vulgär: Positiv daran ist, daß die Jesusgeschichte fast im Stil eines Bilderbuchs erzählt wird, jede Einstellung ein selbständiges Bild. Dadurch daß Jesus mit einem Kinostar besetzt ist, findet man keinen Zugang zu seiner menschlichen Seite. Bei der Versuchung in der Wüste, schaut Jesus zum Himmel hinauf und sieht – per Maske einkopiert – etwas, das wie Bagdad aussieht, was einen gewissen Reiz hat.[5] Jeffrey Hunter sieht nicht so aus, als sei er vierzig Tage in der Wüste gewesen, er sieht überhaupt nicht leidend aus, und es ist auch nichts davon zu spüren. Der Film enthält jedoch diese bemerkenswert inszenierte Bergpredigt, während der Jesus herumgeht und von den Leuten am Bildrand gefragt wird: »Wie stehst du zur Scheidung?« Er beantwortet diese Fragen wie bei einer Pressekonferenz, und ich hielt das für eine interessante Interpretation. Was mich am meisten störte, war der politische Aspekt, wenn Harry Guardino als Barabbas pausenlos etwas von Freiheit brüllt, während er in Ketten liegt. Mit solchen Sachen wurde man regelrecht bombardiert.

Dennoch stößt der Film nach all den Jahren noch immer auf eine gewisse Resonanz – ich glaube, wegen des intelligenten Drehbuchs von Philip Yordan, ganz besonders wegen der Diskussion mit Pilatus, bevor Jesus der Prozeß gemacht wird. Und wie Nicholas Ray die Breitwand einsetzte, fand ich immer faszinierend. Im letzten Bild des Films, wenn Jesus zu den Aposteln ans Ufer geht und man seinen Schatten sieht, greift er auf einfachste Ikonographie zurück, und es funktioniert. Michael Powell hat mit den Nonnen am

192

Die Bergpredigt in Nicholas Rays KING OF KINGS (1961)

Schlußszene von Rays KING OF KINGS

Tisch in BLACK NARCISSUS etwas ähnliches gemacht, und ob das nun naiv ist oder nicht, es ist einfach wunderschön.

THE GREATEST STORY EVER TOLD habe ich 1965 in 70-mm gesehen, und vieles von der Bildersprache finde ich nach wie vor faszinierend; Max von Sydow war ein wunderschöner Christus, besonders wie er seine Hände hielt. Ich weiß noch, daß ich von ihm begeistert war, denn ich hatte ihn vorher in Bergmans DAS SIEBTE SIEGEL gesehen, für mich ein sehr religiöser Film. Aber Stevens' Film hatte eine aseptische Qualität, eine hermetisch versiegelte Heiligkeit, die uns nichts Neues über Jesus beibrachte. Natürlich gibt es eine ganze Denkschule, die argumentiert, man könne sich nicht mit Jesus identifizieren, da er über der Sünde stehe. Aber 1965, mit Vietnam, entstand in den Vereinigten Staaten ein völlig anderes Bewußtsein, und die Botschaft mußte lebendig und zugänglich gemacht werden.

Jesus spricht von der Vergebung für alle, aber ich dachte, was ist mit den Typen im Todestrakt, Vergewaltigern und Mördern, die der Todesstrafe entgegensehen? Wenn sie sich diesen Film ansehen, gibt es keine Hoffnung auf Erlösung, weil Jesus wieder nur als jemand erscheint, der im Dunkeln leuchtet. Wie soll so einer mein Leiden verstehen? Stevens hatte die brillante Idee, im Südwesten Amerikas zu drehen, und die Grand Canyon-Gegend ersetzte Israel. In dem Film wird die Ausstattung bewußt betont, die Jünger sind alle in Weiß gekleidet, und man hat nicht den Eindruck von wirklich lebenden Menschen. Ich denke, der bildliche Aspekt – der Prunk – hat schließlich gesiegt. Doch obwohl er sich an vielen klassischen Gemälden orientiert, habe ich ihn von allen Filmen über Christus am wenigsten im Gedächtnis behalten. Wir haben ihn uns nicht einmal angesehen, als wir für THE LAST TEMPTATION OF CHRIST recherchierten.

Ein Film, der für mich eine Offenbarung war und den ich nur einmal 1981 gesehen habe, war Richard Fleischers BARABBAS; er basierte auf dem Buch eines dänischen Nobelpreisträgers.[6] Mich beeindruckte das verzweifelte Bemühen von Barabbas, zu verstehen, was Gott von ihm wollte, als er

Die Bergpredigt in George Stevens THE GREATEST STORY EVER TOLD
(1965)

Die Predigt vor kleinen Gruppen von Dorfbewohnern in THE LAST
TEMPTATION OF CHRIST

Anthony Quinn in Richard Fleischers BARABBAS (1962)

Der Gang Jesu in Pasolinis IL VANGELO SECONDO MATTEO (1964)

ihn zunächst verschonte, um ihn schließlich doch am Kreuz sterben zu lassen. Die Darstellung einer Figur, die darum kämpft, durch Spiritualität zu transzendieren, empfand ich als die beste schauspielerische Leistung, die Anthony Quinn jemals geglückt ist. Er ist immer mit einem anderen Sklaven zusammen, der von Vittorio Gassman gespielt wurde und leider wie ein Heiliger inszeniert war. Der will Barabbas dazu bringen, ein Medaillon zu tragen und an Jesus zu glauben, zu verstehen, warum ausgerechnet er verschont bleibt. Als schließlich die Christen im Sklavenviertel aufgegriffen werden, verhören ihn die Römer und fragen ihn wegen des Medaillons, ob er gläubig sei. Er erwidert: »Nein, ich versuche zu glauben, aber ich kann nicht.« Es ist ein bemerkenswerter Film über einen Mann, der versucht, sich selbst zu finden.

Der Bibelfilm, der während meiner Zeit auf der Filmschule den stärksten Eindruck auf mich machte, war Pasolinis THE GOSPEL ACCORDING TO ST MATTHEW, der in Italien lediglich IL VANGELO SECONDO MATTEO hieß. Bis zu diesem Zeitpunkt hatte ich daran gedacht, einen Film über Jesus im Stil des *cinéma vérité* in der Lower East Side von New York zu machen, alle sollten Anzüge tragen – eine heutige Interpretation der bekannten Geschichte. So hat mich der Pasolini-Film zugleich bewegt und niedergeschmettert, weil er gewissermaßen das war, was ich vorhatte. Jesus wurde von einem spanischen Jurastudenten gespielt, und gedreht wurde in Süditalien. Wir wollten THE LAST TEMPTATION OF CHRIST ursprünglich auch dort drehen, in fast derselben Gegend. Aber Marokko war besser für uns; es sah ganz und gar wie der Mittlere Osten aus.

Es ist wunderbar, wie Pasolini Gesichter einsetzt. Das erinnert mich an die Kunst der Renaissance, trotz des Schwarzweiß, und ich liebe die Musik – die Missa Luba und Bach. Man vergleiche nur einmal seinen Christus mit Jeffrey Hunter! Er spielt nicht ›gehen‹, er geht; der Gang ist nicht selbstbewußt und doch entschlossen. Die Schlichtheit des Films erinnert mich sehr an die frühen Filme von Rossellini,

DIE KREUZIGUNG von Antonello da Messina (1475)

ROMA, CITTÀ APERTA und PAISÀ. In seiner Schlichtheit war dieser europäische Stil der Schlüssel, der mich befähigte, THE LAST TEMPTATION OF CHRIST zu machen. Die Bilder müssen stark sein, sie müssen widerhallen.

Ein Problem habe ich mit dem Schnitt Pasolinis. Manchmal wirkt er wie Patchwork, weil sein Drehstil fast wie improvisiert wirkt. Aber ich mag seinen Christus, der so eine Art Verschwörer ist. Es war ein revolutionärer Jesus. Damals sprachen die Leute tatsächlich von ihm als marxistischem Christus. Die Kraft der Sprache von Matthäus kommt sehr deutlich zum Ausdruck und wirkt um so reiner, weil der Film nicht versucht, eine konventionelle Geschichte von Anfang bis Ende daraus zu machen. Es gibt keine Übergänge zwischen den Szenen; Figuren kommen und verschwinden, tauchen dann ganz undramatisch wieder auf.

Doch der Schlüssel zu dem ganzen Film bleibt Jesus – wie kraftvoll er ist und wie er all das durchsteht. »Glaubt nicht, ich sei gekommen, Frieden auf die Erde zu bringen, ich komme und bringe das Schwert... Wer Vater oder Mutter mehr liebt als mich, ist meiner nicht wert.« Das ist nicht unbedingt das, was man im allgemeinen am Sonntagmorgen in der Kirche hört! Er ist ein sehr starker Christus, man ist entweder für oder gegen ihn, und einige der Predigten geben einem das Gefühl, angeschrien oder niedergeknüppelt zu werden. Mir gefiel auch, wie Pasolini die Wunder umgesetzt hat, wenn Jesus zum Beispiel den Leprakranken heilt, mit der Leadbelly Steel-Gitarre im Soundtrack.[7] Dann einfach ein Schnitt – schockierend und wunderschön: der Geheilte schaut Christus in die Augen, und der sagt zu ihm: »Gehe hin und zeige dich dem Hohepriester.«

Die Kostüme für Pasolinis Film stammten von Danilo Donati, den ich schon 1983 für meinen Film haben wollte. Doch er war zu beschäftigt, und er gab mir den Rat, die Sixtinische Kapelle zu studieren. Mein Ausstatter John Beard hat sich den Film sehr oft mit mir angesehen. Pasolini hatte viel mehr Komparsen als ich – in der Tempelszene hatten wir insgesamt 135, darunter fünf römische Soldaten, die dauernd in verschiedenen Teilen des Tempels auftauchten, damit es so aussah, als wären es fünfundzwanzig oder mehr! Ich erinnere mich, gelesen zu haben, daß Pasolini zunächst nach Israel gefahren war in der Absicht, den Film dort zu machen, dann aber feststellte, daß es das antike Israel nicht mehr gab. Deshalb erschuf er es in Süditalien neu. Und es hat wirklich hervorragend funktioniert, der Film ist so fröhlich: Pasolini war ein großer Poet.

Im Lauf der Jahre war ich immer wieder von Christusdarstellungen in der Bildenden Kunst fasziniert. Ich weiß noch, daß ich um 1970/72 viele Drucke in Rom gekauft habe, sie rahmen ließ und in meinem Haus in Kalifornien aufgehängt habe. Einer davon war von Da Massina und zeigt in der Mitte Jesus an einem perfekt gebauten Kreuz, während die beiden Diebe an Bäume gekreuzigt sind. Bei meiner Recherche wurde mir klar, wenn Golgatha eine solche Hinrichtungsstätte gewesen war, dann mußten auf diesem Hügel vielleicht 2000 oder 3000 Schädel von religiösen Eiferern liegen, wie Pilatus es im Film sagt. Ich dachte, es müßte ein richtiges Knochenfeld gewesen sein, mit ein paar Bäumen wie im Niemandsland des Ersten Weltkriegs.

Als ich ungefähr elf Jahre alt war, ging ich mit ein paar Freunden ins Metropolitan Museum of Art, und ich sah in einem Raum in einer Vitrine eine deutsche Holzschnitzerei aus dem vierzehnten Jahrhundert. Die Figuren an den drei Kreuzen waren nackt. Damals sagten wir alle, natürlich, so muß es gewesen sein. Nachdem der Film 1983 zunächst abgesagt worden war, abonnierte ich die *Biblical Archeology Review*, und vieles unserer Gesamtausstattung stammte aus dieser Zeitschrift und Ausschnitten, die ich im Laufe der Jahre gesammelt hatte. Eine ganze Ausgabe beschäftigt sich mit dem einzigen archäologischen Beweis für eine Kreuzigung, die eines jungen Juden um die Zwanzig, etwa im Jahre 100 v. Chr. Er war tatsächlich nackt gekreuzigt worden, mit seitlich angewinkelten Beinen. Im Film richteten wir uns exakt danach, bis hin zu den Holzklötzen an den Handgelenken.

Die Zeitlupen-Aufnahme von Christus, der das Kreuz trägt, stammte von Boris Leven, der mir ein Gemälde von Bosch zeigte, auf dem die Christus umgebenden Köpfe ganz flächig gruppiert sind. Für diese Aufnahme mit 120 Bildern pro Sekunde brauchten wir den ganzen Vormittag. Um die Leute um ihn herum in Position zu halten – einige sollten lachen oder auf ihn zeigen –, mußten wir sie mit Seilen aneinanderbinden, so daß sie immer nur einen Schritt machen konnten. Die Wunden Christi entnahmen wir dem Leichentuch von Turin, auf dem die Dornenkrone keine Krone, sondern eine Scheitelkappe war. Die Geißelwunden bedeckten seinen ganzen Rücken. Das Blut nicht zu zeigen schien mir das Ausmaß seines Opfers herabzusetzen und das, was es für ihn bedeutete, am Kreuz zu sterben, zu schmälern.

In De Milles KING OF KINGS trugen die Hohepriester im Tempel die zwölf Steine Israels um den Hals (jeder Stein repräsentiert einen der Stämme Israels), sie sahen aber leider so aus, als seien sie maschinell hergestellt, so wie Kinderspielzeug, das man in Einzelteile zerlegen kann. Ich dagegen ging mit John Beard, der Produktionsleiterin Laura Fattori, und Barbara, meiner Frau und Produzentin, durchs Atlasgebirge und kaufte bei jungen Burschen unterschiedlich gefärbte Steine und zerbrach sie. Dann entwarf ich für den Hohepriester eine Kette, bei der die Steine mit Leder zusammengehalten wurden, so daß sie handgemacht aussah.

Der visuelle Stil des Films entstand so, wie ich normalerweise arbeite, indem ich das meiste schon im voraus in New York geplant hatte. Es gibt ein paar Overhead-Aufnahmen, und ich habe viele Kamerabewegungen eingesetzt: Manchmal wirbelt sie um Christus' Kopf und fährt hoch, obwohl ich mir bei diesem Film keinen Kran leisten konnte, so sehr ich auch versucht war, einen zu benutzen. Ich wollte die Energie von Jesus ausdrücken, auch Willem sollte sie haben, also griffen wir zu einer sehr fließenden, beinahe nervösen Art von Kamerabewegungen. Weil Jesus seiner selbst nicht sicher war, sollte die Kamera sich verstecken und um ihn herumschleichen, im Konflikt, ihm folgen zu wollen und gleichzeitig weit genug zurückzubleiben, damit man die Landschaft sehen konnte. Wir hatten einen Ausleger, der sechs Meter hochging, aber es reichte für das Ausmaß unserer Geschichte; wenn zum Beispiel Jesus und Judas im Olivenhain schlafen und wir hoch anfangen, fährt die Kamera näher heran, und wir schneiden auf sein Gesicht.

Für die Musik hatte ich viele Ideen, weil ich eine ganze Menge marokkanischer Musik von einer Gruppe namens ›Nass El Ghiwane‹ gehört hatte, die ich in einem Film, TRANCE (angepriesen als ›Maroccan Rock'n'Roll‹), gesehen hatte, der 1982 im Kabelfernsehen gezeigt worden war.[8] Eigentlich ist es gar kein Rock'n'Roll, aber sie sind in Marokko eine berühmte Gruppe, gewissermaßen das dortige Äquivalent zu Bob Dylan. Die Texte sind herrlich poetisch, und sie könnten jederzeit mit jeder Religion in Verbindung gebracht werden. Es war genauso wie seinerzeit in Kalifornien, als ich, wo ich auch hinfuhr, Rock'n'Roll im Radio hörte und mich dabei ertappte, mir Szenen für Filme auszudenken, oder wie ich bei Szenen in Filmen, die ich gerade vorbereitete, die Kamera einsetzen würde. Die Leute haßten es, mit mir zu fahren, weil ich immer die Abfahrt vom Freeway verpaßte!

Bei THE LAST TEMPTATION OF CHRIST gaben mir die Rhythmen dieser marokkanischen Musik das Gefühl für die Einstellungen, und deshalb bin ich so glücklich, daß Peter Gabriel den Soundtrack machen konnte. Peter übernahm viele Rhythmen aus der Türkei, Griechenland, Armenien, Nordafrika und dem Senegal und mischte sie so, daß die Musik so ursprünglich wie möglich blieb. Ich hatte Peters Musik zum ersten Mal 1982/83 gehört, und mir gefiel besonders ›Rhythm of the Heat‹ mit seinen Trommeln, und dann ›I Go Swimming‹, bei dem die Texte ganz normal anfangen, bevor sie abheben und eine spirituelle Ebene erreichen, besonders in der Live-Version. Ich traf ihn zum erstenmal morgens in einem Café, eine Woche bevor der Film 1983 abgesagt wurde; Robbie Robertson brachte uns zusammen. Ich sagte, ich sei daran interessiert, daß er die

Sc 68 p. 92

Jesus Carries his Cross.

① Med Shot to MCU —Jesus Carries Cross.
from Bosch Painting SLOW MOTION

NOTE: → 48, 96, 120

Long Lens - 600 or 400 mm.

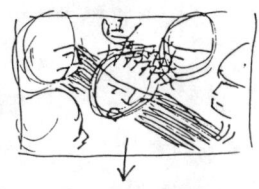

All Faces around him Squeezed in + Frame
like painting.

He falls — Soldier picks him up by Rope
around neck.

⊛ This Maybe only Shot Needed for
Sequence.
But, see next sheet for others ——

Eine Seite aus Martin Scorseses Drehbuch für THE LAST TEMPTATION
OF CHRIST

Die Genter *Kreuztragung* von Hieronymus Bosch (frühes
16. Jahrhundert)

Musik mache, weil für mich die Rhythmen, die er benutze, das Primitive und seine Stimme das Sublime reflektierten – als kämen hier Geist und Fleisch zusammen.

Über die Jahre hinweg blieben wir in Kontakt: Er schickte mir ein Band aus dem Senegal, und ich teilte ihm mit, das sei die Richtung, die wir einschlagen sollten. Am letzten Drehtag in Marokko besuchte er uns am Drehort, und wir unterhielten uns genauer. Er mußte es natürlich als Liebesdienst tun, weil es kaum Geld dafür gab. Er sagte, normalerweise brauche er für vierzig Minuten Musik zwei Jahre, und hier waren es zwei Stunden und vierzig Minuten, und er hat es in drei Monaten geschafft! Er holte Schlagzeuger aus Ägypten, Sänger aus Pakistan und den indischen Musiker Shankar, der Violine und Bratsche so zu einer Imitation der menschlichen Stimme verschmolz, daß man schwören konnte, es singe jemand. Es war wirklich eine großartige Arbeit, und ich hoffe, daß Peter seine Anerkennung erhält.

Auf der Suche nach Schauplätzen wurde ein kartographisch nicht verzeichnetes Dorf namens Oumnast in der Nähe von Marrakesch entdeckt, aus dem Nazareth und Magdala wurde. Ursprünglich war Alt-Jerusalem als Drehort vorgesehen, aber dann wurden die Mulai Ismael-Stallungen in Meknès für das Innere des Tempels, die Passah-Bäder und den Palast des Pilatus benutzt. Die Schlußszenen des Films, innerhalb der 35-Minuten-Sequenz der ›letzten Versuchung‹, wurden im Atlasgebirge und bei den römischen Ruinen von Volubilis gedreht. Schließlich mußte nur ein Drittel der für Israel geplanten Aufnahmen für die Dreharbeiten in Marokko verändert werden.

In der Wüste hat man oft das Gefühl, in Trance zu sein – daß die Zeit stillsteht; es ist eine besondere Form des Daseins, und ich versuchte, sie mit Kamerabewegung und Musik zu vermitteln, zum Beispiel, wenn die Männer im Vorzimmer auf Maria Magdalena warten; im Olivenhain, wenn Jesus aufwacht und ein Wunder vollbringt und vor ihm der

Anne Baxter und Montgomery Clift in Hitchcocks I CONFESS (1953)

Apfelbaum erscheint; oder wenn die Kamera im Garten Gethsemane durch die Bäume fährt und er Gott bittet, diesen Kelch an ihm vorübergehen zu lassen. Indem ich die Kamele beinahe wie eine Fata Morgana auf dem Marktplatz auftauchen ließ, wollte ich eine Ahnung davon vermitteln, wie es dort zur Mittagszeit ist. Ich werde nie vergessen, wie André Gregory aus dem Flugzeug stieg, mit dem er aus New York kam, um Johannes den Täufer zu spielen. Trotz seines Jetlags wurde er nachts zum Drehort in die Wüste gebracht und sah in der Ferne eine kleine Flamme und eine Horde winziger Figuren, die gerade versuchten, etwas über Gott und den Menschen herauszubekommen. Er sagte, als er diese Ameisen und diese Flamme sah, die den Erzengel darstellte, sei ihm alles so lächerlich vorgekommen – und daß er plötzlich auch noch Johannes den Täufer spielen sollte, das sei eine der surrealistischsten Erfahrungen seines Lebens gewesen!

Mir gefiel die Flamme, die in Zeitlupe aufflackerte; so konnte sich der Engel am Ende einfach in sie verwandeln. Für die Versuchungen in der Wüste stellte ich mir einen Mann vor, der seit zehn Tagen und Nächten gewacht und gefastet hatte. Dann kommt eine Schlange vorbei. Wie würde er sie wahrnehmen? Zweifellos spräche die Schlange zu ihm. Aber wir sähen keine Mundbewegung, es wäre eine innere Stimme. Und ein Löwe wandert vorbei und tötet ihn nicht, weil er so reglos ist. Das alles hätte ohne jeden Aufwand gemacht werden können, nur mit Stimmen und Toneffekten, ich wollte es aber riskieren, das Übernatürliche genauso wie das Natürliche darzustellen.

Die Szene von der Auferstehung des Lazarus habe ich selbst geschrieben, noch bevor Jay Cocks mit dem Drehbuch begonnen hatte. In dem Augenblick, in dem Jesus Lazarus erweckt, weiß er, daß er Gott ist. Und wenn Lazarus' Hand die seine ergreift und ihn ins Grab zieht, hat man das Gefühl, der Tod zöge ihn hinab, ein Bild vom Kampf zwischen Leben und Tod. Den Tod, den er will, muß er – obwohl er Gott ist – als Mensch erleiden.

Im Roman und in Paul Schraders ursprünglichem Drehbuch war der Engel am Ende ein kleiner arabischer Junge, aber ich hatte das Gefühl, das würde zu falschen Assoziationen führen und wir bekämen Schwierigkeiten. Die Leute würden sich aufregen, und das würde dem, was der Film wirklich will, schaden. Also beschlossen wir, daß es ein alter Mann sein sollte – 1983 hatten wir Lew Ayres damit besetzt –, aber dieses Konzept schien nicht aufzugehen. Also nahmen wir ein kleines Mädchen, auch wenn wir nicht darum herumkamen, daß auch Pasolini für den Engel ein junges Mädchen genommen hatte, dessen Gesicht ganz außergewöhnlich war, wie von Botticelli. Wenn Christus am Kreuz den Blick erhebt, sieht er, wie die Sonne durch die Wolken bricht, das ist die letzte Aufnahme, die ich in Marokko gedreht habe. Zugegeben, es ist ein Klischee, wenn in diesem Moment auch der Engel erscheint, aber schließlich ist es ja eine Täuschung, denn es ist der Teufel. Natürlich ist schon in früheren Filmen ein kleines Mädchen als Teufel erschienen, in Mario Bavas KILL, BABY, KILL (OPERAZIONI PAURA) und auch in Fellinis TOBY DAMMIT, wo es mit einem Ball spielt, aber unser Mädchen ist älter, nämlich dreizehn. Für die Männerstimme des Teufels habe ich Leo Marks, den Autor von PEEPING TOM, genommen und meine Stimme zusätzlich daruntergelegt. Mit dem Roman habe ich ein Problem: die Beziehung zwischen Jesus und Maria Magdalena. Wenn es schon eine sexuelle Versuchung geben soll, hätte es eine andere Frau sein müssen; denn bei Maria Magdalena war es zu naheliegend. Und daß sie nur deshalb zur Hure wurde, weil er sie zurückwies, ist beinahe genauso schlecht wie der Hitchcock-Film I CONFESS, wo Montgomery Clift im Grunde genommen nur deshalb Priester wird, weil Anne Baxter ihn verschmäht. Wie es der junge Priester sagte, den ich als Junge bewundert habe: so etwas gibt's nicht, man muß eine Berufung verspüren, sonst bleibt man höchstens eine Woche im Seminar! Trotzdem ist I CONFESS natürlich ein interessanter Film.

Viele Leute haben gesagt, der Roman handele mehr von

Kazantzakis als von Jesus. Ich konnte nur wenig von seinem übrigen Werk lesen; ich bin kein sehr belesener Mensch, da ich in einem Haus ohne Bücher aufgewachsen bin, und im Prinzip habe ich alles, was ich weiß, durch Hinsehen gelernt. Allerdings habe ich viel über Kazantzakis Leben gelesen; ich habe mich mit seiner Witwe Helen getroffen und mit ihr über ihn gesprochen. Ich finde es faszinierend, wie er auf der Suche nach Gott verschiedene Wege einschlug, wie ihn seine Spiritualität auf den Berg Athos und ins Kloster führte und wie er schließlich in den letzten zehn Jahren seines Lebens seine Bücher geschrieben hat. Doch er lebte in Griechenland, überstand den Zweiten Weltkrieg, ging dann nach Rußland, während ich nur in Manhattan, New York, geblieben bin – das sind zwei sehr verschiedene Welten.

Ich fühle mich auf der Suche nach Selbstfindung, eher in den ›mean streets‹ zuhause, weil ich mich eher mit urbaner Existenz beschäftige. Ich bin nicht wie Thoreau, ich gehe nicht nach Walden.[9] Manchmal denke ich: »Ja, vielleicht ist es das, was man tun sollte, vielleicht sollte man so sein.« Aber vielleicht heißt Gebet auch einfach, sich mit dem zu beschäftigen, was man zu Hause hat, mit der Familie, und wie man seine Kinder großzieht, wie man mit seiner Frau umgeht. Vielleicht ist Gebet in der modernen Welt genau das. Dennoch finde ich diese bemerkenswerten Männer, die spirituellen Fragen nachgehen, immer wieder sehr romantisch.

---

1   Nikos Kazantzakis' (1883–1957) Roman ›O Christòs Xanastavronete‹ (dt.: ›Griechische Passion‹) war 1953 auf Englisch erschienen. Zwei andere Romane des umstrittenen griechischen Autors waren bereits für die Leinwand adaptiert worden: *Christ Recrucified* (von Jules Dassin 1957 unter dem Titel HE WHO MUST DIE verfilmt) und ZORBA THE GREEK (Michael Cacoyannis, 1964).

2   Stevens brauchte fünf Jahre für THE GREATEST STORY EVER TOLD, der 1965 herauskam. Es war sein vorletzter Film. Davor hatte sich Rays KING OF KINGS (1961) als dessen vorletzte kommerzielle Produktion erwiesen.

3   THE ROBE hatte im September 1953 im Roxy als erste Demonstration für das neue Breitwand-Verfahren Cinemascope von Twentieth Century Fox Premiere und war ein großer Kassenerfolg.

4 Die Creative Artists Agency ist heute eine der einflußreichsten Agenturen in Hollywood. Für die Agenten wurde es zur allgemeinen Praxis, den Studios für einen Film ihre Klienten im ›Paket‹ anzubieten.

5 Bei einem Matte Shot (Maskenaufnahme) wird ein Teil des Bildes abgedeckt und mit einem anderen kombiniert, wenn zum Beispiel ein magischer Effekt hergestellt werden soll.

6 Den Roman BARABBAS hat Pär Lagerkvist geschrieben; das englische Drehbuch stammte von Christopher Fry und Nigel Balchin. Der Film kam 1961 heraus.

7 Der Folk-Blues-Sänger Huddy Leadbetter, besser bekannt als Leadbelly, wurde in den dreißiger und vierziger Jahren durch seinen rauhen, harten Gesangs- und Gitarrenstil berühmt.

8 Ahmed El Maanounis TRANCE ist ein faszinierender Dokumentarfilm über diese marokkanische Band, die den Reiz eines Auftritts in einem Stadion (man sieht sie in Karthago spielen) mit einem Bewußtsein für die rituellen Wurzeln nordafrikanischer Musik verbindet.

9 Henry David Thoreau (1817–62), amerikanischer Schriftsteller, zog sich für mehrere Jahre in die Natur zurück und schrieb dort sein Tagebuch *Walden, or Life in the Woods.*

New York Stories – Goodfellas – Cape Fear

>»John Ford made Westerns. We made street movies.
> Let's do that.« Martin Scorcese zu Joe Pesci

Im Januar 1988, bevor die heftige Kontroverse um THE LAST
TEMPTATION OF CHRIST *losbrach, inszenierte Scorsese für
seinen alten Freund Robbie Robertson ein Video zu dessen
erstem Soloalbum, seit er The Band verlassen hatte. Nach
diesem Clip,* Somewhere Down the Crazy River, *planten die
beiden einen Konzertfilm, der vorläufig* ROBBIE ROBERT-
SON AND FRIENDS *hieß, da Peter Gabriel und U2 mitma-
chen sollten. Diese ›Freunde‹ waren aber unabkömmlich,
und so wurde das Ganze zu einem ambitionierteren Spiel-
film-Projekt erweitert. Robertson beschrieb es im* Rolling
Stone *als* »eine Kombination aus THE RED SHOES *und* ALL
THAT JAZZ, *nur daß es um Musik statt um Tanz geht«. Aus
beidem wurde nichts, und Scorsese wandte sich einem Projekt
zu, das ihm zwei Jahre zuvor zum ersten Mal vorgeschlagen
worden war:* NEW YORK STORIES.

Gegen Ende 1986 rief mich Woody Allen an und fragte, ob
ich interessiert sei, mit ihm und Steven Spielberg einen Epi-
sodenfilm zu machen. Wir trafen uns in einem Vorführraum
und redeten darüber, obwohl Allen zu dem Zeitpunkt nicht
wußte, welches Studio ihn finanzieren würde. Die Inspiration kam von italienischen Episodenfilmen wie BOCCACCIO
'70, und er stellte sich vor, jeder würde einfach seinen Film
machen, und das nächste Mal träfen wir uns erst wieder bei
der Premiere! Jede Episode hätte eine bestimmte Länge und
wäre eine ›New York-Story‹ (obwohl wir damals diesen Titel
noch nicht hatten). Ich hatte ein paar Ideen, Steven auch,

aber ein paar Monate später stieg er aus, und Francis Coppola machte mit.

Anfang 1987 bat ich Richard Price, meine Geschichte zu schreiben. Ungefähr zur selben Zeit bat mich Jeff Katzenberg, ME AND MY GIRL anzusehen, und fragte mich bei der Gelegenheit, wie es mir ginge. Ich erzählte ihm, daß ich vielleicht diesen Kurzfilm mit Woody Allen drehen würde. Er war sehr interessiert, weil Touchstone Woody Allen für sich gewinnen wollte. Es wurde dann tatsächlich ein Touchstone-Film.

Richard schrieb mir eine 40-Minuten-Episode über das Ende einer Beziehung zwischen einem Maler (obwohl es auch ein Schriftsteller oder gar ein Filmemacher hätte sein können) und seiner Assistentin, die auch Malerin war. Er war um die Fünfzig und die junge Frau Anfang zwanzig, und ihre Beziehung fing noch einmal da an, wo sie aufgehört hatte. Die Geschichte basierte auf einer Idee, die ich seit Jahren hatte, wenn auch verschiedene Aspekte davon schon in meiner Arbeit aufgetaucht waren, inspiriert von Motiven aus Dostojewski *Der Spieler*. 1973 hatte mir Paul Schrader ein Exposé geschrieben, aber weiter war es nie gediehen. Mittlerweile glaube ich, daß irgend jemand die Erzählung verfilmen wird, obwohl es eine Version mit Gregory Peck und Ava Gardner gibt: THE GREAT SINNER.

Ich war fasziniert von dem Gedanken an eine Frau, die ihren Geliebten auffordert, seine Liebe dadurch zu beweisen, daß er eine alte, angesehene Adlige beleidigt.[1] 1972 wurde das Buch in einer neuen Übersetzung mit den Tagebüchern von Dostojewskijs Geliebter, Polina Saslowa, neu herausgebracht. Sie war seine Verehrerin und Anfang Zwanzig, als er schon zweiundvierzig war und seine Karriere mit *Aufzeichnungen aus einem Kellerloch* und *Schuld und Sühne* gerade beginnen sollte. Die Tagebücher bringen die wahre Person hinter der Figur im Buch zum Vorschein, und über diese Beziehung wollte ich einen Film machen. Sie ist angehende Schriftstellerin, er liebt sie. Sie nehmen sich vor, gemeinsam nach Italien zu fahren, sie wartet auf ihn in Paris. Dann schickt sie einen Brief und sagt die Reise ab: er solle sich nicht bemühen, sie zu besuchen.

Er kommt aber trotzdem, sagt, er sei bereit, nach Italien zu fahren, und sie antwortet: »Hast du denn meinen Brief nicht erhalten?« Er sagt: »Welchen Brief?« Sie sagt: »Ich habe dir geschrieben, daß ich nicht fahre, ich liebe dich nicht mehr.« Er ist vernichtet. Dann sagt sie, es sei wegen eines anderen Mannes, was noch vernichtender für ihn ist, und schließlich sagt sie, es käme sogar noch schlimmer! Er fragt, wie das denn sein könne, und sie antwortet: »Dieser Mann liebt mich nicht.« Seine Antwort darauf ist, daß es sinnlos sei, auseinanderzugehen und nicht nach Italien zu fahren, daß er ihr helfen könne, über die Situation hinwegzukommen. Er schlägt sogar eine platonische Beziehung vor, sie müsse nicht mit ihm schlafen, aber er fleht sie an, ihn nicht aufzugeben. In den Tagebüchern geht es schließlich so weit, daß er ihr hilft, Briefe an diesen anderen Mann zu schreiben. Endlich fahren sie nach Italien, und er findet immer eine Ausrede, um in ihr Zimmer zu kommen: »Oh, laß mich das Fenster für dich schließen« – und solche Sachen. Außerdem ist er fasziniert von ihren Füßen, und damit hatten wir bei unserer zeitgenössischen Version riesigen Spaß!

Unsere Geschichte basiert auf den Tagebüchern und ist leichter im Ton als *Der Spieler.* Richard fand, ein Schriftsteller sei zu statisch, vielleicht sollte es ein Maler sein, vielleicht sollten beide Maler sein. Also siedelte er die Figur als berühmten Maler in SoHo an, und sie ist seine Assistentin. Er holt sie am Flughafen ab, und sie sagt: »Oh, du bist gekommen«, und er fragt, was denn los sei. Sie sagt: »Hast du meine Nachricht nicht erhalten? Ich habe sie auf dem Anrufbeantworter hinterlassen.« Er antwortet: »Nein, den höre ich nicht ab.«

So geht es weiter, und dann eröffnet sie ihm, daß sie sich in New York in einen Performance-Künstler verliebt habe, einen jungen Burschen, der nicht einmal wisse, wer sie sei. Sie hatte eine Affäre mit ihm, aber dann, es ist nicht die Schuld dieses Burschen, stellt sich heraus, daß sie ihn ein-

Rosanna Arquette und Nick Nolte in der LIFE LESSONS-Episode der
NEW YORK STORIES (1989)

fach nicht interessiert, er braucht sie nicht, für ihn war es nicht das Richtige. Dieser Performance-Künstler ist eine Art Komiker, er hält lange Monologe und führt verschiedene Nummern subversiven Verhaltens vor. Mein Freund Jay Cocks findet, die einzigen, die noch widerlicher sind als Performance-Künstler, sind Pantomimen! Ich weiß nicht, ob ich diese Ansicht wirklich teile, aber es ist so ziemlich die Einstellung dieses Malers.

Der Maler wird von Nick Nolte als Typ ›großer Bär mit Bart‹ gespielt, der immer brummelt und jede Menge trinkt. Er versucht, seine Assistentin davon zu überzeugen, nicht aus dem Loft auszuziehen, in dem sie gemeinsam leben, sie seien erwachsen, sie müßten nicht mehr miteinander schlafen. Er ist ein großer, schwerer Mann, er war schon verheiratet, er kennt solche Geschichten, und er will ihr über diese Phase hinweghelfen. Es handelt sich also um den Anfang vom Ende einer Beziehung innerhalb einiger Tage. Am Anfang der Episode bereitet er eine große Ausstellung vor, aber er kann in dieser Zeit nicht malen. In der Sekunde, in der sie zurückkommt, kann er wieder arbeiten.

Was mich interessierte, war das Schmerzhafte dieser Situation: Wieviel davon braucht ein Künstler für seine Arbeit, und wie viele Qualen bereitet er sich selbst? Er fragt sie, warum sie gehen wolle, wo sie doch für einen der bedeutendsten lebenden Maler arbeite, ein mietfreies Zimmer habe, ein Einkommen und unbezahlbare Lektionen fürs Leben erhielte. Deshalb habe ich es LIFE LESSONS genannt. Er ist ein reifer Künstler, eine Institution, er trägt Smokings von Armani, auch wenn er dauernd mit Farbe bekleckert ist. Aber sie ist selbst Künstlerin, wenn auch noch am Anfang, und sie profitiert von seiner Aura, obwohl sie in keiner Weise an seine Stellung heranreicht. Diesen Aspekt haben wir in NEW YORK, NEW YORK in der Beziehung zwischen Francine und Jimmy kurz berührt, und das ist eines der Themen, über die ich immer einen Film machen wollte.

Ich mußte mich wirklich zwingen, diesen Film zu machen, denn es gab einen engen Zeitplan; im September 1988 kam ich vom Festival in Venedig und aus London zurück für zwei Wochen Vorproduktion und anschließenden vierwöchigen Dreharbeiten. Bevor ich mit dem Schneiden anfing, drehte ich in Mailand einen weiteren Werbefilm für Armani. Eine Agentur in Frankreich hatte ihn mir angeboten, und ich dachte, ich könne das mit links erledigen. Aber als ich dort war, war ich immer noch mit einem Fuß im Flugzeug, denn ich war nicht sicher, ob ich es wirklich schaffen würde.

Es fängt an mit dem Armani-Mann, der mit glatt zurückgekämmten Haaren – ein Anblick, der mich an Visconti-Filme erinnert – angezogen im Schlafzimmer seiner Wohnung liegt. Plötzlich kommt diese aufgeregte Frau herein, die nicht weiß, daß er da ist. Sie findet ein Foto, das ihn mit einer anderen Frau zeigt, vielleicht seiner Frau oder Freundin, und wirft es wütend weg. Es gibt viele Einstellungen von ihm, wie er durch eine Tür schielt und die Kamera sich langsam auf seine Augen zubewegt, dann nimmt er seinen Mantel und geht und stößt dabei eine Flasche Parfum um. Sie durchsucht seinen Wandschrank nach einem Andenken, und als sie ins Schlafzimmer läuft, ist es leer. Alles, was zurückbleibt, ist das Parfum, und sie kniet nieder, tupft es sich ins Gesicht, und das war's – der Duft des Mannes. Michael Ballhaus war der Kameramann, und wir hatten viel Spaß.

Später, 1990, drehte ich eine Dokumentation über Armani, mit dem Titel MADE IN MILAN, die mir einen guten Grund lieferte, nach Italien zurückzukehren und dort eine Weile zu arbeiten. Ich war immer sehr von Kleidern fasziniert, und bei meinen Filmen wird man häufig feststellen, daß das Kostüm einer Figur bereits die Figur selbst ist – die Krawatte, die ein Mann trägt, kann mehr über ihn erzählen als das, was er sagt. Bis zu einem gewissen Grad glaube ich, daß der Armani-Look vom Film her kommt, und seit wir gute Freunde geworden sind, möchte ich herausfinden, was in den Stil und das Material seiner Kleider eingeht. Dieser Film handelt von einem Mann mit Stil, der in einer Stadt mit verborgener Eleganz arbeitet.

216

Nachdem NEW YORK STORIES *herausgekommen war, begann Scorsese mit den Dreharbeiten zu der zunächst zurückgestellten Adaption von* Wiseguy *für Irwin Winkler und Warner Brothers, nach einem Drehbuch, das er zusammen mit dem Buchautor Nick Pileggi geschrieben hatte. Da der Titel schon für eine Fernsehserie und für Brian de Palmas Komödie* WISE GUYS *von 1986 benutzt worden war, wurde* GOODFELLAS *daraus. Die Geschichte, wie sie Pileggi erzählt worden ist, schildert das Leben eines kleinen Mafia-Chargen namens Henry Hill, der in einer irisch-italienischen New Yorker Familie aufwuchs, schon als Kind Laufbursche für die örtliche Mafia war und später zu einem FBI-Informanten wurde.*

Während ich in Chicago THE COLOR OF MONEY drehte, las ich eine Besprechung des Buches, in der es hieß, »das klingt endlich einmal realistisch«. Also besorgte ich mir Fahnen des Buches, und es bereitete mir wegen seines leichten, lockeren Stils und seiner wunderbaren Arroganz wirklich großes Vergnügen. Es hatte etwas, das mir nur allzu vertraut war. Ich wuchs an der East Side auf, in einer sehr geschlossenen Gemeinschaft von Sizilianern und Neapolitanern, und ich brauchte Jahre, um herauszufinden, was unter den Typen des organisierten Verbrechens vor sich ging. Aber ich bemerkte diese älteren Männer und die Macht, die sie hatten, ohne einen Finger zu heben. Wenn man an ihnen vorbeiging, änderte sich die Körpersprache, man konnte geradezu die Kraft spüren, die von diesen Leuten ausging, und als Kind bewunderte man das, ohne es zu verstehen.

Ich wußte, es könnte ein faszinierender Film werden, wenn wir das Lebensgefühl so erhalten könnten, wie es in Nicks Buch vorkam – wie es ihm Henry Hill vermittelt hatte –, und wenn wir auch noch ein Publikum dazu brächten, sich für diese Figuren als menschliche Wesen zu interessieren, also in einem fiktiven Film so nahe wie möglich an die Wahrheit heranzukommen, ohne die Figuren reinzuwaschen oder falsche Sympathie für sie zu wecken. Wenn Joe

217

Pesci nach allem, was er in dem Film getan hat, liquidiert wird und wenn dann ein Zuschauer etwas für die Figur empfindet, dann finde ich das interessant. Darin steckt eine moralische Frage, wie ein Kind, das älter wird und realisiert, was diese Menschen getan haben, und sie dennoch seinem ersten Empfinden nach als Menschen sieht. Während des ganzen Films habe ich immer wieder gesagt: »Es ist sinnlos, noch einen weiteren Gangsterfilm zu drehen, wenn er der Realität nicht so nah wie möglich kommt, etwa wie ein Dokumentarfilm.«

Nick und ich entschieden unabhängig voneinander, welche Teile des Buches wir mochten und fingen an, sie wie Bauklötze zusammenzusetzen. Ich überzeugte ihn, daß es nicht nötig sei, einer traditionellen Erzählstruktur zu folgen, und ab da machte es wirklich Spaß. Man nimmt die traditionellen amerikanischen Gangsterfilme, zerlegt sie in einzelne Episoden und kann dann in der Mitte anfangen und vor- und zurückspringen. Jedesmal, wenn Nick mir einen neuen Entwurf der Szenen, die uns am besten gefielen, brachte, komprimierte ich sie so, daß gewisse Dinge einfach wegfielen, bis sich eine klare Linie abzeichnete. Ich entdeckte, daß man Szenen raffen konnte, daß man von einer Hochzeit direkt zu deren Folgen übergehen konnte – eine Mutter, die schimpft, weil die beiden Verheirateten immer noch in ihrem Haus leben. Es war eine ständige Ballung solcher Details, und ich stellte fest, wenn man die Szenen kurz hielt, würde der Eindruck nach etwa anderthalb Stunden fulminant sein. Dann gab es natürlich einige Szenen, die länger dauerten, in denen man vom Überschwang, dem Hochgefühl dieser Lebensart davongetragen wird, bis es wieder zu Problemen kommt, die die Protagonisten lösen müssen.

Der eigentliche Trick war natürlich die Erzählstimme aus dem Off. Ich zeigte Nick den Anfang von JULES ET JIM, um ihm zu erklären, was ich vorhatte. Danach verstand er, warum ich hier und da Zeilen herausnahm, daraus die Erzählerstimme zusammenstellte und Standbilder benutzte – einfach all die grundlegenden Tricks der *nouvelle vague* um 1961.

Martin Scorsese am Set von GOODFELLAS (1989) mit Robert de Niro

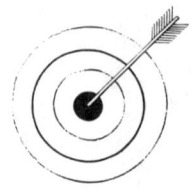

MICHAEL POWELL PRODUCTIONS

November 14, 1988

Dear Marty

<u>Re: the script of Wise Guys</u>

It is one of the best constructed scripts that I have ever read. At the same time it is not academic, it is not a script just on paper. It is very much alive.

The first question I would ask you, is what is the tone of the director? It is a take-it-or-leave-it tone? It is a dispassionate tone? Is it meant to be the wiseguy's thoughts - or meditations - or memories? And, in the final hiding place, is he resigned to his completely anonymous existence, or does he expect that they will catch up with him some day?

I think that the narration is brilliantly handled on the page, and the tone of the narration will be equally important. How have you managed to sustain the action and narration side by side for the whole length of the script? It's a masterpiece. I can only compare it with the script of <u>The African Queen</u>, or Billy Wilder's <u>Double Indemnity</u>.

Yes, it is a little long, and the pause, or the length, seems to come about the 100 minute mark. By the way, the women, when they arrive, are very good, but I would love to see one of the women in the early part of the film as a young girl, or even a little girl. I mean a new character - either his sister, or a ten-year old girl. Some of the best scripting is in the first twenty pages. How are you going to handle the youngster? There are not many actors who can play from ten years old to thirty years old.

Dear Marty, it is a stunning script, and will make a wonderful film, and a priceless social document.

Michael Powell

Mir gefiel an den Techniken von Truffaut und Godard aus den frühen Sechzigern, daß die Geschichte nicht eigentlich wichtig war. Man konnte den Film anhalten und sagen: »Hört mal, jetzt machen wir erst einmal was anderes – ach, übrigens, dieser Typ ist umgebracht worden – und wir treffen uns später wieder.« Ernie Kovacs hat in den frühen Fünfzigern etwas Ähnliches im Fernsehen gemacht.[2] Er hielt plötzlich inne, fing an, mit der Kamera zu sprechen, und machte lauter verrückte, sinnlose Sachen. Ich habe viel von ihm gelernt: wenn ich ihm zusah, wie er das zerstörte, was man für die Form einer TV-Comedy-Show hielt.

Die Handlung wurde weitgehend in einem Storyboard festgelegt, wenn nicht in Zeichnungen, so zumindest in Notizen. Heutzutage zeichne ich nicht mehr jede Einstellung, aber ich weiß trotzdem genau, wie ich die Kamera führen will. Hier wollte ich einen sehr fließenden Stil, wie üblich, aber es sollte auch so aussehen, als hätte ich über diese Jungs fünfundzwanzig Jahre lang eine Dokumentation im Stil des *cinéma verité* von Al und David Maysles gedreht und als ginge ich mit Kameras ein und aus.[3] Es sollte sogar noch mehr Kamerabewegungen als sonst bei mir geben, eine geradezu rasante Qualität, um die Zuschauer mit soviel wie möglich zu konfrontieren, sie mit Bildern und Informationen beinahe zu überwältigen, so daß sie den Film mehrfach sehen könnten und jedesmal mehr davon hätten. Es gibt so viele Details in jeder Einstellung, weil der Lebensstil so reich ist – und ich eine Haßliebe gegenüber diesem Lebensstil empfinde.

Der Einsatz von Standbildern war teilweise von JULES ET JIM beeinflußt, aber auch von Dokumentarfilmen. Ich wollte, daß Bilder immer dann anhielten, wenn ein gewisser Punkt in Henrys Leben erreicht war; z.B. wenn er sagt: »Jeder muß manchmal Prügel einstecken« – Standbild – dann zurück auf die Hiebe. Damit soll nicht wie üblich gezeigt werden, daß sein Vater ihn geschlagen hat und er deshalb ein schlechter Mensch geworden ist; gesagt werden soll: »Seht her, ich kann Prügel einstecken.« Danach kommt die Explosion und ein Standbild mit Henry ›eingefroren‹ davor, und damit das Höllen-Bild einer Figur inmitten von Flammen. Und er sagt: »Das haben sie aus Respekt gemacht.« Es ist sehr wichtig, wo in dieser Anfangssequenz die Standbilder erscheinen, denn es geht um Dinge, die sich einem als Kind einprägen. Später, wenn Henry mit Jimmy zusammen die Kneipe verläßt, begreift er, daß Morrie, den er mag, getötet werden soll. Aber als Jimmy sagt: »Du denkst, daß Morrie...«, sagt Henry: »Nein, nein«, obwohl er es weiß und nichts dagegen tun kann. Dann bewegt sich das Bild wieder, und es gehen einfach zwei Männer die Straße hinunter. Es ist eine dramatische Art zu zeigen, wie diese Leute sich verhalten.

Eine virtuose Sequenz zeigt in einer durchgehenden Steadycam-Einstellung[4], wie Henry seine wachsende Macht benutzt, um seiner zukünftigen Frau Karen zu imponieren: er betritt den Copacabana-Nachtclub durch die Küchenräume. Als sie in dem vollbesetzten Restaurant ankommen, erscheinen auf magische Weise Tisch und Stühle vor ihnen, direkt vor der Bühne.

So etwas mache ich gern. Ich bin hin- und hergerissen zwischen der Bewunderung für Dinge, die in einer Einstellung gedreht sind, wie bei Max Ophüls, Renoir oder Mizogushi und den Schnitten bei Eisenstein oder Hitchcock, die ich wahrscheinlich sogar noch mehr schätze. Hier gab es einen Grund, alles in einer Einstellung zu drehen. Henrys ganzes Leben liegt vor ihm. Er ist der junge Amerikaner, bereit, die Welt zu erobern, und er hat ein Mädchen kennengelernt, das ihm gefällt. Weil er für diese Leute arbeitet, weil er smart ist und als Außenstehender viel Geld für sie machen kann, erhält er eine Belohnung. Seine Belohnung besteht darin, nicht vor der Bäckerei Schlange stehen oder sich Sorgen um einen Strafzettel machen zu müssen, sondern auf diese Art ins Copa hineinzukommen, mit einem über die Köpfe der anderen Gäste hinwegfliegenden Tisch, der ihn genau vor dem Sänger plaziert, der zu jener Zeit Bobby Darren oder Frank Sinatra gewesen wäre. Also mußte es in einer schwungvollen Einstellung gemacht werden, denn so verführt er sie, und so verführt der Lebensstil ihn.

Wir bekommen einen Insider-Blick in die Verhaltensweise einer Familie, die in das organisierte Verbrechen involviert ist, sogar eine so kleine Familie wie die von Henry. Es ist eine seltene und interessante Gelegenheit zu zeigen, wie eine Frau, die nicht zu der Gruppe gehört – sie ist Jüdin und aus einer anderen Gegend – von ihr magisch angezogen ist und bei ihm bleibt. Sie wird in Henrys Welt gesogen, weil diese so hermetisch abgeschlossen ist, daß sie nur untereinander Umgang haben. Mich faszinierte der Augenblick, wenn Karen sagt: »Verdeck das Kreuz«, bevor er ihre Eltern trifft; und das nächste, was man erfährt, ist, daß sie nach jüdischer Zeremonie heiraten, und er trägt einen Davidstern und ein Kreuz. Der Punkt ist, daß es ihm egal ist. Es ist wohl der alte Gegensatz von Materialismus und spirituellem Leben.

Henry war nur eine kleine Charge des organisierten Verbrechens, er gehörte zum ›Fußvolk‹, und er konnte niemals als ›made man‹ zum inneren Kreis gehören. Selbst Jimmy Conway mit seiner irisch-amerikanischen Herkunft hätte niemals ein anerkanntes Mitglied dieser Welt werden können, obwohl er als Gangster sehr erfolgreich war. Er war genial im Ausarbeiten von Plänen wie dem Überfall auf dem JFK-Flughafen und hatte wirklich Spaß am Stehlen. Laut FBI war er auch ein sehr erfolgreicher Killer und brachte eine Menge Leute um – mutmaßlich, wie man juristisch korrekt sagt. Ich glaube, für Amerikaner ist so etwas besonders interessant, weil hier in gewisser Hinsicht der amerikanische Traum völlig verrückt geworden ist und sich ins Gegenteil verkehrt hat.

Aber man kann nicht herumlaufen und töten und rauben, ohne am Ende gefaßt zu werden. Jimmy wurde wegen einer Geringfügigkeit gefaßt, die Henry Hill der Polizei verraten hatte. Man konnte ihm nicht beweisen, daß er jemanden getötet hatte, er wurde wegen anderer Delikte verhaftet und

Ray Liotta und Lorraine Bracco genießen in GOODFELLAS den besten Tisch in der Copacabana

Robert De Niro und Ray Liotta in GOODFELLAS

sitzt immer noch im Gefängnis. Er hatte eine beachtliche Laufbahn in der Welt des Verbrechens hinter sich, aber er war kein Mafioso. Es gab einen Ehrenkodex, wonach sie nichts über einen anderen ausplauderten. Ich habe den Polizisten kennengelernt, der Burke verhaftet hat; er hatte ihn in Handschellen in ein Flugzeug verfrachtet, und als sie über dem JFK-Flughafen waren, sah Mr. Burke hinaus und sagte: »Sich vorzustellen, daß das alles mal mir gehört hat!«[5] Der Polizist ließ durchblicken, daß er mit weniger davonkäme, wenn er mit der Polizei zusammenarbeite. Aber Burke sagte: »Reden Sie lieber gar nicht erst weiter.« Der Polizist sagte: »Verstehe.« Genauso war es mit Paul Cicero: er sagte kein Wort und starb im Gefängnis. Aber Henry Hill war nicht so, er war ein Außenstehender, und er redete.

Joe Pesci kommt aus dieser Welt, und er hat immer gesagt, es gibt einen Lebenszyklus für ›wiseguys‹: sie haben vielleicht acht oder neun Jahre, bevor sie in die Drehtür geraten, die sie rein und raus aus dem Gefängnis bringt. Am Anfang geht es unglaublich schnell aufwärts, aber wenn sie erst einmal angefangen haben, im Gefängnis ein- und auszugehen, geht das vielleicht zwanzig Jahre so weiter und wird Teil ihres Lebensstils.

Pesci, unvergeßlich als Jake La Mottas Bruder und Manager in RAGING BULL, *spielt Tommy de Vito, der mit Henry Hill aufwuchs und zur selben Zeit als kleiner Gangster begann. Aber anders als Henry ist er von rein italo-amerikanischer Herkunft und kann so ein ›made man‹, ein vollwertiges Mitglied der Mafia werden. Aber die Verlockung, die dieses Prädikat für ihn bedeutet, wird benutzt, um Tommy eine Falle zu stellen und in einer atemberaubenden Szene von Mafia-›Justiz‹ umzubringen, als seine unkontrollierte, psychopathische Gewalttätigkeit droht, unliebsame Aufmerksamkeit auf die Geschäfte der Mafia zu lenken. Henry und Jimmy erfahren am Telefon von dieser Hinrichtung, während sie darauf warten, seinen großen Tag mit ihm zu feiern.*

Joe Pesci als der lästige Tommy, der in GOODFELLAS einen Mann
›wegpustet‹

Die Tatsache, daß Tommy auf diese Art getötet wird, ist sehr wichtig. Weder Henry noch Jimmy können etwas dagegen tun, weil es eine rein italienische Angelegenheit ist. Derjenige, der Jimmy am Telefon sagt: »He's gone«, war mein Vater. Bob de Niro hatte ihn gebeten, ihm nicht direkt zu erzählen, was geschehen war, sondern drumherum zu reden. Ich hatte vorgeschlagen, daß mein Vater sagen sollte, er habe alles getan, was er konnte. Tatsächlich hatte die Mafia Tommy jahrelang in Schutz genommen, aber er war wie ein wildgewordener Cowboy, er machte viel Ärger und legte sich mit jedem an. Schließlich entschieden sie, daß er zu weit gegangen war.

Wenn auch Jimmy und Henry nicht zur eigentlichen Organisation gehören, ist Jimmy doch eine Art *professore*, zuständig für die jungen Bandenmitglieder. Besonders gefiel mir, wie Bob beim Verlassen der Telefonzelle die Emotionen unterdrückte. Er steht einfach da, mit den Händen in den Hüften. Henry hat immer noch nichts begriffen. Die Körpersprache zwischen den beiden ist großartig. Dieses Ereignis bringt sie alle wieder auf den Boden der Tatsachen zurück, es ist der Anfang vom Ende.

Mir gefielen vor allem die Details in dem Buch. Der Film handelt eher von den Seitensträngen, beschäftigt sich mit Dingen am Rande statt mit der Sache selbst, weil ich das interessanter finde. Es war gewissermaßen ein Experiment, herauszufinden, was geschieht, wenn sich alles auf Henrys letzten Tag als ›wiseguy‹ zuspitzt, wenn er von allen Seiten unter Druck gerät. Dies war der schwierigste Teil. Ich wollte für die Zuschauer – für Leute, die nie unter dem Einfluß von Sachen wie Kokain oder Amphetaminen gestanden haben – den Zustand von Angst erzeugen, jenes Rasen des Hirns, wenn es unter Drogen steht. Wenn also Henry eine Prise Koks nimmt, fliegt die Kamera auf seine Augen zu, und er weiß für den Bruchteil einer Sekunde nicht, wo er ist. Es ist ihm unmöglich zu erkennen, was wichtig ist und was nicht. Er verkauft Drogen gegen Paulies ausdrücklichen Befehl – nicht daß dieser moralische Bedenken gegen Drogen hätte, sondern er will nicht mit jemandem in Verbindung gebracht werden, der ihn ins Gefängnis bringen könnte, was dann ja schließlich auch eintritt. Henry wird von einem Hubschrauber gejagt, der vom FBI sein könnte – weder wir noch er wissen es –, doch das richtige Umrühren seiner Tomatensauce auf dem Herd scheint ihm nicht weniger wichtig zu sein. Nach einiger Zeit unter Drogen und unter diesem Druck setzen die normalen Funktionen aus, und das ist der Untergang. Plötzlich steht alles still, und ein Revolver wird an seinen Kopf gehalten. Für die restlichen 20 Minuten des Filmes zog ich mich zurück und setzte alles noch einmal zusammen.

Was ich in dem Buch so interessant fand, war, daß Henry zwar genug von allem hatte, daß ihm aber das, was er getan hatte, nicht leid tat. Am Ende bedauert er, daß er kein ›wiseguy‹ mehr ist, und es ist keine Heuchelei, wenn es ihm um sein Leben leid tut, sondern einfach nur die Haltung: »Macht alles keinen Spaß mehr.« Das kann man auffassen, wie man will. Ich denke, das Publikum sollte ihn ablehnen, und ich hoffe, das tut es – und vielleicht auch das System, das so etwas zuläßt. Ohne zu sehr darauf herumreiten zu wollen, glaube ich, daß der Wohlstand der späten Fünfziger und Sechziger zu der Desillusionierung und Korruption der Siebziger geführt hat, und Henrys Reise reflektiert das.

Sogar die Musik wird dekadent. Wenn Stacks umgebracht wird und Henry in die Bar gerannt kommt, raten ihm Jimmy und Tommy, erst einmal einen zu trinken und sich keine Sorgen zu machen. In diesem Augenblick hört man auf dem Soundtrack eine unglaubliche Version von ›Unchained Melody‹ von Vito and the Salutations. Dieses Lied ist regelrecht heruntergekommen: von der schönen reinen Drifters-Version – die Drifters um Clyde MacFadden mit »Bells of St. Mary's« – zu der italienischen ›doo-wop‹-Version von Vito and the Salutations, die mir allerdings gefällt, weil ich zur Dekadenz der Siebziger und Achtziger gehöre.

Der Soundtrack von GOODFELLAS *reicht von der italo-amerikanischen Popmusik der Fünfziger bis zum klassischen Rock'n'Roll der Sechziger und endet beim Punk, wenn Henry den Preis für seine amoralische Karriere bezahlt. Die sorgfältige Auswahl zeigt Scorseses gute Kenntnis der populären Musik, sie spielt in dem Film eine wichtige strukturelle Rolle und gibt gleichzeitig die Chronologie der Ereignisse an.*

Oft wird heutzutage in Filmen Musik lediglich eingesetzt, um eine Zeit und einen Ort zu etablieren, und ich halte das für bequem. Schon seit WHO'S THAT KNOCKING AT MY DOOR? und MEAN STREETS wollte ich mir die emotionale Wirkung von Musik zunutze machen, und daher stammt einiges aus den Vierzigern. Es war nämlich so, daß, als die Beatles aufkamen, an vielen Orten die Musikboxen immer noch Benny Goodman und altes italienisches Zeug enthielten. Bei GOODFELLAS galt die Regel, nur Musik zu benutzen, die auch zu der Zeit gehört wurde. Wenn eine Szene 1973 spielte, konnte ich jede Musik benutzen, die damals aktuell oder älter war. Ich wollte zum Beispiel am Ende einen Song von den Rolling Stones verwenden – ›She Was High‹ –, für diesen letzten Tag im Jahr 1979, aber der kam ein Jahr später heraus, also mußte ich etwas anderes nehmen. Es gab Leute, die sagten, es sei unmöglich, daß sich die Gangster 1967 ›Sunshine of Your Love‹ von Cream angehört hätten, aber ich wies daraufhin, daß der Song damals im amerikanischen Rundfunk unter den Top 40 war, also haben sie ihn gehört, ob er ihnen gefiel oder nicht! Ich benutzte diesen Song für die Szene, in der sich Jimmy an der Theke umschaut und zu dem Schluß kommt, daß er sich all dieser Leute entledigen muß, und die Kamera sich langsam auf sein Gesicht zubewegt. Wir probierten zehn Songs aus, und ›Sunshine‹ stellte sich als der interessanteste heraus: wir fanden, er paßte perfekt zu seinen Augen, und es entstand wirklich ein Gefühl von Gefahr und Sexualität.

Viele der Szenen ohne Dialog wurden bei laufender Musik gedreht; so lief zum Beispiel ›Layla‹ am Set, als wir die Entdeckung der Leichen in dem Auto und dem Fleischtransporter drehten. Manchmal setzten wir die Songtexte zwischen die Dialogzeilen, so daß sie die Handlung kommentierten; so hört man zum Beispiel, wenn das Baby für den Drogenschmuggel in den Kinderwagen gelegt wird, ›Monkey Man‹ von den Rolling Stones, und die erste Songzeile heißt »I'm a peanut vendor«. Es gibt auch ein Stück aus ›Memo from Turner‹ aus dem Film PERFORMANCE, den unglaublichen Gitarrenlauf von Ry Cooder, der eingeblendet wird, wenn Jimmy die Waffen in den Kofferraum packt.

Mit $ 25 Millionen war GOODFELLAS *Scorseses teuerster Film, hatte damit aber nach damaligem Hollywood-Standard immer noch ein nur mittleres Budget. Es war auch sein erster Film, bei dem das Studio auf Previews bestand.*

Heutzutage besteht die Gefahr, das Publikum zu unterschätzen oder es zu fürchten. Aber ich glaube, das Publikum ist einem immer voraus, und zumindest ein gewisser Anteil wird sich auf den Film einlassen. Für GOODFELLAS gab es zwei Previews in Kalifornien, und als Ergebnis stellten wir ein paar Dinge um und verdichteten die letzten zwanzig Minuten. Die Sequenz des letzten Tages wühlte viele der Zuschauer bei den Previews auf, aber ich hielt dagegen, daß das so sein *sollte*. Interessant ist außerdem, daß eine ihrer Lieblingsszenen eine sehr lange Sequenz war, die ich mit den Schauspielern entwickelt hatte. Es ist die, in der Joe Pesci eine Geschichte erzählt und Ray darauf reagiert – die ›Was ist an mir so komisch‹-Szene. Sie war ganz und gar improvisiert; ich gab immer wieder Stichworte, um diesen Moment voll ausspielen zu lassen. Wenn das, was Schauspieler tun, ehrlich und unterhaltsam ist, akzeptiert das Publikum auch längere Szenen und einen langsameren Rhythmus.

Unmittelbar nach den Dreharbeiten von GOODFELLAS *flog Scorsese nach Japan, um eine seit langem bestehende Verabredung einzulösen, nämlich eine Gastrolle in Akira*

Scorseses Notizen über mögliche Songs für GOODFELLAS: ›Layla‹, ›Atlantis‹, ›Ain't That a Kick in the Head‹, ›Monkey Man‹ und ›Life is a Dream‹

Kurosawas DREAMS *zu spielen. Die beiden Regisseure waren sich 1980 begegnet, als Kurosawa zum New York Film Festival gekommen war, um* KAGEMUSHA *vorzustellen, und Scorsese jede Gelegenheit nutzte, öffentlich haltbareres Farbfilmmaterial von Eastman Kodak zu fordern, damit das Werk von Filmemachern für die Zukunft bewahrt bliebe.*

Einer der Meister, dem Farbe wirklich sehr viel bedeutet, ist Kurosawa, und man hatte mir damals nur fünf Minuten gegeben, um mit ihm zu reden. Da ich wußte, daß ich nur diese paar Minuten hatte, muß ich wohl sehr intensiv erklärt haben, warum ich seinen Namen auf der Petition brauchte. Er war sehr höflich, aber nach fünf Minuten war's das auch – ich mußte den Raum verlassen. Ein paar Monate später schickte er mir ein Telegramm, daß wir seinen Namen benutzen dürften. Als er mir viel später die Rolle des Van Gogh in DREAMS anbot, schrieb er: »Ich wünsche mir denselben Enthusiasmus und dieselbe Intensität, mit der Sie mir erklärt haben, warum ich meinen Namen unter die Petition setzen soll.«

Das war wirklich eine Herausforderung, denn normalerweise würde ich so nicht spielen. In GUILTY BY SUSPICION, den mein Freund und früherer Produzent Irwin Winkler inszeniert hat, hatten sie mir die Rolle eines Regisseurs angeboten. Nun, das war einfach, obwohl ich mir den Bart abrasieren mußte, weil Regisseure im Hollywood der Fünfziger keine Bärte trugen! Dann mußte ich auf dem Set erscheinen, im Wohnwagen warten, wieder zurück zum Set gehen, warten, während sie herumspielten und verschiedene Kamerawinkel ausprobierten. Es war eine Tortur, aber ich habe einem Freund einen Gefallen getan. »Laßt uns doch mal Marty für eine Szene holen.« Etwas Ähnliches habe ich für einen anderen Freund getan, für Bertrand Tavernier in ROUND MIDNIGHT. Aber bei Kurosawa ging es um eine ernste Rolle.

Ich studierte sie während der Arbeit an GOODFELLAS und versuchte, sie während der Pausen in meinem Wohnwa-

Scorcese trifft als Van Gogh einen strebsamen Maler (Akira Terao) in
der ›Crows‹-Episode von Akira Kurosaws DREAMS (1990)

gen auswendig zu lernen. Aber wir überzogen den Zeitplan von GOODFELLAS um ein paar Wochen, und die einzige Szene, die Kurosawa noch zu drehen hatte, war meine, und so bereiteten wir ihm Probleme mit *seinem* Zeitplan. Daher überließ ich die letzten paar Dinge, die das zweite Drehteam noch zu erledigen hatte, meinem Regieassistenten Joe Reidy und flog sofort nach Japan. Ich lernte die Szene auswendig, verbrachte drei Stunden in der Maske, und nach zwei Proben war sie ganz locker in vier Takes mit zwei Kameras abgedreht.

Nach der Premiere von DREAMS *in Cannes im Mai 1990 blieb Scorsese in Europa, um* MADE IN MILAN *zu drehen. Im selben Jahr kehrte er später noch einmal nach Italien zurück, um sich mit seinen Eltern zu treffen, und wurde zum Ehrenbürger von Ciminna ernannt, einer kleinen Stadt in der Nähe von Palermo auf Sizilien, wo seine Großmutter väterlicherseits gelebt hatte, bevor sie nach Amerika auswanderte.*

Es war das erste Mal, daß mein Vater seine Heimatstadt besuchte, in der seine Mutter geboren worden war; und ich entdeckte die richtige Schreibweise unseres Namens: er hieß ursprünglich ›Scozeze‹. Es gab eine Zeit, in der ich mich wirklich als Italiener empfunden und den Plan gefaßt hatte, dort mehr Zeit zu verbringen. Dann entdeckte ich, daß ich wirklich und wahrhaftig Amerikaner bin und daß es mir ziemlich schwerfällt, die sozialen und politischen Verhältnisse des modernen Italien zu verstehen.

Nachdem Universal THE LAST TEMPTATION OF CHRIST *übernommen hatte, gab es eine Übereinkunft, daß Scorsese weitere kommerzielle Filme für sie drehen sollte. Das Studio besaß immer noch die Rechte an dem Thriller* CAPE FEAR, *der auf einem Roman von John D. Macdonald basierte und 1961 von J. Lee Thompson inszeniert worden war (er kam 1962 heraus). Wesley Strick hatte schon ein neues Drehbuch für Steven Spielberg geschrieben, das Scorsese las, aber nicht machen wollte. De Niro war jedoch scharf darauf, die Rolle des rachsüchtigen Exhäftlings Max Cady, die einst Robert Mitchum gespielt hatte, neu zu gestalten, und überzeugte Scorsese schließlich, daß sie beide etwas lernen könnten, wenn sie auf ein traditionelles Hollywood-Genre zurückgriffen und dessen Spielregeln akzeptierten.*

Die Geschichte erzählt, wie Cady als Rache für seine Inhaftierung die Familie Bowden terrorisiert. In Scorseses Version ist aus Sam Bowden Cadys ehemaliger Verteidiger geworden statt eines Zeugen, der gegen ihn ausgesagt hat; und die Familie ist weit davon entfernt, einig zu sein; es gibt Spannungen zwischen Sam, seiner Frau Leigh und ihrer halbwüchsigen Tochter Danielle.

Es ist wie ein Märchen, das man wieder und wieder erzählen kann, mit einem moralischen Dilemma, das mein Interesse an dem Stoff weckte, vorausgesetzt, ich könnte mit den richtigen Leuten zusammenarbeiten. Außer de Niro und dem Autor Wesley Strick stand die Besetzung mit Nick Nolte und Jessica Lange bereits fest. Das waren alles Leute, die einander vertrauten und das Gefühl hatten, daß wir innerhalb der Grenzen des Genres etwas Besonderes machen könnten.

Wir hatten auch mit Robert Redford über die Rolle des Sam gesprochen, weil er eine so gesunde Ausstrahlung hat, und es wäre interessant gewesen, de Niro dagegen anspielen zu lassen. Aber letzten Endes brauchten wir diese Art von Symbolik in der Besetzung nicht. An Nick Nolte dachte ich zunächst gar nicht, weil ich gerade in LIFE LESSONS mit ihm gearbeitet hatte, wo er dick war, einen Bart trug und – in der Rolle – Brandy trank. Daher sah ich in ihm keinen potentiellen Rechtsanwalt. Als dann GOODFELLAS im Museum of Modern Art gezeigt wurde, erschien Nick mit Blazer und Krawatte, hatte abgenommen, trug eine Brille und einen Scheitel. Ich stieß Bob an und sagte: »Da, das ist unser Anwalt.« Es ist komisch, manchmal kennt man Menschen seit

Jahren, aber sie müssen erst wie die neue Figur vor einem stehen, bevor sich das Bild ändert, das man von ihnen aus ihrer vorangegangenen Arbeit hat.

Ursprünglich sollte Spielberg den Film inszenieren, und das Drehbuch, das ich zuerst las, war für ihn geschrieben worden. Es war zu sehr schwarzweiß, als daß ich es hätte akzeptieren können. Die Familie zum Beispiel war rundum glücklich und saß singend ums Klavier herum – so etwas hätte Steve ganz echt hinbekommen, weil er daran glaubt. Und die Szene im Theater zwischen de Niro und Juliette Lewis (die Sams halbwüchsige Tochter Danielle spielt), die ich schließlich als Verführungsszene inszenierte, war ursprünglich als Horrorszene geschrieben. Max jagt das Mädchen durch Keller und Klassenräume der Schule, und am Ende hängt sie an einem Fenstersims und hält sich an einer Jalousie fest, die reißt. Sie fällt nicht in seine Arme, sondern wird von jemand anderem gerettet (was auf derselben Szene im ursprünglichen Film basiert, in der ihr nicht Mitchum, sondern der Hausmeister nachgegangen ist).

Es wäre eine richtige Spielbergsche *tour-de-force*-Jagd geworden, aber obwohl ich das gerne sehe, würde es mich doch langweilen, so etwas selbst zu versuchen. Also fingen wir mit dieser Szene im Theater an und bauten den Film darauf auf. Für mich ist es immer noch die verstörendste Szene. Wir spielten damit, daß das Böse zugleich attraktiv und gefährlich ist. Max setzt Logik und Gefühl und Psychologie sehr stark in dem Sinne ein, wie der Teufel in der Bibel spricht. Ich habe ein paar Freundinnen, die ähnliche Erfahrungen gemacht haben, daß nämlich ein gefährlicher Charakter zunächst anziehend auf sie wirkte. Er zerstört den wenigen Respekt und Glauben, den Danielle ihrem Vater noch entgegenbringt.

Die andere Ebene besteht darin, daß der schwache Zusammenhalt der Familienmitglieder förmlich danach schreit, daß jemand eindringt und sie noch weiter auseinandertreibt. Das färbt auf ihr Urteilsvermögen ab, sie machen Fehler. Man beginnt sogar zu glauben, daß Max vielleicht die Wahrheit sagt.

Das Unbehagen, die Enttäuschung über ihr Leben macht die Familie empfänglicher für das, was Max sagt: In gewisser Hinsicht ist Max sogar Sams Geschöpf, weil Sam einen moralischen Fehler begangen hat. Aber was mich interessiert, ist, daß jeder mitfühlende Mensch versucht gewesen wäre, dasselbe zu tun, nämlich Max vierzehn Jahre ins Gefängnis gehen zu lassen. Die Änderung der Sam-Figur von einem Zeugen, der gegen Max ausgesagt hat, in einen Pflichtverteidiger, der aufgrund seiner moralischen Empörung Informationen zurückhält, war schon im Drehbuch enthalten, bevor ich dazukam, aber sie gefiel mir.

De Niro war schon in das Projekt involviert, bevor er Scorsese überredete mitzumachen, und wie bei früheren Filmen unterzog er sich einem intensiven körperlichen Programm zur Vorbereitung auf die Rolle des dämonischen Max Cady.

De Niro fing schon Monate vorher an, mit seinem Trainer Dan Harvey zu arbeiten; er baute die Rolle auf, indem er seinen Körper aufbaute. Während wir probten und drehten, stand er gegen drei Uhr morgens auf und trainierte drei oder vier Stunden, bevor er zur Arbeit kam. Alle Szenen, in denen sein Körper zu sehen ist, wurden ganz am Ende des Films gedreht, als er so viel Muskelmasse wie nur möglich aufgebaut hatte. Ich fand, er sollte wie eine tödliche Waffe aussehen, sein Körper selbst sollte eine Waffe sein, deswegen wurde er auch noch tätowiert. Die gezackten Blitze auf seinem Brustkorb, die mir wirklich gut gefielen, waren seine Idee.

Für seine Recherche hat er sich viele Tonbänder angehört. Alan Greenberg weiß viel über regionale Dialekte und Musik, und er interviewte viele Vergewaltiger und Mörder im Gefängnis. De Niro studierte diese Bänder, und dann arbeiteten wir parallel zum Drehen mit Wesley am Skript und versuchten, hier und da etwas davon unterzubringen. Wir kennen uns inzwischen so lange, daß wir uns sehr rasch verständigen können.

Robert Mitchum als drohender Max Cady in J. Lee Thompsons Version
von CAPE·FEAR (1962)

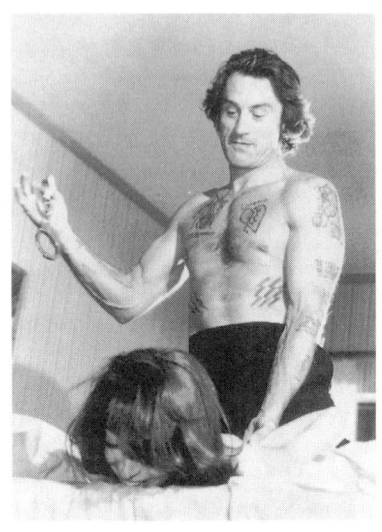

Teuflisch, attraktiv und gefährlich: Robert de Niro als Max Cady in
Scorseses CAPE FEAR

Der Körper als tödliche Waffe. Robert de Niro zeigt seine
Tätowierungen in CAPE FEAR

Das Bild Stalins, das man gleich am Anfang des Films sieht, beschwört den Mann aus Stahl herauf, der Max sein möchte. Seine Philosophie ist Nietzsches ›Übermensch‹ in seiner negativsten Form. Er identifiziert sich außerdem mit Alexander dem Großen und einem südamerikanischen Märtyrer, der gepfählt wurde, denn auch er hält sich für ein Opfer. Diese widersprüchlichen Ideen spuken in seiner Psyche herum und lassen ihn glauben, er sei ein Werkzeug Gottes, das Rache übt.

So wie ich Max sah, was nicht unbedingt hieß, daß Bob oder Wesley ihn genauso sahen, wurde er immer mehr zur personifizierten Kollektivschuld der Familie. Als Bob die Idee hatte, sich unter ihr Auto zu hängen wie der Terminator, paßte das perfekt zu meiner Ansicht, daß sie ihre Schuld, so weit sie auch rannten, nie loswürden, wenn sie sich ihr nicht stellten. Ich habe versucht, Max' Verwandlung bis zum apokalyptischen Ende emotional und psychologisch real zu gestalten, und die Szene unter dem Auto ist der Schlüssel dazu, denn sie sollte zeigen, daß einiger Wagemut dazugehört. Unmittelbar danach fängt der Film quasi noch einmal neu an, wenn auf das Schild ›Cape Fear‹ geschnitten wird.

Scorsese nahm bei CAPE FEAR *die Gelegenheit wahr, zum erstenmal in Cinemascope zu drehen und bei der Bildführung mit jemandem zu arbeiten, den er schon seit langem bewundert hatte, dem englischen Kameramann und Regisseur Freddie Francis.*[6]

Es hat mir großen Spaß gemacht, all die spannungsgeladenen Aufnahmen mit Freddie auszuarbeiten, wenn die Kamera um das Haus herum- und einen Korridor hinunterfährt, so daß man jede Sekunde damit rechnet, daß jemand einbricht. Mir gefiel, wie die Kamera durch die Bäume fuhr, um das angeblich sichere Hausboot zu entdecken. Einige der Gründe, warum ich mit Freddie arbeiten wollte, waren sein Gespür und seine große Erfahrung aus all den spannenden Horrorfilmen, die er gemacht hat. Ich konnte mich mit

Instinkt für Spannung und Horror: Aufnahme von Freddie Francis'
TORTURE GARDEN (1968)

Apokalypse und Rettung für die Familie in CAPE FEAR

ihm sehr schnell über einen bestimmten Stil und Einstellungen verständigen, die in diesem Genre verwendet werden, denn genau das wollte ich von ihm lernen.

Wenn ich zu Freddie sagte: »Diese Einstellung funktioniert nicht«, fügte er immer etwas hinzu, um sie hinzukriegen. Zum Beispiel Nick Noltes Gesicht, wenn er den Vergewaltigungsversuch an seiner Frau durch die Jalousie beobachtet: ursprünglich hatte ich sein ganzes Gesicht in der Einstellung, aber als wir es zusammenfügten, merkte ich, daß es albern aussehen könnte und wahrscheinlich einen Lacher auslösen würde. Dann sagte Freddie: »In Verbindung mit dem Wasser auf dem Fenster und der Jalousie und den Blitzen sollten wir mit seinen Augen anfangen und dann aufziehen.« Ich stellte fest, daß er dadurch sehr seltsam aussah, fast wie ein glotzender Fisch. Diese Art von Zusammenarbeit macht großen Spaß.

Schließlich standen wir noch vor der Herausforderung, aus dem beinahe traditionellen Sturm am Ende eines solchen Films den heftigsten Sturm aller Zeiten zu machen. Ich hatte noch nie eine solche Sequenz gedreht, und Freddie und ich arbeiteten bei der Planung sehr eng zusammen. Es gab über zweihundert Zeichnungen, und wir stellten dafür sogar größere Bauten in Florida auf. Die Dreharbeiten dauerten sechs oder sieben Wochen, und das war wirklich eine lehrreiche Zeit. Es mußte sein, denn die Reise der Figuren muß in Gewalt kulminieren, damit sie geläutert daraus hervorgehen. Sogar Max wird in gewisser Weise erlöst, er hat seinen Job getan, indem er ihnen half. Wir hatten gewiß nicht vor, einen religiösen Film zu machen, aber vielleicht ist er dazu geworden – das muß an meinem Einfluß auf Skript und Schauspieler gelegen haben. Tatsächlich brauchte ich eine Weile, um zu verstehen, was das Blut an Nick Noltes Händen bedeutete: seine Hände sind voller Blut, Zeichen seiner Schuld und der Ahnung, eine schreckliche Tat begangen zu haben, und dann wird es weggewaschen. Darin steckt eine Art Vergebung und Erlösung. Ich brauchte sogar eine Weile, um das in Worte zu fassen.

Eine der Ursachen, warum ich den Film machen wollte, war, daß ich eines Nachts eine Fernsehsendung sah, in der ein Paar davon berichtete, wie es einen Serienkiller töten mußte, weil dieser im Begriff war, beide zu töten. Sie waren ein ganz normales Ehepaar, und sie sprachen darüber, was es für sie bedeutet hatte, diesen Mann zu töten, um sich selbst zu retten, zumal das Töten Stunden gedauert hatte. Hitchcock hat in TORN CURTAIN, in der Szene, in der Paul Newman und die Frau, die kein Englisch spricht, den russischen Spion töten wollen, klargemacht, daß es nicht einfach ist, jemanden zu töten. Aber was an dieser Sache so auffiel, war, wie lange es dauerte. Beide waren unten im Haus und schlugen ein paar Mal auf ihn ein, dann schossen sie auf ihn, doch er kam wieder hoch, und so ging das stundenlang. Während sie das beschrieben, waren ihre Gesichter kreidebleich, es war schockierend.

Mir war klar, daß es riskant war, CAPE FEAR in einem apokalyptischen Finale enden zu lassen, trotzdem bleibt im Kern doch wahr, was ein Paar emotional und psychologisch durchmachen kann. Vielleicht ist es weit hergeholt, daß Max, nachdem er in Flammen stand, noch einmal wiederkommt. Ich wußte nur, daß die Personen leiden mußten und daß es wichtig war, daß sie geläutert daraus hervorgingen. Vielleicht würde dieses Erlebnis sie voneinander trennen – ich glaube nicht unbedingt, daß sie als Familie zusammenbleiben, nur weil sie sich gegenseitig gerettet haben –, aber zumindest werden sie nie wieder dieselben sein.

Ich glaube, um den Film richtig zu genießen, sollte man sich die alte Version von CAPE FEAR ansehen, vielleicht im Abstand von einer Woche. Es gibt viele Fäden zwischen den beiden Filmen, nicht zuletzt durch die Mitwirkung von Gregory Peck, Robert Mitchum und Martin Balsam und die Musik Bernard Hermanns (von Elmer Bernstein überarbeitet) und den Titeln von Saul und Elaine Bass.[7] Sie haben nicht die Titel für den ursprünglichen Film gemacht, aber ihr Stil war außergewöhnlich, und wir wollten dem Publikum die Genealogie dieses Filmgenres bewußtmachen. Ich

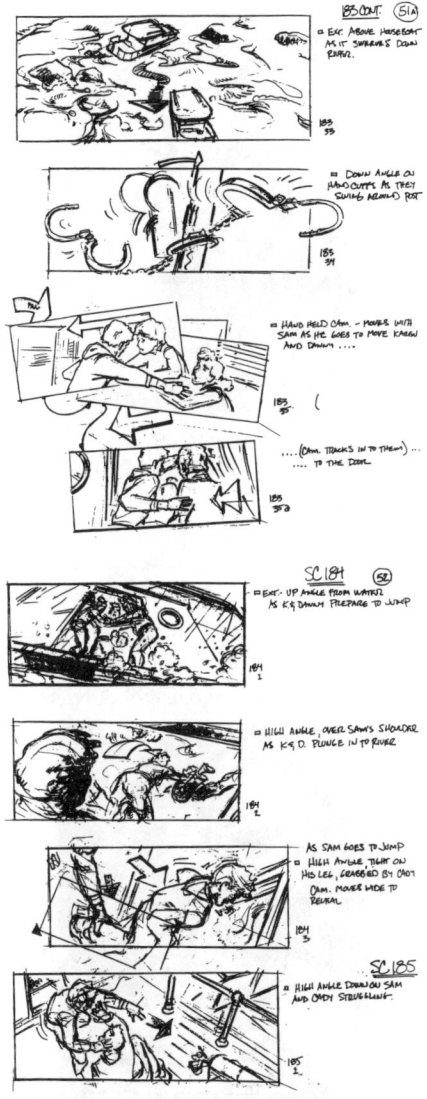

Storyboards für den Höhepunkt, die Sturm-Sequenz in CAPE FEAR, die von einem professionellen Illustrator gezeichnet wurden und vollständig auf Scorseses Drehbuchnotizen und Skizzen basieren.

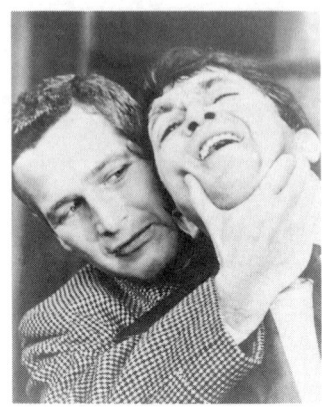

Die Schwierigkeit, jemanden zu töten: Paul Newman kämpft mit einem russischen Spion in Hitchcocks TORN CURTAIN (1966)

In CAPE FEAR kämpfen Robert de Niro und Nick Nolte miteinander

empfinde eine gewisse Trauer, daß ich keine Filme im alten Stil machen kann, weil ich in einer anderen Zeit lebe.

Aber wenn ich auch bedaure, daß das goldene Zeitalter Hollywoods und der Studios vorbei ist, muß man doch bedenken, daß die Freiheit, die wir gewonnen haben, das Verlorene aufwiegt. Letztlich bezweifle ich sehr, daß ich einen wirklichen B-Film oder einen Genre-Film machen kann.

1   In *Der Spieler* schwört der Erzähler Alexis seiner Geliebten Polina, alles zu tun, um seine Liebe zu beweisen, auch sich selbst zu töten. Sie nimmt ihn beim Wort, und aus einer Laune heraus befiehlt sie ihm, eine aufgeblasene deutsche Baronin zu beleidigen, und bringt so den General, das Oberhaupt der russischen Familie, die in ›Roulettenburg‹ logiert, in Verlegenheit. Diese Keimzelle ist in LIFE LESSONS (so der Titel von Scorseses New York Story) enthalten, wenn Paulette Lionel auffordert, zu zwei Polizisten im Streifenwagen zu gehen und einen von ihnen zu küssen. Als er von dieser riskanten Mission zurückkommt, ist sie verschwunden. Die amerikanische Übersetzung von Victor Terras, THE GAMBLER, mit Saslowas Tagebuch herausgegeben von Edward Wasiolek, erschien 1972 bei University of Chicago Press.

2   Ernie Kovacs (1919–62) war ein höchst origineller amerikanischer Fernsehkomiker der Fünfziger, dessen früher Tod seine vielversprechende Filmkarriere abrupt beendete.

3   Albert (geb. 1926) und David (1932–87) Maysles waren Pioniere des ›direct cinema‹-Dokumentarfilms in den USA; ihre Film- und Tonaufnahmen machten sie sehr unaufdringlich, um das Leben der von ihnen beobachteten Personen so wenig wie möglich zu stören, wie in SALESMAN (1969) und GREY GARDENS (1975).

4   Steadycam: eine Vorrichtung, die eine tragbare Kamera so ruhig (*steady*) hält, daß keine verwackelten Bilder entstehen.

5   Die Figur des Jimmy Conway, die de Niro spielt, basiert auf James ›Jimmy the Gent‹ Burke.

6   Freddy Francis, geb. 1917 in London, arbeitete seit Mitte der Fünfziger vor allem im britischen Kino als Kameramann. 1960 erhielt er den Oscar für die beste Kamera bei SONS AND LOVERS. Anfang der Sechziger begann er auch zu inszenieren und spezialisierte sich besonders auf Horrorfilme.

7   Saul Bass (geb. 1920), von Hause aus Grafiker, begann in den Fünfzigern, Filmtitel zu entwerfen und wurde in den darauffolgenden zehn Jahren eine Hollywood-Institution. Er arbeitete für Billy Wilder, Otto Preminger und insbesondere Alfred Hitchcock. In den späten Achtzigern kam er, jetzt zusammen mit seiner Frau Elaine, wieder darauf zurück, und beide haben bei GOOD FELLAS, CAPE FEAR, AGE OF INNOCENCE und CASINO mitgearbeitet.

THE AGE OF INNOCENCE –
A PERSONAL JOURNEY

»Say I'm old-fashioned. That should be enough«
Newland Archer in THE AGE OF INNOCENCE

Im April 1991 kündigten Universal Pictures an, daß Martin Scorsese einen Sechs-Jahres-Vertrag mit dem Studio unterschrieben hatte, mit dem Ziel, einen Film pro Jahr für sie zu inszenieren und bis zu zwölf weitere innerhalb des Vertragszeitraums zu produzieren. Seitdem er im Jahr zuvor THE GRIFTERS *koproduziert hatte, interessierte sich Scorsese immer mehr für die Tätigkeit des Produzenten, und der erste Titel hierbei sollte* MAD DOG AND GLORY *sein, inszeniert von John McNaughton, mit Robert de Niro in der Hauptrolle. Die Scorsese Productions zogen jetzt innerhalb von New York um und wurden zu Cappa Productions, benannt nach dem Mädchennamen von Scorseses Mutter. Aber neben seiner Verpflichtung für Universal hatte Scorsese bereits bestimmte Projekte mit anderen Studios vereinbart.*

Wenn CAPE FEAR *ein Projekt war, das man Scorsese angetragen hatte und das relativ schnell realisiert worden war, sollte sein nächster Film das Ergebnis langer Überlegung und persönlichen Engagements sein. Der Roman* The Age of Innocence *war 1920 veröffentlicht worden, und Edith Wharton (1862–1937) hatte dafür als erste Frau den Pulitzer-Preis erhalten. 1902 hatte ihr enger Freund Henry James sie gedrängt:* »Mach etwas über New York«, *und in diesem Roman zeichnete sie ein intimes Porträt der geschlossenen Welt der New Yorker Oberschicht von 1870, in der sie aufgewachsen war – die Welt der großen amerikanischen Familien wie der Roosevelts, der Astors oder der Vanderbilts. Es war eine Gesellschaft, die auf sorgsam organisiertem Müßigang*

Michelle Pfeiffer und Daniel Day-Lewis spielen eine unmögliche
Beziehung in THE AGE OF INNOCENCE (1993)

basierte, in der Manieren und Konventionen alles waren und
es den völligen Ausschluß bedeutete, sich ihnen zu widerset-
zen. Whartons Geschichte ist die einer unerfüllten Leiden-
schaft; Newland Archer, der eine sich hinziehende Verlo-
bungszeit mit May Welland durchmacht, verliebt sich in die
Kusine seiner Verlobten, Ellen Olenska, die auf der Flucht
aus einer katastrophalen Ehe mit einem sie ständig betrügen-
den polnischen Grafen in New York eingetroffen ist. Wenn
man Scorseses frühere Ausflüge in die Welt unmöglicher Be-
ziehungen und sein starkes Interesse an Konventionen und
dem Kodex einzelner gesellschaftlicher Gruppen bedenkt,
wie er es zuvor für den Bereich der italo-amerikanischen
kriminellen Szene gezeigt hat, konnte es nicht überraschen,
daß ihn der wohl bedeutendste Roman Whartons faszinierte.

Jay Cocks gab mir 1980 ein Exemplar von Edith Whartons *The Age of Innocence*. Ich war Jay 1968 zum ersten Mal
begegnet, und wir wurden ziemlich schnell gute Freunde.
Eine Zeitlang war er Filmkritiker beim ›Time Magazine‹
und konnte damals keinen meiner Filme besprechen. Da sie
ihm alle gefielen, war das wirklich schade! Unsere wahre
Beziehung entwickelte sich dadurch, daß ich mit zu Presse-
vorführungen von praktisch jedem Film ging, der neu herauskam, und wir dauernd stritten und diskutierten. Das ging
über Jahre, und wir entdeckten, daß wir dieselbe Art Filme
mochten. Er zeigte mir George Franjus JUDEX, und ich
zeigte ihm A MATTER OF LIFE AND DEATH. So entwickelten wir eine gemeinsame Sprache und vertrauten einander in
unserer Arbeit und unserem Urteil. Bevor ich überhaupt anfing, Spielfilme zu drehen, träumten wir davon, Filme in allen Genres zu machen – einen Western oder eine neue Art
von Gangsterfilm; und ich sagte, daß ich eines Tages einen
romantischen Film drehen wollte. Jay gab mir dann dieses
Buch mit den Worten: »Du willst doch einen romantischen
Film, einen Kostümfilm machen; bitte, hier ist er, denn das
hier bist du.« Er meinte damit nicht, daß eine der Figuren
mir entspräche, sondern einfach die ganze Idee.

Er versuchte, mich dafür zu gewinnen, erzählte mir ein bißchen von der Geschichte, aber es interessierte mich nicht. Ich beendete gerade RAGING BULL und war dabei, THE KING OF COMEDY anzufangen. Die Stimmung dieser Filme fraß sich in mein Leben, was mich nicht gerade beflügelte, über diesen Roman nachzudenken. Ich las das Buch dann 1987; inzwischen hatten sich einige Dinge in meinem Leben beruhigt, und ich konnte etwas besser nachdenken. Ich war auf der *Guardian Lesereise* in Großbritannien, und vielleicht hat die Atmosphäre dort geholfen, wie auch der Umstand, daß Filme wie ROOM WITH A VIEW zu der Zeit ziemlich gut aufgenommen wurden. Mich packte die Liebesgeschichte zwischen Newland Archer und Ellen Olenska, und am interessantesten fand ich, daß sie ihre Beziehung nicht ausleben konnten. So würde den ganzen Film eine gewisse emotionale und erotische Spannung durchziehen. Mich faszinierte, wie sie miteinander zu kommunizieren versuchten, und ich dachte, es könnte eine Herausforderung sein, das zu zeigen.

Außerdem fand ich es sehr interessant, wie Edith Wharton einen Teppich von Details durch das Buch gewoben hatte, so daß man parallel zur Geschichte fast eine anthropologische Studie las. Manchmal wundert man sich, warum sie bestimmte Blumensorten, bestimmte Arten von Rum und Punsch, verschiedene Gänge beim Dinner zum Thema macht. Aber wenn man weiterliest, merkt man, daß es all diese Dinge sind, die Newland Archer an seinem Platz in der Gesellschaft festhalten. Und so verliebte ich mich plötzlich sehr in das Buch und sagte Jay, wir sollten versuchen, ein Drehbuch daraus zu machen. Twentieth Century-Fox sicherte sich die Rechte, und zwei Jahre lang kam Jay ein- oder zweimal die Woche vorbei, wir sprachen über eine mögliche Struktur und darüber, wie ich es anders machen wollte als die üblichen theaterhaften Romanverfilmungen. Im Januar 1989, als ich gerade mit GOODFELLAS anfangen wollte, nahmen wir uns dann drei Wochen, um ein Skript zu schreiben.

Die erste Fassung des Drehbuchs wurde im Februar 1989 fertiggestellt. Die Dreharbeiten sollten jedoch erst am 26. März 1992 beginnen. Zu der Zeit war das Projekt in letzter Minute von Twentieth Century-Fox fallengelassen und von Columbia Pictures übernommen worden. Zur Besetzung gehörten zwei führende amerikanische Schauspielerinnen – Michelle Pfeiffer als Ellen Olenska und Winona Ryder als May Welland –, während der größte Teil der anderen Rollen mit britischen Schauspielern besetzt war, unter anderem mit Daniel Day Lewis als Newland Archer. Indem man auf beiden Seiten den Akzent anglich, erreichte man eine starke Annäherung an die Sprache jener Epoche. Als Production Designer wählte Scorsese Dante Ferretti, den er bei den Dreharbeiten zu Fellinis LA CITTÀ DELLE DONNE *kennengelernt hatte. Gemeinsam arbeiteten sie an der Farbgebung der Wohnräume und der sorgfältigen Ausgestaltung der gesellschaftlichen Ereignisse, die gezeigt werden sollten. Robin Standefer hat achtzehn Monate lang Recherchen über die Epoche angestellt und in fünfundzwanzig dicken Büchern festgehalten. Eine Beraterin für Etikette, Lily Lodge, deren Großmutter eine enge Freundin von Wharton gewesen war, stand während der Dreharbeiten jederzeit auf Abruf bereit. Scorsese bestand darauf, daß die Textur des Films sowohl Wharton als auch der Epoche gerecht wurden.*

Ich fand, daß der Roman sehr, sehr gut war, warum sollte man ihn also ändern? Wir ließen vielleicht zwei Figuren weg, das war schon alles. Ich könnte nicht sagen, daß dies eine wunderbare Geschichte für ein heutiges Publikum ist. Ich weiß eigentlich nicht, was für ein heutiges Publikum eine gute Geschichte ist. Ich hoffte einfach, wenn sie nur ehrlich genug und emotional zwingend sei, würde sie schon ein paar Leute ansprechen. Manchmal werden solche Filme Kostüm- oder Historienfilme genannt. Nun, manche mögen GOODFELLAS als Historienfilm betrachten! In Los Angeles tun sie das tatsächlich, weil er in den Siebzigern spielt, Autos der Siebziger vorkommen und Kleider der Siebziger, was alles das Budget in die Höhe trieb. Ich würde THE AGE OF INNOCENCE lieber als romantischen Film bezeichnen.

Ich glaube, ich verliebte mich in diese Art Filme wegen der britischen Kostümfilme, die ich in den frühen Tagen des amerikanischen Fernsehens gesehen habe. Außerdem hatte mich mein Vater oft mit ins Kino genommen, in die verschiedensten Filme, meistens Western, die häufig der anspruchslosere Teil einer Doppelvorstellung waren. Der bessere Teil waren so wunderbare Filme wie SUNSET BOULEVARD oder THE BAD AND THE BEAUTIFUL. Einmal, als ich ungefähr zehn Jahre alt war, war es THE HEIRESS.

Dieser Film hat sehr starke Bilder aus festen Kamerapositionen – William Wyler-positioning! Ich erinnere mich, daß David Lean einmal von den unverrückbaren Bildern gesprochen hat, die Wyler auf die Leinwand bringen konnte. Ich glaube, er meinte damit, daß es keinen anderen Winkel für die jeweilige Szene gab; dies ist der Winkel, hier ist die Kamera, und diese Szene kann auf keinen Fall anders interpretiert werden, ohne jeden Schnitt. Diese Bilder strahlen eine Sicherheit aus, daß man das Gefühl hat, sich in den Händen eines wahren Meisters zu befinden. Die wußten, wo die Kamera sein muß. Deshalb ärgert mich manchmal die übermäßige Verwendung von großen Brennweiten, mit denen die Leute nur Nahaufnahmen machen, um sie später – beim Schnitt – zu kombinieren. Wie auch immer, ich erinnere mich an eine Szene, in der Ralph Richardson, der reiche Arzt, der ein Haus am Washington Square bewohnt, seine Tochter, Olivia de Havilland, auffordert, im Salon Platz zu nehmen, und ihr eröffnet, daß der junge Mann, der sie heiraten will – gespielt von Montgomery Clift –, es nicht wirklich ernst mit ihr meinen kann. Richardson weist sie dauernd darauf hin, daß sie nicht besonders hübsch, sondern vielmehr ziemlich unansehnlich und nicht sehr klug ist. Tatsächlich hat er sie von jeher abgelehnt, weil ihre Mutter bei ihrer Geburt gestorben ist und sie natürlich ihre Mutter nicht ersetzen konnte.

Da ich selbst aus einer Mietshausgegend in Downtown-Manhattan stamme, war ich überrascht, als ich diesen wun-

Brutalität in einer zivilisierten Gesellschaft: Ralph Richardson, Miriam
Hopkins und Olivia de Havilland in Wylers THE HEIRESS (1949)

derschönen Ort sah, an dem diese Menschen lebten, wie
höflich die beiden miteinander umgingen, denn was das
Kind von seinem Vater zu hören bekam, war doch sehr brutal. Jedenfalls kam es so bei einem zehnjährigen Jungen an.
Ich habe dieses Bild nie vergessen, genausowenig wie die
Auflösung des Films, wenn Montgomery Clift gegen die
Tür hämmert und in einer dieser unglaublichen Treppen-
haus-Einstellungen von William Wyler Olivia de Havilland,
jetzt mit versteinertem Herzen, mit einer Lampe auf die Kamera zukommt. Ich hatte nie etwas Vergleichbares gesehen,
insbesondere, weil diese Leute in einer so schönen Umgebung wohnten, wunderschöne Kleider trugen und so kulti-
viert und höflich zu sein schienen. Ich glaube, deswegen
blieb mir der emotionale Eindruck dieses Films für immer
haften.

Zur Vorbereitung auf THE AGE OF INNOCENCE sahen
wir uns THE HEIRESS an, und auch THE MAGNIFICENT
AMBERSONS.[1] Er ist wunderschön und bewegend, aber ich
gehöre nicht unbedingt zu seinen Anhängern. Aus irgend-
welchen Gründen spüre ich, daß er verstümmelt ist – vielleicht wäre ich, wenn ich je die komplette Version sehen
könnte, überwältigt. Aber so verstehe ich diese Menschen
nicht, es ist keine Gesellschaft, zu der ich ohne weiteres eine
Beziehung habe. Wichtiger war es für mich, verschiedene
Visconti-Filme noch einmal zu sehen. Ich glaube, der erste
Visconti-Film, den ich sah, war ROCCO E I SUOI FRATELLI,
und natürlich ist er ein Bezugspunkt auch für andere Filme,
die ich gemacht habe – seine emotionale Kraft floß in
RAGING BULL ein. Ich glaube, ich habe als nächstes IL
GATTOPARDO gesehen, in einer gekürzten, englisch syn-
chronisierten Fassung, aber das machte nichts. Da er von
Sizilien handelt, wo meine Familie herkommt, hat mich der
Film gepackt. Zwar handelt es sich darin um sizilianische
Aristokraten, und ich habe bäuerliche Vorfahren, aber allein
der Anblick von Sizilien, die Palazzi, der Zeitsprung, das
Risorgimento, all das hinterließ einen starken Eindruck. Als
ich den Film sah, empfand ich die Ballsequenz zunächst als

viel zu lang, aber mir gefiel die Aufmerksamkeit für die Details. Dann sah ich SENSO, und wieder gefiel mir die Eleganz des Films und auch das Opernhafte; nicht nur die Vorstellung von ›Il Trovatore‹, mit der der Film anfängt, sondern das Opernhafte der Menschen in dem Film. Ich mag Viscontis Tendenz, sie melodramatisch zu überzeichnen, um sie dann wieder auf den Boden zu bringen. SENSO ist wirklich ein sehr satter Film; vielleicht mit Mängeln, aber er war immer einer meiner Lieblingsfilme.

Auch in Edith Whartons Roman gibt es eine Oper, eine Vorstellung von Gounods ›Faust‹. Offensichtlich wurde ›Faust‹ jedes Jahr aufgeführt, und alle gingen hin, nicht um die Oper zu sehen, sondern um gesehen zu werden, und deshalb schwenken wir am Ende von den Sängern weg ins Publikum. Die Auswahl der Szene, in der sie Blumen pflückt und singt, er liebt mich, er liebt mich nicht, hat viel mit dem Rest des Films zu tun. Als ich den Roman las, dachte ich, das sei eine wunderbare Episode für den Anfang des Films. Nach der Oper gehen wir auf den Ball, so daß man während der ersten zwanzig Minuten des Films eine vollständige Darstellung der Lebensart dieser Leute erhält, mit all den Regeln, möglichen Peinlichkeiten und der Höflichkeit – aber einer Höflichkeit, die den Zynismus und Klatsch jener Zeit zudeckt.

Ich wollte sehen, wie wir meine Empfindungsweise in die visuelle Interpretation des Films einbringen könnten und wie er sich von Wyler oder Visconti unterscheiden würde. IL GATTOPARDO handelt von sizilianischen Aristokraten, die in Palästen wohnen; bei diesen Leuten in New York waren die Häuser und auch die Ballsäle kleiner. Mrs. Astors Ballsaal faßte nur 400 Personen; daher stammt die Bezeichnung von den ›New Yorker 400‹. War man auf den Ball eingeladen, gehörte man zu den 400. In unserem Fall hatten die Beauforts den größten Ballsaal. Und die Beauforts stellen eine neue Klasse dar, eine ziemlich dekadente. Im allgemeinen hatten die Leute viel Geld, aber man lebte in braunen Sandstein-Häusern, nichts sehr Protziges, denn es galt als

Die Ballsaal-Szene in Viscontis IL GATTOPARDO (1953)

Das soziale Ritual der Oper in THE AGE OF INNOCENCE

Die jährliche Vorstellung von Gounods Faust in THE AGE OF
INNOCENCE

Scorceses Regieanweisungen für die Szene in der Oper in THE AGE OF
INNOCENCE

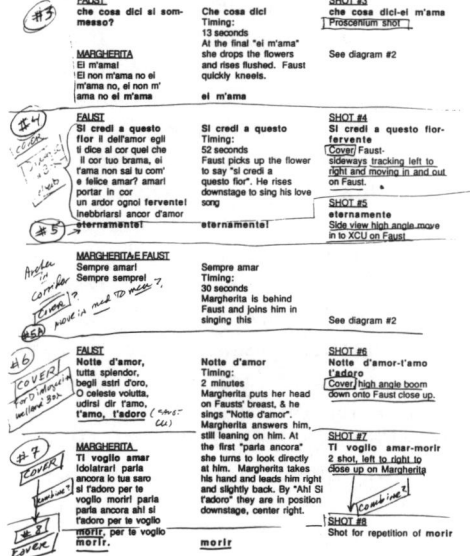

vulgär, seinen Reichtum zu zeigen. Es interessierte mich, die Gefühle von Archer, Ellen und May durch die Kamera auszudrücken, indem ich bestimmte ›enthüllende‹ Kamerabewegungen riskierte. All diese Kamerabewegungen wurden im voraus im Skript festgehalten, und wir hatten sie uns sehr sorgfältig überlegt. Auch wenn THE AGE OF INNOCENCE sehr üppig aussehen mag, waren der Schnitt, die Kamerawinkel, die Überblendungen und die Länge der Bilder weitgehend schon ausgearbeitet, um diesen Eindruck von Extravaganz zu vermitteln. Tatsächlich betrug das Budget nur $ 32–34 Millionen, und für einige äußerst komplizierte Dinge, wie den Anfang der Ballsequenz, brauchten wir nur einen dreiviertel Drehtag.

Zwar hat mich THE HEIRESS angerührt, aber er basiert doch auf einem Theaterstück,[2] und die dreiaktige Struktur macht seine Qualität aus. Die Konflikte werden in einer traditionellen Dramaturgie abgehandelt: Die Figuren bleiben in Innenräumen, reden, geraten aneinander, alles in Dialogen. Ich wollte weg von diesem Dreiakter. Seit zehn Jahren trifft man in Hollywood immer wieder Studio-Bosse, die so etwas sagen wie: »Das Drehbuch ist gut, aber wir brauchen einen neuen zweiten Akt«, oder »Es fehlt einfach der dritte Akt.« Irgendwann sagte ich zu einer Gruppe Studenten: »Warum benutzen wir den Begriff ›Akt‹, wenn das verdammte Ding ein Film ist?« Zwar mag ich Theater, aber Theater ist Theater, und Film ist Film; es gibt einfach Unterschiede. Man sollte von Sequenzen sprechen – es gibt im allgemeinen fünf oder sechs Sequenzen in einem Film –, die in Abschnitte sowie Szenen unterteilt sind. Ich habe Elia Kazan 1992 ein paar Filme vorgeführt, darunter EAST OF EDEN und WILD RIVER – beide hatte er nicht mehr gesehen, seit er sie gemacht hatte! Wir sprachen anschließend darüber, und ich stellte fest, daß auch er versucht hatte, von der konventionellen Theaterdramaturgie wegzukommen. Mit THE AGE OF INNOCENCE wollte ich einen Weg finden, etwas Literarisches – Amerikaner lassen sich von der Tyrannei dieses Wortes einschüchtern – und gleichzeitig Filmisches zu machen.

Vor allem wollte ich den Leuten durch den Film denselben Eindruck vermitteln, den ich nach der Lektüre des Buches hatte, mit dem visuellen Erlebnis des Films zugleich eine literarische Erfahrung zu machen. Daher entschlossen wir uns, die Erzählperspektive des Buches, in dem die Autorin die Ereignisse aus der Distanz zu beobachten scheint, als Stimme aus dem Off einzusetzen. Aber Edith Wharton schreibt aus der Sicht von Newland Archer, so daß man solange nicht weiß, was die anderen Personen tun, bis er selbst es bemerkt. Das war für mich sehr überraschend und zugleich erfreulich, weil der arme Archer so viele Dinge machen will und doch viele Leute unterschätzt. In der letzten Dinner-Szene entschloß ich mich, statt sie ganz konventionell zu inszenieren – Newland am Kopf des Tisches mit Ellen redend, und alle andern lächelnd –, hauptsächlich die Erzählerstimme aus dem Off mit wörtlichem Text aus dem Buch zu benutzen. Die Anmut der Prosa gibt der Szene eine bissige, ironische Note. Die Einstellung beginnt hoch über dem Tisch, und man hört: »Es war, wie Mrs. Archer zu Mrs. Welland sagte, ein großes Ereignis für ein junges Paar, sein erstes Dinner zu geben.« Sie beschreibt jeden am Tisch, den römischen Punsch, die Speisekarten mit Goldrand etc. Die Kamera fährt auf Newland zu und erreicht sein Gesicht bei dem Satz: »– um an dem Abschiedsessen für die Gräfin Olenska teilzunehmen.« Ich hatte mir vorgestellt, daß zum Schluß die Kamera wieder hochfahren würde, man hätte wieder den Tisch im Bild. Als wir die Kamera dort installiert hatten und ich feststellte, daß wir die Bediensteten mit in der Einstellung hatten, rundherum im Saal wie Wachen, sagte ich: »Das ist ja wunderbar – als würden wir bewacht!«

Dadurch, daß sich die Leute auf dieser Dinnerparty so höflich benehmen, als sei nichts geschehen, dämmert es Newland plötzlich, daß sie über seine Gefühle für Ellen Bescheid wissen. In der folgenden Szene schwenkt die Kamera über jede Person, bleibt auf May stehen und holt sie heran, sie lächelt, steht auf, kommt auf die Kamera zu und verschwindet aus dem Bild. Dann schwenkt die Kamera zu

Mrs. van der Luyden hinüber, die Ellen Olenska zu sich ruft. Ellen steht auf, geht zu Mrs. van der Luyden und spricht mit ihr, Larry Lefferts und dessen Frau Gertrude. Sie reden über den Martha Washington-Ball, den sie jedes Jahr für die Blinden geben, und dann geht Sillerton Jackson zu Larry Lefferts hinüber, und während er das tut, geht jemand durchs Bild und verdunkelt es. Beim wichtigsten Satz der Off-Erzählung sieht man, wie May Newland zulächelt, und er begreift, daß seine Frau verstanden hat. Es ist ein sehr beunruhigender Moment für ihn. Es war wirklich schwierig, May am Ende wieder herauszugreifen, weil der Raum, in dem wir drehten, zu eng war und ich nicht wußte, wie ich zu ihr zurückkommen sollte.

Wir haben diese Einstellung Freitagabend aufgebaut, also mußte sie Montagmorgen als erstes gedreht werden. Am Wochenende dachte ich darüber nach, und am Sonntag kam Jay Cocks vorbei, um sich wie üblich mit mir alte 16-mm-Kopien anzusehen. Ich war endlich an eine Kopie von PINK STRING AND SEALING WAX gekommen, Robert Hamers erstem Spielfilm als Regisseur, und ich hatte ihn noch nie gesehen. Also legten wir ihn ein, saßen da und sahen ihn uns an, und durch die Art, wie Hamer in dem Film mit Bildern umging, machte er mir den Kopf frei. Durch die leichte Eleganz der Kamerabewegungen kam ich darauf, wie ich May am Ende der Einstellung ins Bild bekäme. Die Fahrt war dann gar nichts Besonderes, aber erst dieser 16-mm-Film hat meinen Kopf wieder frei gemacht.

Eine wichtige Kamerabewegung zeigt den Moment, in dem Larry Lefferts im Theater sein Opernglas nimmt und seinen Blick übers Publikum schweifen läßt, bis er schließlich zum ersten Mal Ellen Olenska entdeckt. Normalerweise würde man in einem Film einfach mit der Kamera schwenken und dann, um seinen Blick zu veranschaulichen, eine Fernglas-Maske davorsetzen. Ich fand das nicht ungewöhnlich genug, und außerdem gibt es dabei nicht diese Art der Verdoppelung wie bei einem richtigen Opernglas. Ich wollte dem einen schärferen Akzent geben, so daß es mehr Gewicht hat, wenn die Kamera schließlich innehält und man Ellen in die Loge schlüpfen sieht. Wir entwickelten eine Art stop-action-Fotografie, bei der wir jeweils nur ein Bild aufnahmen und dann schwenkten. Aber Michael Ballhaus befürchtete, das sei zu schnell, und daher schlug ich vor, jedes Bild dreimal zu kopieren. Beim Schnitt war es mir dann immer noch zu abgehackt, so daß wir uns schließlich entschlossen, zwischen jeder Folge von drei Bildern zu überblenden. Bei diesem Effekt blieb ich dann, denn ich sah, wie man anfing, Leute wahrzunehmen, mit dem Glitzern ihrer Juwelen, und dann erscheint diese unglaubliche Frau in einem blauen Kleid, und das Blau unterscheidet sich von allem, was die anderen tragen.

Wenn irgend möglich, wurde THE AGE OF INNOCENCE *an authentischen Schauplätzen der Epoche gedreht. Die Academy of Music in Philadelphia diente als Opernhaus, der National Arts Club in Gramercy Park in New York City wurde das Anwesen der Beauforts, und die Stadt Troy im Staat New York mit ihren dreistöckigen Sandsteinhäusern erwies sich als ideal für beinahe alle Straßenszenen. Drei Dekorationen wurden im Stil der Epoche gebaut: Archers Bibliothek, der Ballsaal der Beauforts und die Haupthalle des Metropolitan Museum.*

In den Merchant-Ivory-Filmen, in denen sie sich englischer Schauplätze bedienen, erzählt eine Totale alles, und man bekommt wirklich ein Gefühl dafür, wer die Figuren sind. Ich weiß noch, daß ich mich beim Schnitt von THE AGE OF INNOCENCE mit einem britischen Journalisten unterhielt, und er sinngemäß sagte: »In England gilt es als leicht, solche Filme zu machen.« Nun, so leicht ist es in Amerika nicht, solche Filme zu machen, insbesondere seit wir die Studios mit all ihren Requisiten und Dekorationen nicht mehr haben. Tatsächlich konnten wir die meisten unserer Innenräume in Manhattan, Brooklyn und der Bronx finden, aber die Viertel, die sie ursprünglich umgaben, sind völlig verschwunden. Es ist tragisch. In den Merchant-Ivory-Filmen und sogar in Polanskis TESS wird man aus dem Hier und Heute mit sicherer Hand in eine Welt versetzt, die zivilisierter aussieht (jedenfalls wenn man genug Geld hatte) und in der man einen Tag brauchte, um von einer Stadt in die andere zu reisen.

Ich bin eine Art Geschichtsnarr. Ich habe viel über Geschichte gelesen, hauptsächlich über die Antike, aber auch über das achtzehnte und neunzehnte Jahrhundert. Mich interessiert, wie die Menschen damals lebten, die alltäglichen Details genauso wie ihr gesellschaftlicher Kodex. Manchmal kann ich spät in der Nacht, um ein Uhr früh, an meinem Apartment eine Pferdekutsche vorbeifahren hören. Das ist das Geräusch des neunzehnten Jahrhunderts. Vielleicht sehnen wir uns nach einer ruhigeren Zeit, sogar nach einer ohne all die Vorteile, die wir heute haben: die Medizin, das Telefon, mit dem man mit jedem überall in der Welt sprechen kann, die Überquerung des Atlantiks mit der Concorde. Ich glaube, wir haben etwas verloren.

In Rossellinis LA PRISE DE POUVOIR PAR LOUIS XIV habe ich entdeckt: Je mehr Details man kennt, desto besser versteht man die Menschen. Andere Filme haben das auch, aber Rossellini setzte es mutiger ein. Es hat mich wirklich sehr interessiert, wie er die ganze Geschichte des Film in dem dramatischen Höhepunkt, der Darstellung des großen Mahls, bündelte. In THE AGE OF INNOCENCE gibt es acht Essen, und sie unterscheiden sich alle voneinander, um verschiedene dramatische Akzente zu setzen. Was serviert wurde, war ein wichtiges Zeichen dafür, um was für Leute es sich handelte. Es sollte nicht einfach nur gegessen, sondern es mußte in bestimmter Weise präsentiert werden. Das war nur ein weiteres Detail, das Newland Archer wie ein Fels niederdrückte. Je älter man in dieser Gesellschaft wurde, desto schwerer wurde es auszubrechen. Offensichtlich hat man damals wirklich viel gegessen, mit vielen verschiedenen Gängen. Daher fand die Szene mit Mr. Letterblair genauso statt wie im Buch beschrieben – ein Dinner für zwei Personen, bestehend aus fünf Gängen.

Jay Cocks zeigte den Film einem Publikum von Wharton-Spezialisten, darunter R. W. B. Lewis, der eine mit dem Pulitzer-Preis ausgezeichnete Wharton-Biographie geschrieben hatte. Er erzählte mir, die Reaktion sei außergewöhnlich gewesen, denn jedesmal, wenn ein Dinner serviert wurde oder Mrs. Mingott die silbernen Platten auswählte, hätte es Gelächter gegeben. Die Spezialisten wußten, was die Darstellung dieser besonderen Stellen bedeutete. Wenn zum Beispiel die van der Luydens ein Dinner für die Gräfin Olenska auszurichten, bekunden sie damit etwas und riskieren, daß die anderen Leute sich gegen sie stellen. Durch die Aufmerksamkeit, die ich auf das Dinner selbst verwendete, versuchte ich, die Bedeutung ihres Status zu vermitteln; die Tatsache, daß sie mittendrin römischen Punsch servieren, ist fast so, als wählte man ein dreifaches Hochamt für eine Beerdigung anstelle einer normalen Stillen Messe. Sie sagen damit: »Wir werden Sie nach allen Regeln der Kunst schützen. Wenn das für irgend jemanden ein Problem ist, soll er sich an uns wenden.« Ich erinnere mich, daß Herbert Marshall in THE RAZOR'S EDGE, wenn Gene Tierney eine silberne Platte nach ihm wirft, sagt: »Meine Güte, das Königliche Derby!« Das ist es: wir müssen das Königliche Derby zeigen, oder? Und Jay sagte, diesem Publikum von Wharton-Spezialisten gefielen diese Szene in THE AGE OF INNOCENCE besonders.

Solche Anlässe waren der offiziellste Weg, jemanden in die Gesellschaft aufzunehmen und ihm Ansehen zu verleihen. Wenn zum Beispiel Ellen Olenska zu spät auf der Party erscheint, die man für sie gibt, ist ihr das nicht wichtig. Am nächsten Tag sagt Newland Archer: »Ganz New York hat Ihnen gestern abend seine Reverenz erwiesen.« Sie antwortet: »Es war reizend. So eine nette Gesellschaft.« Das Publikum muß verstehen, das war nicht nur einfach eine Gesellschaft, meine Dame! Was Newland eigentlich sagt, ist: »Ich werde in Ihre Familie einheiraten, und wir sind übereingekommen, die Schande der Trennung von Ihrem Mann auf uns zu nehmen und zwar hocherhobenen Hauptes. Deshalb sollten Sie wirklich wissen, was wir für Sie tun, wenn wir eine Gesellschaft geben.« In gewisser Weise ist das der Punkt, an dem der Film richtig beginnt, denn bis dahin wird das Umfeld eingeführt.

Tatsächlich geben einem diese Details einen Eindruck von dem, was Newland alles hinter sich lassen muß, um aus dieser Gesellschaft auszubrechen. Wenn man es nicht zeigte, würde man sich, glaube ich, fragen, warum er nicht einfach geht. Aber wenn man Detail um Detail addiert und erklärt, was diese Details bedeuten, dann ist nichts mehr beliebig, und man stellt allmählich fest, wie schwer es für ihn ist, den ersten Schritt zu tun. Er ist so erzogen worden; wenn er von außen käme, würde es ihm nichts bedeuten.

Die Gemälde in dem Film spiegeln den Charakter der Menschen wieder, die sie besitzen und in ihren Häusern zur Schau stellen. Edith Wharton spricht in ihrem Buch von bestimmten Gemälden, besonders von denen der Beauforts', deren Geschmack eher überladen und leicht dekadent ist; wohingegen bei Newland Archers Mutter eher ländliche Motive hängen, mit Farmen und Kühen. Mrs. Mingott, die etwas exzentrischer ist, besitzt viele Bilder von Hunden. Ich hatte den Einfall, das Gemälde vom Louvre dort aufzuhängen, so daß man in ein Bild im Bild überblenden konnte. Als ich sagte: »Wir gehen entlang der Bilder die Treppe hoch«, schlug mein Ausstatter Dante Ferretti vor: »Warum machen wir nicht eine Fahrt den Hudson River hoch?« Und so folgten wir diesen Gemälden von Thomas Cole und der Hudson River Valley-Schule und endeten mit dem Motiv amerikanischer Eingeborener, die eine Frau töten.

Robin Standefer, der für uns recherchiert hat, fand heraus, auf wen die Familien in dem Roman tatsächlich zurückgingen, auf diese Weise konnten wir ermitteln, welche Gemälde diese Leute damals in ihren Häusern hatten. Mit Hilfe der New York Historical Society und anderen Institutionen konnten wir diese Gemälde aufspüren. Ich suchte etwa 150 für den Film aus. Natürlich mußten wir Duplikate herstellen, und da es insgesamt zu teuer geworden wäre, mußte ich die Anzahl reduzieren.

Wenn Newland Ellen zum ersten Mal besucht, soll er dort laut Buch Gemälde betrachten, die er nie zuvor gesehen hat. Wir mußten ein modernes Publikum durch die Gemälde an ihren Wänden wissen lassen, daß an dieser Frau etwas völlig anders war. Robin Standefer entdeckte eine präimpressionistische Schule italienischer Maler, die Macchiaioli-Schule. Ein Bild zeigte eine Frau mit Sonnenschirm, aber ohne Gesicht, was sicher die Aufmerksamkeit des Publikums erregen würde. Ein anderes war eine Küstenlandschaft auf einem sehr langen Holzbrett, so daß wir zugleich einen kleinen Scherz über das Breitwand-Kino machen konnten!

Ich wollte Farbe den ganzen Film hindurch wie kräftige Pinselstriche einsetzen, und mich interessierte, wie sich die Figuren dadurch ausdrückten, daß sie einander Blumen schickten. Obwohl es in ihrem Leben eine große Sinnlichkeit gab, konnten sie sich nicht erlauben, offen sinnlich zu sein, und so waren Blumen ein Ausdruck ihrer Gefühle. Es schien nicht richtig zu sein, ins Schwarze abzublenden, Farbe und Struktur mußten etwas Reiches haben, daher blendete ich in Rot und Gelb ab. Manchmal machten die Farben die Bilder dunkler. Wenn die Stimme der Erzählerin sagt: »Die Absagen waren mehr als eine schlichte Brüskierung, sie waren die totale Ablehnung«, schaut Ellen zur Kamera, und die Farbe wird eher rostrot als leuchtend rot. Wenn sie die gelben Blumen erhält, explodiert alles in Gelb, aber wir konnten von Gelb nicht zu einer anderen Farbe übergehen, daher gingen wir im Vogelhaus zu Weiß über. Wir verwendeten viel Zeit darauf, genauestens auszuarbeiten, wie lange die Farbexplosionen auf der Leinwand dauern durften. In BLACK NARCISSUS gab es eine Abblende ins Orange, wenn Kathleen Byron in Ohnmacht fällt, und in REAR WINDOW gibt es einen ähnlichen Effekt bei den Blitzlichtern.

Viele Überblendungen waren schon im Skript festgehalten, aber plötzlich kam ich auf die Idee, viele Einstellungen zu kürzen, als wenn ein kräftiger Pinsel darüberwischt, der farbige Kleckse und Flächen malt. Zum Beispiel war in der Wintergarten-Szene auf dem Ball, wenn Newland sagt, daß

Die Rituale des alten New York: Ein Besuch bei den Van der Luydens
in THE AGE OF INNOCENCE

er May küssen möchte, alles in einem einzigen Take gedreht, und es dauerte Jahre, sie zum Sitzen zu bringen. Also überblende ich, er küßt sie, und wenn sie sich wieder bewegen, überblende ich wieder, und sie sitzen. Ein ähnliches Problem gab es bei der Montage der Flitterwochen mit der Dinner-Szene in Frankreich. Man sieht den Tisch aus einem hohen Winkel, dann fährt die Kamera herunter, es gibt eine Überblendung, sie fährt über den Tisch und das Essen und endet mit einem Schwenk bei Newland und Rivière, die sich unterhalten. Ursprünglich war das alles ein Take, und während ich ihn drehte, dachte ich: »Das ist unmöglich, wie viele Fahrten müssen wir in diesem Film noch aushalten?« Also entschloß ich mich, die Mitte des Takes herauszunehmen – für mich ist es eine der besten Überblendungen in dem Film, weil es aussieht wie ein impressionistisches Gemälde.

Als THE AGE OF INNOCENCE *angekündigt wurde, war man natürlich einigermaßen überrascht, daß Scorsese sich auf ein so fremdes Terrain begeben hatte. Doch viele Kritiker bemerkten, daß der Film eine emotionale Wucht hatte, die auf eine tiefe Identifikation mit seinen Personen hinwies.*

Obwohl der Film von der New Yorker Aristokratie und einer Epoche der New Yorker Geschichte handelt, die bis dahin vernachlässigt worden war, und obwohl er von Konventionen und Ritualen handelt, und von Liebe, die nicht unerwidert, aber unerfüllt bleibt – was weitgehend all die Themen abdeckt, die ich normalerweise behandle –, sagte ich nach der Lektüre des Buches nicht: »Oh gut, all meine Themen kommen hier vor.« Ich war einfach beeindruckt von der Wucht der Szene gegen Ende, in der Newland endlich seiner Frau May zu sagen versucht, daß er gehen will – und von ihrer Antwort. Mir gefiel die Art, wie mich Whartons Roman Newlands Sichtweise einnehmen ließ, in der er alle Frauen unterschätzt und schließlich von ihnen schachmatt gesetzt wird, und wie seine Frau von allen die Stärkste wird. Ich finde das bewundernswert. Wenn ich auch nicht völlig mit May übereinstimme, gefällt mir, wie ihr Charakter vom jungen Mädchen zu einer Person wächst, die die Kontrolle übernimmt. Wie wichtig ihre Rolle ist, sieht man in der zweiten Opernhaus-Szene, in der May zum ersten Mal seit ihrer Hochzeit wieder ihr Brautkleid trägt. Man sieht sie zwischen ihrer Mutter und Mrs. van der Luyden sitzen – sie haben ihr die Verantwortung für die Fortsetzung ihres Lebensstils übertragen. Und das bedeutet, daß sie sich niemals anmerken lassen darf, daß sie etwas weiß.

Im Film ist es wie im Buch, man weiß nie, wann genau May über Newland und Ellen Bescheid weiß. Wenn Sie sich den Film noch einmal sorgfältig ansehen, werden Sie sehen, daß May, wenn sie am Tag nach dem Ball bei Mrs. Mingott ist und ihre Mutter ihr den Mantel zurechtzupft, zu Ellen hinüberblickt. Das ist möglicherweise das erste Mal. Später, wenn sie durchs Vogelhaus gehen und er sagt: »Ich habe auch deiner Kusine Ellen ein paar Rosen geschickt. War das recht?«, sagt sie: »Sehr recht sogar. Sie hat es allerdings heute beim Lunch nicht erwähnt. Sie erzählte, sie habe wunderschöne Orchideen von Mr. Beaufort erhalten und einen Korb voller Nelken von Vetter Henry van der Luyden.« Das ist so grausam. Später in der Szene sagt sie: »Habe ich dir schon erzählt, daß ich Ellen den Ring gezeigt habe, den du ausgesucht hast? Sie sagte, es sei die hübscheste Fassung, die sie je gesehen habe. Sie sagte, selbst in der Rue de la Paix gäbe es nichts Vergleichbares.« Sie läßt sich nie anmerken, daß sie etwas weiß, denn genauso hätte es die echte May gemacht. Ich hatte das Gefühl, daß sie sich dessen ganz schön bewußt war.

Den ersten Hinweis im Buch darauf, daß er *denkt*, May wisse Bescheid, gibt es, als sie nachts im Treppenhaus sagt: »Dann mußt du aber unbedingt Ellen besuchen.« Newland möchte glauben, daß niemand etwas weiß, und ich wollte den Zuschauer während des ganzen Films in seine Denkweise versetzen. Eine meiner Lieblingsszenen ist die direkt nach dem Schlaganfall von Mrs. Mingott, wenn Newland sagt, daß er Ellen vom Bahnhof abholen wird. Als sie das Haus verlassen,

›Die Stärkste von allen‹: Winona Ryder als May in THE AGE OF INNOCENCE

sagt May: »Aber wie kannst du Ellen abholen, wenn du heute nachmittag nach Washington mußt?«, und er antwortet: »Ich fahre nicht. Der Fall hat sich erledigt. Wurde verschoben.« Newland gibt nichts preis, auch nicht, als May in der Kutsche weiter in ihn dringt und sagt: »Dann ist es also nicht verschoben?« und er antworten muß: »Nein. Nur meine Reise.« Ich mußte sogar den Glanz ihrer Augen abdunkeln. Sie schaut einfach nach rechts, wenn sie losfahren. Winona fragte: »Könnte ich ihn nicht noch einmal ansehen?« Und ich sagte: »Nein, nein, auf keinen Fall. Sie würde ihn nie ein zweites Mal ansehen.« Weil er schon weiß, daß sie etwas ahnt.

Gegen Ende des Films, wenn sie aufsteht und zu Newland sagt, sie befürchte, daß die Ärzte sie nicht reisen ließen, weiß man, daß er am Ende ist. Ich kam darauf, daß wir drei Schnitte machen sollten, und wenn sie sich aus dem Stuhl erhebt, drei verschiedene Nahaufnahmen, denn er würde diesen Augenblick nie im Leben vergessen. Er würde immer wieder vor ihm ablaufen. Ich fand, ihr Aufstehen sollte wie eine Rückerinnerung wirken. Es ist eine halbnahe Einstellung, dann eine Einstellung, wie sie ins Bild kommt und dann eine dritte, so daß sie fast körperlich wächst. Wir drehten es sehr schnell, von jeder Einstellung zwei Takes, eine mit 24 Bildern, eine mit 36 und eine mit 48. Es gab da etwas an der Art, wie sich ihr Kleid bewegte, wie eine Blume, die sich öffnet oder wie etwas wächst, das hieß, bei 24 Bildern ging es zu schnell, bei 48 Bildern war es vielleicht besser – nicht zu langsam, nur ein bißchen ›überdreht‹. Am Anfang der Szene sieht man beide das einzige Mal in einem weiten, theatralischen Rahmen, fast wie in einem Bühnenportal. Er sitzt ganz links am Bildrand, und sie kommt von rechts herein. Es ist, als wären sie auf einer Bühne, und der letzte Akt beginnt. Dies war die Schlüsselszene, die den Anschlag gab, daß ich diesen Film machen mußte.

Ich halte es für sehr bezeichnend, daß man, wenn man sich verliebt, nicht sieht, was andere Leute sehen. Man wird so leidenschaftlich und besessen wie Newland, der auch nicht sieht, was um ihn herum vorgeht. Außerdem faszinierte mich die Ahnung des Verlustes in der Liebesgeschichte. Eine Situation, in der schon die Berührung der Hände genügt – nicht unbedingt für die Erfüllung der Beziehung, aber wenigstens, um einander ein paar Monate lang am Leben zu halten. Schon ein wissender Blick im Theater oder bei einer Dinner-Party würde sein Herz am Leben halten. Anscheinend habe ich eine große Affinität zu diesem Thema, es kommt in Filmen wie WHO'S THAT KNOCKING AT MY DOOR? und TAXI DRIVER vor, wo Travis Bickle von Betsy besessen ist. Ich kann mich mit diesen Gefühlen identifizieren, nehmen zu wollen und doch nicht zu nehmen, sich auf etwas einlassen zu wollen und sich doch nicht einzulassen, aus vielen verschiedenen Gründen – aus Schüchternheit, einer Form von Zurückhaltung, oder durch die Erkenntnis, daß es doch nicht eine so tolle Idee war. In gewisser Hinsicht bin ich sehr spät erwachsen geworden, ich würde sogar sagen, erst zu dem Zeitpunkt, als ich mit THE AGE OF INNOCENCE anfing. Es hat mich im Alter von fünfzig Jahren darüber nachdenken lassen, was wohl geschehen wäre, wäre ich eine andere Person gewesen, jemand, der mit solchen Dingen leichter umgehen kann. Wäre mein Leben sehr anders gewesen?

Ich fand, daß dieses Dilemma in THE AGE OF INNO-CENCE ganz wunderbar dargestellt wird, doch dann geht Wharton darüber hinaus und plädiert für ein Leben, das nicht gerade besonders verlaufen ist, ein Leben, das sich so ergeben hat. Newland hat seine Kinder und findet dann heraus, daß seine Frau schon immer von seiner Liebe zu Ellen gewußt und sogar seinem Sohn davon erzählt hat. Im Grunde ist er, was man in Amerika einen aufrechten Kerl nennt – ein Mann von Prinzipien, der seine Frau und seine Kinder nie verlassen würde. Als er wirklich etwas wollte, gab er es auf wegen seines Kindes. So etwas interessiert mich sehr. Ich weiß nicht, ob ich oder viele andere dasselbe tun könnten, aber ich weiß, selbst heute gibt es viele, die es täten. Es geht darum, im Leben eine Entscheidung zu treffen und dazu zu stehen, mit dem umzugehen, was man hat. In der Schlußszene sieht man, daß wieder eine Generation vergangen ist. Die Kinder reagieren nicht mehr auf dieselbe Art; der Erste Weltkrieg zeichnet sich ab, und sie können nicht verstehen, worüber sich alle so aufgeregt haben. Ich sage nicht, daß es ein Happy-End ist, aber es ist ein realistisches und wunderschönes Ende.

THE AGE OF INNOCENCE *hatte am 31. August 1993 beim Filmfestival von Venedig Premiere. Unter Scorseses Filmen war es der mit der bis dahin längsten Produktionszeit. Ein Grund für die Verzögerung war die lange Krankheit von Scorseses Vater, der am 23. August starb und dem der Film gewidmet ist.*

Weil in Amerika die Berichterstattung über die Unterhaltungsbranche inzwischen so umfänglich geworden ist, mit all den neuen Kanälen, die berichten müssen, was los ist, entdeckte ich, daß sie mich plötzlich als jemanden darstellten, der detailbesessen ist, manchmal sechs Monate für den Schnitt eines Films brauchte, und in diesem Fall sogar neun oder zehn Monate – daß ich also verrückt sein müsse! Aber die Situation ist heute so, daß die Studios ein Erscheinungsdatum festlegen und schon Trailer zeigen, während der Film noch gedreht wird. Bei Abenteuerfilmen geschieht das sehr oft, denn sie werden nur als kommerzielles Zeug betrachtet und nicht als Kunst. Doch ich glaube immer noch, daß man wissen muß, wie man diese Art Filme schneidet, daß der beste Teil von Abenteuerfilmen in der ›action‹ liegt, und die ›action‹ ist dem Schnitt immanent, und wenn der Schnitt das ureigenste Element des Filmemachens ist, warum sollte man ihn verkürzen? Tatsächlich versuchte ich, THE AGE OF INNOCENCE bis Dezember 1992 fertigzustellen, aber ich schaffte es einfach nicht, und dann dauerte es noch einmal sieben oder acht Monate, weil das Studio sagte: »Wir können ihn nicht im Frühjahr herausbringen und schon gar nicht im Sommer, also muß es der September sein.« Komischerweise wäre es besser gewesen, sie hätten gesagt: »Okay,

Marty, er kommt im Juni heraus, also mach ihn bis dahin fertig!« Dann hätte ich schnell gearbeitet. Aber so nahmen wir uns die Zeit, und obwohl keine Szene gekürzt oder gestrichen wurde, arbeiteten wir an der Verbesserung von Rhythmus und Tempo. Und in der Zwischenzeit schrieb ich auch an anderen Drehbüchern.

Zu diesen Drehbüchern gehörte eine Anzahl von Projekten, die Scorsese selbst entwickelt hatte: Mine, *eine Musical-Biographie von George Gershwin, bei der das erste Drehbuch von Paul Schrader beiseite gelegt und ein neues von John Guare geschrieben wurde;* Silence, *nach dem Roman von Shusako Endo über einen portugiesischen Priester im Japan des siebzehnten Jahrhunderts;* The Gangs of New York *(ursprünglich schon 1987 angekündigt), basierend auf Herbert Asburys Studie der städtischen Unterwelt zur Jahrhundertwende, mit dem Co-Autor Jay Cocks; und* The Neighbourhood, *eine Zusammenarbeit mit Nicholas Pileggi über drei Generationen einer italienischen Familie in Amerika. Dieses letzte, personalaufwendige Projekt wurde begonnen, während Scorsese mit Pileggi an* GOODFELLAS *arbeitete.*

Es ist die Geschichte meiner Familie; sie beginnt mit meinen Eltern in der Elizabeth Street in New York mit Rückblenden auf meine Großeltern in Sizilien, und wie sie nach Amerika herüberkamen. Dann folgt sie den Anfängen der Beziehung meiner Eltern und setzt sich fort durch den Krieg hindurch bis in die frühen sechziger Jahre. Im Grunde ist es die Geschichte der Immigration und sie zeigt, wie die ethnische Zugehörigkeit zu Sizilien – bis ungefähr zu der dritten Generation! – *»please tell me, what you mean«!* – bewahrt wird. Es ist also die Geschichte über Italiener, dann Italo-Amerikaner und schließlich Amerikano-Italiener. Wir waren etwa drei Wochen vor dem Tod meines Vaters fertig. Vielleicht produzieren wir sie als Miniserie, weil sie über zweihundert Seiten lang ist, aber einstweilen habe ich nicht vor, die Geschichte zu drehen.

Scorsese nahm 1993 auch eine Dokumentation über das amerikanische Kino in Angriff, als Teil einer Serie, die das British Film Institute und Channel Four Television initiiert hatten. Ihr Ziel war es, den hundertsten Geburtstag des Kinos im Jahr 1995 zu feiern, indem sie führende Filmemacher baten, ihre Sicht auf Filme, die in ihren Heimatländern produziert worden waren, darzustellen. Ursprünglich für jeweils eine Stunde geplant, weitete sich Scorseses Beitrag auf mehr als drei Stunden aus, da er eine große Bandbreite von Filmen umfaßte, in denen Scorsese einen persönlichen Ausdruck – vor allem den von Regisseuren – innerhalb des Studiosystems von Hollywood repräsentiert fand. Von Florence Dauman produziert und mit Michael Henry Wilson als Co-Autor, bedeutete das Projekt den Zusammenschnitt einer großen Anzahl von Filmausschnitten, ein Prozeß, der seiner Cutterin Thelma Schoonmaker durch die neue nicht-lineare, auf Computern basierende Video-Schnitt-Technik (in diesem Falle Lightworks) erleichtert wurde. Der Film wurde in einer Zeit, als Scorsese sehr beschäftigt war, fertiggestellt und hatte im Mai 1995 beim Filmfestival in Cannes seine Premiere.

Durch den Titel der Dokumentation[3] wollte ich jedermann klarmachen, daß dies *eine* persönliche Reise war. Ich könnte viele andere unternehmen, aber in diesem Augenblick sollte es speziell diese sein. Ich wollte ein Publikum von jüngeren Filmemachern und Filmstudenten ansprechen, denen vielleicht bestimmte Filme oder Trends im amerikanischen Kino, die mich sehr interessieren, nicht so bekannt sind. Ich habe versucht, bestimmte Namen wie Budd Boetticher oder André de Toth wieder aufleben zu lassen und auch meine eigenen Entdeckungen vorzustellen, wie Frank Borzages SEVENTH HEAVEN. Ich habe Stummfilme erst in jüngster Zeit schätzengelernt, als ich sie in restaurierten Kopien und auf der großen Leinwand in der richtigen Geschwindigkeit sah; eine ganze Welt hat sich vor mir aufgetan. Natürlich konnte ich viele Leute nicht berücksichtigen, aber als ich dann von der Zeitschrift *Film Comment* gebeten wurde, zehn ›Unterlassungssünden‹ zu nennen, kam ich auf hundert!

Es ist wie die Reise durch ein kleines Museum – ich sage, wir verweilen bei diesem Schauobjekt und dann bei einem anderen, und vielleicht lassen wir die zwei nächsten aus, weil wir jetzt nicht die Zeit dafür haben. Es war schwer, weil wir uns Ausschnitte ansahen und sagten, laß doch den ganzen Ausschnitt laufen, aber man muß die Dinge vorantreiben, um auf die Punkte zu kommen, die einem wichtig sind. Ich verfügte nicht über den Luxus von Kevin Brownlow bei ›Hollywood‹, einer grundlegenden 13-Stunden-Serie über den Stummfilm. Ich habe vor, einen weiteren Film dieser Art zu machen sowie einen über das italienische Kino, wieder für junge Leute in diesem Land, die von den meisten dieser Regisseure noch nie etwas gehört haben.

Ich begann die Reise mit dem ersten Film, DUEL IN THE SUN. Das führte mich zu King Vidor und seiner Beziehung zu seinem Produzenten David O. Selznick. Schon da stößt man auf das Thema des persönlichen Ausdrucks innerhalb des Studiosystems. Vidor hatte mit THE CROWD einen sehr persönlichen Film gedreht, aber dann machte er in dessen Nachfolge THE CHAMP, eine rein geschäftliche Verpflichtung gegenüber dem Produzenten. Andere sind anders vorgegangen. Innerhalb des Systems gab es viele, die sagten, was sie sagen wollten, versteckten es aber geradezu hinter der Form, indem sie die Genres der Zeit bedienten.

Ich glaube, ich wäre gern einer der Regisseure bei Warner Brothers gewesen, weil dort die Art Filme gedreht wurde – die Gangsterfilme, die Musicals, die Western –, die ich gern gemacht hätte. Aber das ist nur so ein Traum und hat nichts mit der heutigen Realität zu tun. Meine Filme entspringen sicher einer sehr leidenschaftlichen Liebe für das alte Kino Amerikas, und ich weiß nicht, wie sich das, was ich mache, mit den alten Filmen vergleichen läßt. Die Leute sagen, oh, mir gefallen Ihre Filme, und ich antworte, na ja, ich habe wahrscheinlich viel mehr Filme gesehen als Sie! Daher weiß ich, wogegen ich antrete.

Für mich muß es eine Möglichkeit geben, zu experimentieren und weiterzuarbeiten. Nicht jeder Film, den man macht, wird aus vollem Herzen kommen. Ich bemühe mich, Filme zu machen, die in den Grenzen des gesellschaftlichen Systems, im ›mainstream‹ liegen und trotzdem meiner Sicht der Dinge treu zu bleiben. Meine Vorstellung vom ›Regisseur‹ beinhaltet, daß er im alten Studiosystem glänzen könnte und aus jedem Drehbuch einen wirklich guten Film machen kann. Ich ziehe es vor, der Filmemacher zu sein, denn der Job eines Regisseurs – sich in einen Stoff einzufühlen, der nicht von einem selbst stammt – ist wirklich anstrengend. Zu den Stoffen, die von mir selbst stammen, würde ich auch solche rechnen, die ich gelesen habe, wie Edith Whartons Buch. Aber hin und wieder möchte ich auch weiterhin Filme wie CAPE FEAR machen, um die technischen Aspekte meines Handwerks zu vervollkommnen und zu versuchen, den Stil der alten Zeiten mit meinen eigenen Interessen und Obsessionen zu verbinden.

---

1   Orson Welles' Film war ursprünglich zwei Stunden lang, wurde jedoch vom RKO gekürzt (und mit einem neuen, von Robert Wise gedrehten Ende versehen) und kam schließlich in einer Länge von 88 Minuten heraus. Die ursprüngliche Version ist nie wieder aufgetaucht.

2   Ursprünglich handelt es sich um den Roman ›Washington Square‹ von Henry James, den A. u. R. G. Goetz 1949 unter dem Titel ›The Heiress‹ als Theaterstück adaptiert haben. (Anm. d. Übers.)

3   A PERSONAL JOURNEY WITH MARTIN SCORSESE THROUGH AMERICAN MOVIES. (Anm. d. Übers.)

CASINO

»I think I learn more in a movie or in a story when I see
what a person does wrong and what happens to them
because of that. Antagonists are more interesting.«
Martin Scorsese in den Notizen zu CASINO

Nach THE AGE OF INNOCENCE *sprach man in der Fach-
presse davon, daß Scorsese möglicherweise* OCEANS OF
STORM, *eine Liebesgeschichte unter Astronauten mit Warren
Beatty als Hauptdarsteller und Produzent, inszenieren wür-
de. Doch wahrscheinlicher noch war das Projekt* Clockers,
*mit einem Drehbuch von Richard Price nach dessen Roman.
Aber schließlich wurde Spike Lee Regisseur von* CLOCKERS,
und Scorsese kam mit Universal Pictures überein, CASINO
zu drehen. CASINO *war ebenfalls ein Projekt, das auf einem
Tatsachenroman von Nick Pileggi basierte, diesmal über die
Verstrickungen der Mafia im Las Vegas der siebziger Jahre.
Pileggi begann seine Recherchen zu dem Thema, während*
GOODFELLAS *fertiggestellt wurde, und wollte mit dem
Buch fertig sein, bevor die Dreharbeiten begannen. Es ergab
sich aber, daß Scorsese und Pileggi mit der Arbeit an einem
Drehbuch zu diesem Thema anfingen, bevor das Buch fertig
war; sie schrieben daran während einer intensiven fünfmo-
natigen Arbeitsperiode Ende 1994.*
CASINO *basiert auf der wahren Geschichte von Frank
›Lefty‹ Rosenthal, der von der Mafia den Auftrag hatte, den
Betreibern von Casinos in Las Vegas die Macht abzujagen,
angefangen mit dem ›Stardust‹ 1971. Sein ›Muskelmann‹,
der nach außen als Restaurantbesitzer auftrat, war Tony Spi-
lotro, ein Jugendfreund aus Chicago, der keine Skrupel hatte, alle umzubringen, die aus der Reihe tanzten. Leftys Probleme fingen an, als er sich in Geri McGee verliebte, eine
bildschöne Gelegenheits-Prostituierte die als Oben-ohne-*

Tänzerin auftrat, und an den Spieltischen Jetons klaute. Er machte ihr einen Antrag, indem er sie darauf hinwies, daß ihre ›professionelle‹ Zukunft im Alter von einunddreißig Jahren ungewiß sei und versprach, $ 1 Million für sie beiseite zu legen. Doch die Ehe sollte an ihrer Alkoholsucht und einem Seitensprung mit einem früheren Zuhälter zerbrechen und daran, daß er zu sehr von der Casino-Szene in Anspruch genommen wurde. Der entscheidende Augenblick trat ein, als sie eine Affäre mit Tony anfing, und so Privates und Geschäftliches vermischte – mit tödlichem Ausgang.

Im Drehbuch wurden daraus fiktive Figuren: aus Lefty wurde Sam ›Ace‹ Rothstein, gespielt von Robert de Niro; aus Geri wurde Ginger, gespielt von Sharon Stone; und aus Tony wurde Nicky Santoro, gespielt von Joe Pesci. James Woods wurde als Gingers Liebhaber besetzt, der Entertainer Don Rickles als Rothsteins Handlanger, andere echte Vegas-Stars, darunter Alan King, Steve Allen und Jayne Meadows spielten auch mit. Das Las Vegas der 70er Jahre war ein ›Spielplatz für Erwachsene‹, und Scorsese beschrieb es in Vanity Fair *als* »Vegas am Ende seiner Glanzzeit. Es war fast wie das Ende des Wilden Westens, das Ende der Pionier-Siedlungen der 1880er«. *Nach Pileggis Ansicht sind die Personen in* CASINO »genetisch unfähig, etwas Anständiges zu tun«. *Er sieht in dem Film den dritten Teil einer Scorsese-Gangster-Trilogie, nach* MEAN STREETS *und* GOODFELLAS, *wobei die Männer, die von de Niro und Pesci porträtiert werden, in* CASINO *mit dem höchsten Einsatz spielen und Korruption in großem Stil betreiben.*

Der erste Zeitungsartikel, den mir Nick Pileggi zeigte, berichtete von einem Polizeieinsatz bei einem Ehekrach in einem Vorgarten in Las Vegas an einem Sonntagmorgen. Mit diesem Artikel begann sich dieses unglaubliche zehnjährige Abenteuer, das alle diese Leute erlebten, langsam zu entwirren und gipfelte in dem Streit, den Mann und Frau auf ihrem Rasen ausfochten, wobei sie sein Auto rammte, die Polizei eintraf, und das FBI Fotos machte. Wenn man das bis zum

Anfang zurückverfolgt, entdeckt man eine unglaubliche Geschichte mit unendlich vielen Nebensträngen, und jeder ist nur ein weiterer Sargnagel. Es könnte der Unterboss von Kansas City, Anthony Piscano, sein, der sich ständig darüber beklagt, daß er für die Trips nach Las Vegas immer sein eigenes Geld ausgeben mußte und es ihm nie erstattet wurde. Oder es könnte der mit der Geschichte nicht zusammenhängende Mord sein, der die Polizei veranlaßte, eine Wanze in dem Lebensmittelladen, den Piscano in Kansas City betrieb, anzubringen. Sie haben sie dann sogar vergessen, aber sie nimmt sein ganzes Gejammer auf und macht das FBI im ganzen Land auf alle diese Namen aufmerksam. Es überrascht sie, daß die Namen der Las Vegas' Casinos in einem Lebensmittelladen in Kansas City erwähnt werden. Wo ist die Verbindung?

Dann, unabhängig davon, verfügt ein Gericht, daß die frühere Geschäftspartnerin von Phillip Green, Amanda Scott, ihren finanziellen Anteil als Partnerin des Vorstandsvorsitzenden des Tangiers-Hotels erhalten soll. Aber anstatt sie auszuzahlen, erschießt die Mafia sie; auch das ist tatsächlich passiert. Dadurch wird die Aufmerksamkeit der Polizei auf ihren Repräsentanten, den Vorstandsvorsitzenden, gelenkt, obwohl der überhaupt nicht an der Entscheidung, sie umzubringen, beteiligt war, und er begreift allmählich, was los ist, dennoch kann er kaum etwas dagegen tun. Und dann sind da noch Ace Rothstein und Ginger und Nicky Santoro, alle sehr impulsive Charaktere. Ich dachte, das könnte eine wahnsinnige Geschichte werden.

Fast alles basiert auf realen Personen. Piscano ist Carl De-Luna, der über alles Buch führte. Mr. Nance, der das Casinogeld nach Kansas City bringt, geht zurück auf einen Mann namens Carl Thomas, der kürzlich bei einem Autounfall getötet wurde. Mr. Green, der Vorstandsvorsitzende vom Tangiers, Rothstein, Ginger, Nicky Santoro und sein Bruder – alle diese Figuren basieren auf realen Personen. Aber wir haben sie natürlich verändert. Personen wurden miteinander verschmolzen, und einige Ereignisse, die sich in

Chicago abspielten, wurden nach Vegas verlegt. Wir hatten ein paar rechtliche Probleme mit den genauen Details; so sagten wir »zu Hause« anstatt Chicago, und es mußte heißen »nach einer wahren Geschichte« anstatt »dieser Film basiert auf einer wahren Geschichte«.

Mich interessierte an Las Vegas das Thema Exzess, grenzenloser Exzess. Die Menschen dort sind so erfolgreich wie in keiner anderen Stadt. In letzter Zeit hat es eine Ausbreitung von Casinos in ganz Amerika gegeben, das spiegelt die Verzweiflung wider, wenn Menschen glauben, daß sich mit einmal Würfeln ihr ganzes Leben ändern wird.

Außerdem handelt es sich um die Geschichte des Alten Testaments: das Paradies zu erringen und wieder zu verlieren durch Hochmut und Habgier. Das war die Idee: Sam wird das Paradies auf Erden geschenkt. Er hat ja tatsächlich dafür zu sorgen, daß sich alle wohlfühlen und alles seine Ordnung hat, und er soll soviel Geld wie möglich herausholen, damit sie mehr abschöpfen können. Das Problem ist aber, daß er manchmal gewissen Leuten und einem gewissen Druck nachgeben muß, und das will er nicht, so wie er nun einmal ist. Als er vor Ginger gewarnt wird, sagt er, »Ich kenne die ganzen Geschichten über sie, aber das ist mir egal; ich bin Ace Rothstein, und ich kann sie ändern.« Aber er konnte sie nicht ändern. Und er konnte seinen ›Beschützer‹ Nikky nicht unter Kontrolle halten, denn wer versucht, einen wie ihn zu kontrollieren, der ist tot.

Die wahre Las Vegas-Karriere von Frank Rosenthal wurde 1982 durch die Explosion seines Autos beendet. Doch er überlebte diesen Mordanschlag und erzählte Nick Pileggi seine Lebensgeschichte.

Als sein Auto in die Luft flog, war es ziemlich offensichtlich, wer den Befehl gegeben hatte. Aber, wie Nicky an einer Stelle des Films sagt, solange sie die kleinste Kleinigkeit verdienen, werden *sie* niemals ihr Okay geben – sie, die Götter – womit er meint, sie werden nie erlauben, daß er umge-

Robert de Niro als Ace Rothstein in CASINO

bracht wird. Aber Nicky will vorbereitet sein, deswegen läßt er zwei Löcher in die Wüste graben. So reden sie eben. Dieser Dialog ist authentisch er stammt aus einem Zeugenschutzprogramm.

In der ersten Drehbuchfassung haben wir mit der Szene angefangen, in der die beiden auf dem Rasen miteinander streiten. Dann merkten wir, daß das zu detailliert war und nicht genügend Dramatik für das Ende des Films abwarf. Und so kamen Nick und ich auf die Idee, mit der Explosion des Autos anzufangen, wie Sam in die Luft aufsteigt. Man sieht ihn in Zeitlupe über die Flammen fliegen – wie eine Seele, die im Begriff ist, in die Hölle hinabzutauchen.

Das zeige ich auf drei verschiedene Arten. Beim dritten Mal sehen wir, wie es wirklich war, wie Rosenthal es in Erinnerung hat. Er erzählte mir, daß er die Flammen zunächst aus der Klimaanlage kommen sah und nicht wußte, was das sein könnte. Dann sah er nach unten, sah seinen Arm in Flammen und dachte an seine Kinder. Die Tür war nicht richtig verschlossen, er ließ sich herausfallen und wurde von zwei Männern vom Geheimdienst gepackt, die zufällig die Gegend inspizierten, weil Ronald Reagan in der folgenden Woche kommen sollte. Sie zogen ihn zur Seite, und erst, als das Auto in die Luft flog, begriff er, daß es Absicht gewesen war. Deshalb habe ich all diese Details gezeigt. Wenn man einmal begriffen hat, daß man hätte getötet werden können, vergißt man diese Momente nie mehr.

Sam Rothstein ist so erfolgreich, daß er schnell zu einer Stütze der Gesellschaft von Las Vegas wird und eine Auszeichnung durch den Country Club erhält.

Als er die Plakette entgegennimmt, sagt er, »Überall sonst käme ich für das, was ich tue, ins Gefängnis. Hier gibt man mir Preise.« Dies ist der einzige Ort, an dem er seinen Spieler-Sachverstand auf legitime Weise nutzen und Mitglied der amerikanischen WASP-Gemeinde werden kann. Aber wie Nicky in der Wüste zu ihm sagt: »Ich verkörpere, was hier wirklich los ist. Nicht deine Country Clubs und deine Fernsehshow. Ich bin die Wirklichkeit: der Dreck, die Gosse und das Blut. Darum dreht sich alles.«

Sie mußten wirklich mitten in die Wüste gehen, um zu reden. Und Nicky mußte sechsmal das Auto wechseln. Ich stellte mir immer vor, wie wütend Nicky sein mußte und jedesmal noch wütender wurde, wenn er das Auto wechselt, bis er aus dem letzten aussteigt, und bevor Sam noch ein Wort sagen kann, brüllt er ihn schon an. Aber in diesem Fall bin ich auf Nickys Seite. Alles übrige ist verlogene Fassade, und das nicht zu sehen, ist Heuchelei. Wenn man weiß, woher es kommt und wie es wirklich ist. Glaub nicht, daß du etwas Besseres bist als ich oder die Leute, mit denen du aufgewachsen bist.

Eine Szene in CASINO *löste sofort eine Kontroverse aus, sie galt als Beleg für die Gewalt, die dem Film unterstellt wurde. Nicky wird von dem Boss aus Chicago, Remo, losgeschickt, um herauszufinden, wer einen ›nicht abgesegneten‹ Überfall auf eine Bar begangen hat, und als er den Schuldigen findet, foltert er ihn, indem er seinen Kopf in einen Schraubstock steckt.*

Dieser Vorfall hat sich tatsächlich in den sechziger Jahren in Chicago abgespielt. Es hatte eine Auseinandersetzung unter jungen Türken gegeben, die in einer Schießerei endete, und zwei Brüder und eine Kellnerin wurden getötet. Daraus entstanden so heftige Ausschreitungen, daß die Bosse die Männer haben wollten, die den Täter begleitet hatten; schließlich haben sie sie erwischt und alle umgebracht. Nachdem dieser Typ zwei Tage und Nächte nicht geredet hatte, waren sie zum Äußersten entschlossen, und deshalb steckt Nicky Santoro (Joe Pesci) dessen Kopf in einen Schraubstock. Wie gesagt, es ist eine wahre Geschichte. Und wenn auch unsere Szene darauf basierte, fand Joe doch einen Weg, die Szene menschlich zu spielen – »Bitte, laßt mich das nicht tun.« Er gehörte als solcher zum ›Fußvolk‹ und muß

Befehle ausführen, und er muß die Namen herausfinden, sonst landet *sein* Kopf im Schraubstock. Nach dem Verhör über zwei Tage und zwei Nächte wußten sie nicht mehr, was sie sonst noch tun sollten.

Sehr häufig können die Menschen, die ich porträtiere, nicht aus dieser Art Leben heraus. Sie sind schlecht, und sie handeln schlecht. Und wir verurteilen diese Seiten an ihnen. Doch auch sie sind Menschen. Ich denke, vielleicht sind die Leute, die sie moralisch verurteilen, letzten Endes noch schlimmer. Ich weiß, daß es Leute gab, die es moralisch verantwortungslos von mir fanden, einen Film wie GOODFELLAS zu machen. Seis drum, wenn ich kann, werde ich noch mehr davon machen. Was geschieht denn am Ende von CASINO: man sieht Nicky und seinen Bruder erschlagen und vergraben. All das beruht auf Tatsachen – ich habe die Fotos der echten Leichen gesehen, als man das Grab aushob. Wir haben das nun auf eine bestimmte, sehr direkte Art gedreht. Zufällig mag ich nun mal solche Leute. Nicky *ist* furchtbar. Er ist ein grauenhafter Mann. Doch irgendetwas regt sich in mir, wenn ich sehe, wie sie mit den Baseballschlägern erschlagen und dann in das Loch geworfen werden. Letzten Endes ist es eine Tragödie. Es geht um die Schwäche des Menschen. Ich möchte das emotionale Einfühlungsvermögen der Zuschauer für bestimmte Figuren aufrütteln, die normalerweise als Schurken betrachtet werden.

Als ich aufwuchs, war ich von solchen Männern umgeben, und die meisten waren sehr nett. Sie haben mich und meine Familie gut behandelt, und sie hatten eine starke Anziehungskraft. Ich wußte, daß sie knallhart waren, manche härter als andere. Aber es ist eine typische Heuchelei, daß sich diejenigen, die andere verurteilen, häufig als doppelt so korrupt herausstellen. Ich weiß, das hört sich wie ein Klischee an, aber doch nur, weil es wahr ist.

Für Sam und Nicky ist es ein interessantes Dilemma. Beide lassen sich auf eine Situation ein, und beide überschreiten die Grenzen so weit, daß sie allen alles zerstören. Und am

Ende erhebt sich aus der Asche ihrer Zerstörung eine ganz neue Stadt. Wer weiß heute noch, wie Las Vegas wirklich ist, da man von einem Nicky Santoro zu einem Michael Milken oder einem Donald Trump übergegangen ist? Wer weiß, wo das Geld landet? Doch ich bin sicher, daß es sich für diese Unternehmer irgendwie lohnt, ihr Geld zu investieren. Wahrscheinlich wird man in fünfzehn Jahren einen Film sehen, der zeigt, was sie heute treiben.

In diesem Film zeigen wir das Ende der alten Ära und wie sie zuende geht. Sie waren zu hochmütig, sie wollten mehr. Wenn man spielt, will man immer mehr, wie die japanische Figur in dem Film, Ichikawa, der weniger Geld setzt als sonst, nachdem er überlistet wurde, zurückzukommen. Doch er hat nicht zehntausend gewonnen, er hat neunzigtausend verloren, denn normalerweise hätte er hunderttausend gesetzt. Wir hatten immer ein Problem damit, an welche Stelle der Erzählung diese Episode passen würde. Aber ich wußte, daß es sehr wichtig war, am Ende der Szene die Bewegung in Bobs Gesicht festzuhalten, wenn er sagt, »Am Ende kriegen wir alles.« Und sie kriegen es wirklich.

Wir zeigen eine Horde Betrüger, die Betrüger beobachten, die Betrüger beobachten. Sam Rothstein und diese andern wußten, wie man mit Wettvorgaben und bei Basketball-Spielen betrügt. Sie lassen es so normal erscheinen, daß man nicht erkennen kann, ob das Spiel abgesprochen ist. Sam bemerkt Ginger zum erstenmal, als sie den Mann abzockt, mit dem sie den ganzen Abend zusammen war. Bevor sie die Videokamera in der Decke installiert hatten, engagierten sie Männer mit Ferngläsern, die Falschspieler gewesen waren; sie gingen oben auf den Galerien lang, um andere Falschspieler ausfindig zu machen. Ich fand das großartig, niemand traut niemandem.

Das war vor zwanzig Jahren, bevor die alte Mafia die Macht verlor. Damals ›gehörte‹ jedes Casino einer ›Familie‹ aus verschiedenen Teilen des Landes. Das Tangiers ist fiktiv, aber es gab vier Hotels – das Stardust, Fremont, Frontier und das Marina, in denen die Figur des Rothstein/Rosenthal

arbeitete. Wir machten ein riesiges Hotel daraus und kombi-
nierten alle Elemente. Wo sonst konnte ein großer Wettprofi
der wichtigste Mann der Stadt mit totaler Kontrolle werden? Wir versuchten zu zeigen, wie weit seine Kontrolle
reichte, bis hin zur Küche und dem Essen. Daß er auf der
gleichen Anzahl von Blaubeeren in jedem Muffin bestand,
mag komisch sein, aber es ist wichtig, denn wenn die Muf-
fins und Steaks gut sind, werden es die Leute, die dort spielen, anderen weitererzählen. Es ist nicht einfach paranoides
oder besessenes Verhalten, es gibt einen Grund: das Tangiers
zum besten Haus am Strip zu machen.

*Während Rothsteins fanatische Detailbesessenheit das
Tangiers aufblühen läßt, zerstört sie zugleich seine Beziehung zu Ginger.*

Ich glaube, Ace's Charakter hat etwas, das letztendlich alles zerstört, obwohl sie eine Chance gehabt hätten, wenn
auch nicht in dieser Stadt und mit dem, was sie dort taten. In
der Szene, in der er ihr einen Antrag macht, sagt Ginger ihm
ganz genau, wie die Dinge liegen. Wenn man auf die Vierzig
zugeht und jemand findet, wünscht man sich, daß es ver-
nünftig funktioniert. Doch ich glaube, er ist für die emotionale Entfremdung verantwortlich. Sie geht mit einer Freundin ins Restaurant und bekommt einen guten Tisch, als sie
sagt, »Ich bin Mrs. Rothstein«, und die andere Frau sagt,
»Naja, irgendwas mußt du ja schließlich davon haben.« Es
ist die Art, wie er sie behandelt. Er will sie nicht ausgehen
lassen. Er glaubt, wenn er sie weggehen läßt, wird er sie nie
wiedersehen. Er wird durch einen Anwalt von ihr hören,
aber er wird sie nie wiedersehen.
    Unglücklicherweise ist ihrer beider Tochter Amy nur eine
Schachfigur, die benutzt wird. Im letzten Drittel des Films
ist Ginger endgültig zerstört, sie ist nicht mehr bei Sinnen.
Ob von Drogen oder vom Alkohol, spielt keine Rolle, sie ist
vollkommen hinüber. Das entschuldigt keine ihrer Taten,
aber es steigert den Horror, wenn sie zum Beispiel das Kind

am Bett festbindet – in Wirklichkeit passierte das, als das Kind des echten Paares jünger war (sie hatten zwei Kinder). So etwas würde man nicht erfinden, genausowenig ihre Reaktion auf Sam im Restaurant, wenn sie sagt, »Oh mein Gott, der Babysitter war nicht da, und es dauert doch nicht lange, ich wollte gleich wieder zurücksein.«

De Niro hat Sharon Stone während des ganzen Films sehr großzügig geholfen. Sie hat eine beängstigende Rolle, eine harte, wenn sie zum Beispiel vor dem Kind Kokain nimmt: das hat sie sich ausgedacht. Sie hat auch bei den Kostümen viel mitbestimmt, so bei dem Goldlamé-Anzug à la David Bowie, den sie im letzten Drittel des Films trägt. Er sitzt an einigen Stellen nicht gut, weil sie versucht hat, so schlecht auszusehen, wie sie nur konnte.

Wie immer in Scorseses Filmen, spielen die Kostüme eine Schlüsselrolle, um eine Figur zu verdeutlichen, und beim Wiederaufbau des schillernden Vegas der siebziger Jahre ergaben sich außergewöhnliche Möglichkeiten für Ausstattungsexzesse. CASINO wurde ausschließlich an Drehorten in Las Vegas gedreht.

Rita Ryack und John Dunn haben die Kostüme entworfen. Für Bob hatten wir zweiundfünfzig verschiedene, das war eine Menge, aber die echte Person, auf der er basiert, hatte sogar noch mehr verrückte Klamotten. Der senfgelbe Anzug, das marineblaue Seidenhemd mit dem marineblauen Schlips und das knallrote Jackett – wir haben alle Farben sehr sorgfältig ausgesucht. Unser morgendliches Ritual, wenn wir die Auswahl der Kostüme reduziert hatten, bestand darin, das Hemd, dann den Schlips, dann den Schmuck auszuwählen. Wenn man genau hinsieht, passen sogar die Zifferblätter zum Anzug – sogar die Uhr, die er trägt, wenn er den Zündschlüssel umdreht. Ich wollte dabei eine Nahaufnahme von ihm, so, als ob wir es durch die Kamera sehen und denken, oh ja – die Armbanduhr. Wir setzten das Handgelenk ins Bild, um die Uhr so gut es in der kurzen Zeitspanne möglich ist, zu zeigen. Wenn man den Film noch einmal sieht oder auf Laserdisc, kann man viele Details in den einzelnen Bildern erkennen. Nicky hatte etwa zwanzig bis fünfundzwanzig verschiedene Kostüme und Ginger, glaube ich, etwa vierzig.

Wir drehten während der Betriebszeit in einem echten Casino. Barbara De Fina fand heraus, daß die Kosten hierfür wahrscheinlich dieselben waren, wie wenn wir eines gebaut hätten. Und man hätte nicht dieses Knistern, das Casinoleben um sich herum gehabt, wie wir es dann hatten. Den Vordergrund wollten wir mit Komparsen in Siebziger-Jahre-Kostümen ausfüllen, und der Hintergrund sollte irgendwie unscharf sein. Ich liebe die Szene, wenn Joe mit Frank Vincent hereinkommt und sie Blackjack spielen, obwohl er Hausverbot hat, und er die Dealer beschimpft. Das war um vier Uhr morgens, und man hört jemanden im Hintergrund jubeln, weil er beim Würfeln gewinnt. Der Dealer ging die ganze Szene mit Joe durch; Joe improvisierte, schmiß ihm die Karten an den Kopf und gebrauchte die unflätigsten Ausdrücke. Nach der Hälfte der Szene wendete sich der Dealer an mich und sagte, »Wissen Sie, der echte Typ war viel brutaler zu mir – er war wirklich außer Kontrolle.« Das passierte während des Drehens einige Male. Es war angenehm zu wissen, daß wir auf der richtigen Spur waren.

Das Casino, in dem wir drehten, das Riviera, war in den späten Siebzigern gebaut worden. Es war der Ausgangspunkt. Dann haben wir versucht, Häuser zu finden, die in den späten fünfziger oder frühen sechziger Jahren gebaut wurden, aber die sind dort sehr selten. Endlich fanden wir ein Haus, und ich legte dort alle Einstellungen fest, probierte sie aus, und zwei Wochen später hatten wir es nicht mehr. Wir mußten ein anderes Haus finden, und dann endlich entwickelte sich alles bestens, denn dieses eignete sich hervorragend. Es war eine Glitzerepoche – ein Ausdruck, den ich zum erstenmal in den Siebzigern gehört habe – und ich glaube, man kann sich vorstellen, was Dante Feretti, der Ausstatter, zu einem Film beiträgt, wenn man nur in das Schlaf-zimmer schaut. Besonders in den Weitwinkel-Aufnamen, zum Beispiel in der Szene, wenn sie zu viele Pillen schluckt und weint, und er versucht, ihr zu helfen. Die Art, wie das Bett erhöht ist, hat etwas; das Bett sieht majestätisch aus, wie das Bett eines Königs oder einer Königin. Die Tapete hat etwas, alles, die Dekorteller an den Wänden, das sagt viel über eine Person aus. Dante hat es fürstlich gemacht, nicht einfach geschmacklos, die Qualität ist gut, und dieses Kopf-teil aus Seidenmoiree ist ein Hintergrund für ein Schlacht-feld, eine Art seidenes Schlachtfeld.

Man könnte zehn Filme über jede dieser Personen drehen, alle unterschiedlich, und ich weiß nicht, ob ich einem von ihnen gerecht würde. Ich wollte einfach so viel wie möglich darin unterbringen, und ich wollte alles von Vegas einfan-gen. Und auch das ganze Klima der Zeit, der 70er Jahre – für Nick und mich war das ein ziemlich ehrgeiziges Unterfan-gen.

CASINO *ist mit 177 Minuten der bisher längste Film von Scorsese, noch länger als* GOODFELLAS. *Die verschlungene Geschichte und die vielen Figuren verständlich zu machen, stellte Scorsese und seine Cutterin Thelma Schoonmaker vor viele Probleme.*

Die Struktur des Films änderte sich dauernd, als wir am Schnitt arbeiteten. Und hier spielte Thelma eine sehr wichti-ge Rolle, denn sie verstand es am besten, die Ausschnitte zu placieren und sich um die dokumentarischen Teile in der Mitte des Films zu kümmern. Thelma und ich haben vor fünfundzwanzig Jahren Dokumentarfilme geschnitten, da-her kann sie das sehr gut. Es ist die qualvollste Art des Schnitts, die es gibt, weil man bei der Struktur nie sicher ist und keinem dramatischen Faden folgt. In diesem Film gibt es keinen herkömmlichen Plot: es gibt Geschichten, aber keinen Plot. Man folgt den Anfängen von Ace, wenn er nach Vegas kommt, dann den Anfängen von Nicky in Vegas und dann dem Anfang von Nicky und seiner Frau mit deren Kind in Vegas. Dann hat Ace Erfolg in Vegas, und was macht Nicky? Er prügelt auf Leute ein. Aces Aufstieg erreicht seinen Höhepunkt, wenn Nicky Casino-Verbot bekommt. Das bringt uns zu Nickys Aufstieg, er plant seine eigenen Raubzüge: »Ich bleibe hier, du wirst mich nicht los.« Er gründet sein Gegen-Imperium. Dann bringt man die beiden Stränge zusammen. Aber bis zu der Stelle, an der Nicky sein eigenes Imperium aufbaut, haben wir viele Szenen wieder umgestellt und den Kommentar neu geschrieben. Schließlich haben wir die ganze Exposition an den Anfang gesetzt. Zunächst hatten wir sie über den ganzen Film verteilt, aber dadurch schien einiges zu spät und zu kurz zu kommen, obwohl es auf dem Papier richtig erschien. Daher zogen wir schließlich die Erläuterungen heraus und setzten sie an den Anfang.

Mit einem darübergelegten Kommentar (voice-over) entsteht etwas Interessantes: er läßt einen in die geheimen Gedanken der Personen eindringen, als wenn ein allwissender Zuschauer heimliche Beobachtungen anstellt. Und für mich hat er den wunderbar beruhigenden Klang eines Geschichtenerzählers. Und über lange Strecken hat er eine Art Ironie. Angenommen, man sieht, wie sich zwei Menschen gute Nacht sagen, und die Kommentarstimme sagt, »Sie hatten heute einen wundervollen Abend, aber es war das letzte Mal, bevor Soundso starb.« Man sieht die Person immer noch, aber die Stimme erzählt, daß sie eine Woche später gestorben ist; sie bringt etwas zum Klingen, wenn sie in solchen Momenten eingesetzt wird, bei mir eine große Tiefe und Traurigkeit. In diesem speziellen Film steht der Kommentar auch Nickys Tiraden zur Verfügung. Wenn man seinem Gejammer zuhört – über die Bosse zu Hause, daß er hier der einzige ist, der einzige im Schützengraben – dann versteht man allmählich seinen Standpunkt. Warum soll ich für andere arbeiten? Warum mache ich das Geschäft nicht für mich selbst? Was für eine Art Mensch er ist, begreift man aus diesen Tiraden im Kommentar.

Die Musik für CASINO *funktioniert nach dem gleichen Prinzip wie in* GOODFELLAS, *jedoch mit noch größerer Bandbreite; sie beginnt mit der* Matthäuspassion *von Bach über der Szene, in der Ace in die Luft fliegt und der Titelsequenz von Saul und Elaine Bass über dem* ›Inferno‹; *am Ende, wenn gezeigt wird, wie das* ›alte‹ *Las Vegas gesprengt wird, um den neuen* ›familienfreundlichen‹ *Ferienhotels Platz zu machen, hört man sie wieder.*

Für mich drückt dieser Bach ein essentielles Gefühl für etwas Großes aus, das verloren gegangen ist. Ob wir mit dessen Moral übereinstimmen, steht auf einem anderen Blatt – ich verlange nicht, daß man der Moral zustimmt – aber es gab das Gefühl von einem verloren gegangenen Imperium, und das erforderte eine ebenbürtige Musik. Es erforderte eine Musik, die provozierte. Die Zerstörung dieser Stadt muß von derselben Erhabenheit sein, mit der Luzifer wegen seines Hochmuts aus dem Himmel verstoßen wird. Dies sind alles ziemlich eindeutige biblische Anspielungen. Aber der Zuschauer sollte durch die Musik angerührt werden. Selbst wenn man die Personen und das, was sie tun, nicht mag, so sind sie immer noch Menschen, und für mich ist es eine Tragödie.

In mir weckt jedes Stück Musik, das wir eingesetzt haben, eigene Assoziationen. Brenda Lee singt ›Hurt‹, die Velvetones ›Glory of Love‹ und ›The House of the Rising Sun‹, das wir für den Schluß aufgehoben haben – alles in allem fünfundfünfzig Titel. Dann gibt es bei ›Satisfaction‹ einen Stilbruch von den Stones auf Devo. Ich war in der glücklichen Lage, aus über vierzig Jahren Musik auswählen und sie in den meisten Fällen in dem Film unterbringen zu können. Bestimmte Songs und Musikstücke verändern alles, wenn man sie dem Bild entgegensetzt. Es ist also sehr sehr heikel. In GOODFELLAS bestimmt Phil Spector eher den Sound, in diesem Film eher die Stones, besonders ›Can't You Hear Me Knocking?‹; das ist ein Schlüsselsong für den Film.

Wir versuchten auch, die Musik in der Epoche zu belassen, genauso wie in GOODFELLAS. Wenn Ace und Nicky sich nach dem Streit in der Wüste unterhalten müssen, setzen sie sich für ihr privates Gespräch in der Garage ins Auto. Was passiert? Sie sitzen im Wagen und schalten das Radio ein. Und gespielt wird ›Go Your Own Way‹ von Fleetwood Mac, das war von Mitte bis Ende der siebziger Jahre ein Schlüsselsong. Was immer die Stimmung des Gesprächs ist, diese Musik läuft. Wir konnten also die Musik so einsetzen, daß man in eine frühere Zeit versetzt wird. Der Sound wechselt vom Beginn des Films von Louis Prima bis zu Fleetwood Mac. Es ist also nicht so sehr Bach, mit dem der Film beginnt, sondern Louis Prima, der den Bach abbricht, das erzeugt einen schockierenden Effekt. Ich war sicher, daß Louis Prima hineingehörte, aber für die Erhabenheit der Zerstörung dieser sündigen Stadt mußte es Bach sein. Denn das alte Vegas ist durch etwas ersetzt worden, das verführerisch aussieht, kinderfreundlich, es soll den Kern Amerikas ansprechen, die Familie. Es sind nicht mehr die Spieler und Huren und die paar Gangster, die sich dort herumtrieben, heute sind es Ma und Pa Kettle. Während sich die Kinder die Spiele der Pappmaché-Piraten angucken, ziehen wir euch das Geld aus der Tasche.

Außerdem gibt es sehr viel Filmmusik, wie das Thema aus PICNIC, während Mr. Nance in den Geldzählraum des Casinos stolziert – das sollte zeigen, daß man einfach hinein- und genauso mit dem Geld wieder heraustanzen konnte. Das Thema aus PICNIC war so wunderschön, daß es in den Musicboxen gespielt wurde und die ganze Zeit in den Top 40 war, so daß man es ständig hörte und in Las Vegas sogar heute noch hört. Das andere war ›A Walk on the Wild Side‹ von Elmer Bernstein in der Version von Jimmy Smith. Der Song hat eine aufregende Energie, die gut paßt, besonders für die Sequenz, in der wir ihn eingesetzt haben, dem Mord an Amanda Scott. Auch das war wieder eine berühmte Musik, die sich von dem Kontext des Films, für den sie geschrieben war, löste und damals zu einem Bestandteil des amerikanischen Lebens wurde.

Zusammen mit diesen Stücken schien es interessant, Delerues Musik aus Godards LE MÉPRIS auszuprobieren, die ich wegen ihrer Traurigkeit liebe. Und es ist sehr schwer, im Abspann auf Bach irgendetwas folgen zu lassen, deshalb probierten wir es mit Le Mépris, um sozusagen alles wegzuwischen. Danach gab es als einzige Möglichkeit nur noch einen der größten Songs, die je geschrieben wurden: Hoagy Carmichaels ›Stardust‹ – das einzige Stück, das die Gefühle und Gedanken über das, was man gesehen hat, zusammenfassen konnte.

Nach CASINO *begann Scorsese mit der Produktion eines Films über das frühe Leben des geistlichen Führers von Tibet, des Dalai Lama, vorläufig unter dem Titel* Kundun.

Den Film hat Melissa Mathieson geschrieben, und es ist eine sehr geradlinige Geschichte über das Finden des Dalai Lama als Kind in der tibetischen Provinz Amdo. Man erlebt das Heranwachsen des Knaben, bis er ein junger Mann von achtzehn Jahren ist; nun muß er eine Entscheidung treffen, die sich – das weiß er – buchstäblich auf Leben oder Tod seines eigenen Landes auswirken wird. Mich interessierte die Geschichte eines Mannes, oder eines Jungen, der in einer Gesellschaft lebt, die vollkommen auf dem Geist beruht, und die plötzlich mit dem zwanzigsten Jahrhundert zusammenprallt und sich mit einer materialistischen Gesellschaft konfrontiert sieht. Während der Dalai Lama Peking besucht, lehnt sich Mao plötzlich zu ihm hinüber und sagt: »Sie wissen doch, daß Religion Gift ist, nicht wahr?« In diesem Augenblick begreift der Dalai Lama, daß sie alle erledigt sind, und seine einzige Möglichkeit, Tibet zu retten darin besteht, wegzugehen und es mit sich zu nehmen. Mich interessiert daran, wie ein gewaltfreier Mensch mit diesen Leuten umgeht – das ist im Grunde die Geschichte. Ich weiß nicht, ob uns das alles gelingt. Aber es ist die Geschichte eines Landes in einer unwegsamen Gegend, eingeschlossen vom Himalaja, deren Bevölkerung sich aus Mangel an Bewegungsfreiheit auf sich selbst zurückzieht. Wir haben vor, in Nordindien zu drehen. Und danach hoffe ich, GERSHWIN zu drehen, ein Musical.

Ich bin überzeugt, daß das Kino eine Zukunft hat. Ich sage das, weil es junge Leute gibt, die Filme billig herstellen; es scheint in der Tat unendlich viele junge Leute zu geben, die mit der Kamera etwas ausdrücken wollen. Und ich liebe immer noch das Spektakel, Filme auf einer großen Leinwand zu sehen, zusammen mit vielen anderen Menschen. Ich kenne eine Gruppe von Leuten in L. A., die zusammen in den Cinema Dome gingen, um eine Wiederaufführung von THE WILD BUNCH zu sehen. Und wenn William Holden sagt, »Wenn sie sich bewegen, knall sie ab«, brach das Publikum in Beifallsstürme aus. Selbst wenn sich Leute Videos ausleihen, laden sie Freunde ein, um sie gemeinsam anzusehen. Ich weiß noch, wie ich vor drei oder vier Jahren an einem Samstagnachmittag in Westwood mit Spielberg, Raffaele Donato und meinem Agenten losgezogen bin, um THE ABYSS zu sehen – wir vier saßen in der dritten Reihe. Wir wollten den Film mit vollem Sound und großem Bild sehen – um ihn voll zu genießen.

Bei den Breitwandfilmen Mitte der fünfziger Jahre befand man sich buchstäblich mitten im Film. Ich weiß noch, wie ich im Capitol Theater WAR AND PEACE von King Vidor in Vista Vision gesehen habe oder HIGH SOCIETY, THE COURT JESTER – alle liefen zum erstenmal. Sogar ein mittelmäßiger Film wie AWAY ALL BOATS wurde in Technicolor und Vista Vision ganz außergewöhnlich. Heutzutage kommt Imax dieser Wirkung am nächsten. Man weiß, daß einen ein Erlebnis erwartet: Es ist nicht einfach nur ein Film, es ist ein gemeinsames Erlebnis, und das, glaube ich, wird es immer geben.

Anhang

THE LAST TEMPTATION OF CHRIST –
Die Kontroverse

Die Kontroverse, die um THE LAST TEMPTATION OF CHRIST entbrannte, begann mit den ersten Versuchen, den Film 1983 mit Paramount zu machen. Die konzertierte Aktion, den Film zu stoppen, lebte fünf Jahre später wieder auf, als er gemeinsam von Universal Pictures und Cineplex Odeon produziert wurde. Fundamentalisten hatten sich mit zwei frühen Versionen des Drehbuchs von Paul Schrader bewaffnet – sie hatten sie, argwöhnt Scorsese, durch Schauspieler in die Hände bekommen, die für das Vorsprechen von 1983 Kopien erhalten hatten. Dieses Drehbuch unterschied sich natürlich um einiges von der endgültigen Version von Scorsese und Jay Cocks, und berüchtigte Zeilen, wie die, wenn Jesus zu Maria Magdalena sagt: »Gott schläft zwischen deinen Schenkeln«, waren in einem frühen Stadium gestrichen worden. Aber die Fundamentalisten protestierten gegen das Portrait von Jesus als einem schwachen und unentschlossenen Menschen und besonders gegen die Szene in der Traumsequenz der ›letzten Versuchung‹, in der Jesus unter den Augen eines Engels mit Maria schläft.

Gewarnt durch die Probleme, auf die Paramount gestoßen war, hatte Universal im Januar 1988 Tim Penland, einen ›wiedergeborenen Christen‹ und Chef einer Marketing-Firma, die auf fundamentalistische Interessen spezialisiert war, zum Berater für den Film ernannt. Aber im Juni trat er mit dem Vorwuf zurück, daß Universal sein Versprechen, den Fundamentalisten eine frühe Schnittfassung des Films bis zu diesem Zeitpunkt vorgeführt zu haben, nicht eingehalten habe. Universal entgegnete, daß Scorsese lediglich hinter dem Zeitplan zurück sei und sie selbst damit rechneten, den Film erst im Juli zu sehen.

Mitte Juli beschlossen die christlichen Gruppen, sich direkt an die Spitze zu wenden, und griffen Lew Wasserman an, den Vorsitzenden von MCA (der Muttergesellschaft von Universal): er setze den jüdischen Glauben herab, wenn er den Film unterstütze. Am 15. Juli bot der ›Evangelist‹ Bill Bright an, die Kosten für den Film zu erstatten, wenn ihn das Studio ihm zur Vernichtung überließe. Obwohl Scorsese und Schrader nach Absprache mit Universal es bis zu diesem Zeitpunkt vorgezogen hatten zu schweigen, veröffentlichte Scorsese jetzt eine Stellungnahme:

»Mein Film ist aus einem tiefreligiösen Gefühl entstanden. Ich habe an diesem Film fünfzehn Jahre lang gearbeitet; er bedeutet mir mehr als irgendein anderes Filmprojekt. Ich glaube, es ist ein religiöser Film über den leidvollen Kampf, Gott zu finden. Er ist aus Überzeugung und Liebe entstanden, und deshalb glaube ich, daß er eine Bestätigung des Glaubens und keine Verleugnung ist. Außerdem fühle ich zutiefst, daß überall Menschen imstande sein werden, sich mit der menschlichen Seite Jesu genauso wie mit seiner göttlichen zu identifizieren.«

Universal gab eine flankierende Stellungnahme heraus mit dem Tenor, daß »Universal Pictures und Cineplex Odeon Films für das Prinzip der Freiheit des Ausdrucks eintreten und hoffen, daß das amerikanische Publikum dem Film und dem Filmemacher eine faire Chance geben wird.«

Am 16. Juli demonstrierten fast 200 Mitglieder des Fundamentalist Baptist Tabernacle von Los Angeles, angeführt von Reverent R. L. Hymers, vor den Universal Studios mit Spruchbändern, auf denen stand: »Universal sind wie Judas Ischariot«, »Die größte Geschichte, die je verhunzt wurde« und »Wasserman gefährdet Israel«; außerdem führten sie eine Persiflage der Kreuzigung auf. Es gab auch Demonstrationen vor Wassermans Haus in Beverly Hills, und am Himmel kreiste ein Flugzeug mit dem Spruchband: »Wassermann schürt Judenhaß mit LAST TEMPTATION.« Auf breiterer Basis wandte sich die American Family Association (die schon 1983 die Kampagne gegen den Film betrieben hatte) mit dem Anliegen, das Erscheinen des Films zu verhindern, an etwa 170.000 Pastoren überall in den USA.

Zu diesem Zeitpunkt war der 23. September als Premierentermin geplant. Obwohl der Film eigentlich für die Eröffnung des New York Film Festivals vorgesehen war, hoffte man nun, ihn an einer anderen Stelle des Programms unterzubringen. Zwangsläufig wurden Vergleiche mit der Vorführung von Jean-Luc Godards JE VOUS SALUE, MARIE beim Festival von 1985 gezogen, wo Proteste zu Unterbrechungen geführt hatten. Und tatsächlich war der Widerstand von dogmatischen Katholiken in Frankreich gegen Godards Film einer der Faktoren, die dazu beitrugen, daß sich eine mögliche französische Produktion von THE LAST TEMPTATION OF CHRIST zerschlug.

Am 12. Juli, am selben Tag, an dem geladenen religiösen Führern eine frühe Schnittfassung von Scorseses Film in New York gezeigt wurde, gab Penland mit vier kalifornischen Fundamentalisten an der Westküste eine Pressekonferenz, bei der er den Film angriff und jede Notwendigkeit, ihn selbst sehen zu müssen, bestritt. Unter den dem Film wohlgesonnenen Zuschauern befand sich Reverend William Fore vom National Council of Churches, der im Fernsehen sagte, THE LAST TEMPTATION OF CHRIST sei »nur eine Sichtweise, die man in aller Offenheit diskutierten sollte.« Und während der Bischof der Episkopalen Kirche von New York, Paul Moore, nach der Vorführung sagte, er könne »nichts Blasphemisches darin erkennen«, sagte sein Amtskollege in Los Angeles, Erzbischof Roger M. Mahony, daß er den Film nach dem, was er darüber gehört habe, wohl als »moralisch verwerflich« einstufen und von einem Besuch abraten würde.

Am 25. Juli trat Scorsese schließlich in einem nationalen

Fernsehsender auf, um zu erklären, daß er keinerlei Änderungen an THE LAST TEMPTATION OF CHRIST vornehmen werde, und er betonte, daß es sich um ein fiktives Kunstwerk und nicht um eine Version der Evangelien handele. Aber zwei Tage später, bei einer Fernsehdiskussion über den Film, beschrieb ihn Mutter Angelica, die Direktorin des Eternal Word TV Network, als den »satanischsten Film, der je gedreht wurde«, und erklärte, er würde »das Christentum zerstören«. Als Antwort darauf wunderte sich Jack Valenti, der Präsident der MPAA (der US-Filmbewertungsstelle), wie ein einzelner Film jemandes Glauben ruinieren könne.

Die Kontroverse weitete sich auf Europa aus, als Guglielmo Biraghi, der Direktor des Filmfestivals von Venedig, sagte, er würde den Film außerhalb des Wettbewerbs zeigen, und ihn als »sehr katholischen Film« bezeichnete. Franco Zeffirelli, dessen neuer Film IL GIOVANE TOSCANINI ebenfalls auf dem Festival gezeigt werden sollte, schloß sich der Kampagne vieler Katholiken an, den Film auszuschließen. Man wollte dabei antisemitische Äußerungen von ihm gehört haben, die er später in einem ganzseitigen, von *Variety* veröffentlichten, Brief bestritt. In Großbritannien äußerte die kampferprobte Protestlerin Mary Whitehouse ihre Bedenken gegenüber dem British Board of Film Classification und drohte mit einer Klage wegen Blasphemie (sie hatte schon vorher mit Erfolg eine Verfügung gegen *Gay News* durchgesetzt, die 1977 ein Gedicht veröffentlicht hatten, das der Kreuzigung eine homosexuelle Interpretation unterlegte). Kardinal Basil Hume gab, dem Rat anderer folgend, eine Erklärung heraus, daß katholische Gemeinden sich den Film nicht ansehen sollten, weil Teile davon Gläubige schockieren und empören würden.

Dann entschloß sich Universal plötzlich, den Film am 12. August herauszubringen. Tom Pollock, Vorsitzender der MCA-Filmfirmen, gab eine Stellungnahme heraus, die besagte: »Das Beste, was für THE LAST TEMPTATION OF CHRIST getan werden kann, ist, ihn dem amerikanischen Publikum zugänglich zu machen und diesem so zu ermögli-

chen, seine eigenen auf Fakten und nicht auf Fehlinforma-
tionen basierenden Schlüsse zu ziehen.« Universal und Cineplex Odeon erklärten, sie unterstützten »sowohl Martin
Scorseses Recht, seine persönlichen, künstlerischen und religiösen Visionen auszudrücken, wie auch das Recht des einzelnen, selbst zu entscheiden, was er sehen und denken
will«. Als Antwort darauf wiederholte Reverend R. L. Hymers, daß Universal mit heftigen Protesten rechnen müsse,
wenn der Film mit der vielzitierten Sexszene herauskäme.
Weitere Flüche der Verdammnis kamen von den ›Evangeli-
sten‹ Bill Bright, Jerry Fallwell und Donald Wildman, der
sogar zu einem Wahlboykott gegen die Demokraten aufrief,
mit der Begründung, die Partei unterhalte Verbindungen zu
MCA! Darüber hinaus erklärte die US Catholic Confe-
rence, daß ihre 40 Millionen Anhänger den Film nicht sehen
sollten. Am 11. August marschierten etwa 25.000 Demonstranten in einer letzten vergeblichen Hoffnung, den Film
zu stoppen, vor den Universal Studios auf.

Mit dieser Flut kostenloser Publicity kam der Film am 12.
August in neun Kinos in den USA heraus, begleitet von
deutlich unterstützenden Worten von Filmemachern (Clint
Eastwood: »Freiheit des Ausdrucks ist der *American way*«)
und einem Aufruf zur Solidarität der Directors' Guild of
America. In New York wurde THE LAST TEMPTATION OF
CHRIST im Cineplex Odeon Ziegfeld-Theater (1.141 Plätze)
mit zusätzlichen Sicherheitsmaßnahmen und 100 Polizisten
in Bereitschaft gezeigt. Nahezu 1.000 Demonstranten hatten
sich draußen versammelt, die ganze Umgebung war für den
Verkehr gesperrt, und die Taschen der Zuschauer wurden
durchsucht, nachdem Drohungen, die Leinwand zu zer-
schlitzen oder mit Farbe zu besprühen, eingegangen waren.
Ähnliche Szenen des Protests bei gleichzeitig ausverkauften
Häusern ereigneten sich in Los Angeles, San Francisco, Washington, Chicago, Seattle und Toronto. In drei Tagen hatte
der Film $ 400.000 eingespielt. Aber vier große Kinoketten
in den USA, die zusammen über etwa 2.000 Säle verfügten,
versicherten, sie würden den Film nicht zeigen. Am 26. Au-

gust wurde eine Leinwand zerschnitten und aus dem Cineplex Odeon Theater in Salt Lake City eine Kopie des Films gestohlen, in Atlanta versammelten sich 1.000 Leute, um gegen die dortige Premiere zu protestieren.

Als der Film endlich herausgekommen war, sagte Scorsese mehr zu seiner Verteidigung, indem er unter anderem erklärte, wie substantiell sich das Drehbuch von Schrader verändert habe. Er betonte wieder, daß es bei der »letzten Versuchung nicht darum geht, daß Christus Sex hat, sondern daß er heiratet, mit seiner Frau schläft und Kinder hat wie ein gewöhnlicher Mann«. Er sagte auch, daß er den Film vor seinem Erscheinen seiner Mutter gezeigt habe, und »sie meinte, er sei gut und richtig«.

In London stufte das British Board of Film Classification THE LAST TEMPTATION OF CHRIST ›ab 18‹ (nur für Erwachsene) ein und berief sich auf die juristische Einschätzung, daß kein britisches Gericht den Film als blasphemisch beurteilen würde. Mary Whitehouse, von dieser Entscheidung offensichtlich getroffen, kündigte an, sie werde örtliche Behörden dazu aufrufen, den Film zu verbieten. In Venedig begutachtete ein dortiger Richter den Film, bevor er am 7. September vorgeführt werden konnte, ein Ereignis, das immer noch auf den heftigen Protest der christlich-demokratischen Fraktion stieß. Zwei Tage später kam er in London heraus, mit geringfügigeren Protesten vor den Kinos und einem Verbot für das Plakat in öffentlichen Verkehrsmitteln. Scorsese hielt eine Pressekonferenz ab, auf der er unter anderem folgendes sagte:

»Als ich Kazantzakis' Buch las, hatte ich nicht das Gefühl, daß es irgend jemanden tief verletzen könnte, insbesondere da ich meine eigenen Absichten kannte. Aber bis 1987 war mir klargeworden, daß es bei Erscheinen des Films eine Kontroverse geben würde. Einer der Gründe, daß er schließlich so billig hergestellt wurde, lag in dem Risiko, daß wir ihn vielleicht nicht herausbringen konnten. Einer der Jungen, die ich aus meiner Zeit im Seminar kenne, ist heute

302

Vorsteher eines Ordens in Chicago, der sich *Congregation of the Blessed Sacrament* nennt, und zufällig ist auch er ein großer Fan von Kazantzakis' Buch. Und ich weiß, daß das Buch in Seminaren als Beispiel benutzt wird, um die Geschichte des Evangeliums wieder frisch und lebendig zu machen, zu einem Gegenstand, über den man streiten und diskutieren kann. Dasselbe erhoffte ich mir von der Rezeption des Films. Ich muß gestehen, es ist der einzige meiner Filme, den ich mir gerne ansehe.

Ich denke, wenn man selbst an den Punkt vordringen will, an dem es keine Kirchen mehr gibt, an dem man allein mit Gott ist, dann ist das die Ebene, auf der ich den Film machen wollte. Um auf das zu kommen, was die Botschaft Jesu wirklich ist. Nicht nur eine Plastikfigur auf dem Armaturenbrett, sondern jemand, der uns die wichtigste Botschaft für das Überleben als Spezies auf dieser Erde gebracht hat. In MEAN STREETS versucht die Hauptfigur Charlie, als Christ zu leben; er geht in die Kirche, legt die Beichte ab und hört sich die ganze Philosophie an, die das Gebäude der Kirche ausmacht. Aber draußen, auf den Straßen, wird das Leben von Waffen beherrscht. Wie also führt man ein gutes christliches Leben in einer solchen Welt? All diese Themen haben seit Jahren in mir gearbeitet und sind schließlich in THE LAST TEMPTATION OF CHRIST auf besondere Art zusammengekommen.

Ich erinnere mich, daß die Kirche, als ich ein Kind war, Filmlisten mit den Kategorien A, B und C aushängte. C bedeutete, daß der Film von der Legion of Decency (etwa: Legion für Anstand) verdammt worden war – wenn man in ein Kino ging, das so einen Film zeigte, und einen Herzanfall hatte, kam man in die Hölle! Wenn man sich einen Max Ophüls-Film ansah, war man schon erledigt. Als ich etwa achtzehn oder neunzehn war, sah ich DAS SIEBTE SIEGEL, was für mich ein wunderbares religiöses Erlebnis war. Als ich ihn noch einmal sehen wollte, lief er zusammen mit LÄCHELN EINER SOMMERNACHT – einem abgelehnten Film! Also ging ich sofort zur Beichte und sagte zu unserem

Gemeindepfarrer, einem liebenswürdigen Mann, der inzwischen gestorben ist, daß ich als Filmstudent der New York University LÄCHELN EINER SOMMERNACHT sehen mußte. Ich erklärte ihm, daß ich die sexuellen Aspekte ohnehin nicht verstanden hätte. Er erwiderte, daß ich den Film für meine Arbeit sehen dürfe, aber daß man solche Dinge von den Massen fernhalten müsse. Ich glaube, das ist zwar auch »Mitzweierlei-Maß-messen«, aber ich möchte auch nicht, daß sich ein Zwölfjähriger THE LAST TEMPTATION OF CHRIST ansieht und glaubt, es handele sich um eine genaue Darstellung des Lebens Jesu.

Ein schwarzer Prediger schrieb in einem Brief an die New Yorker *Daily News*, daß ihm der Film gefalle, daß er ihn als Lehrmaterial in Diskussionsrunden verwenden werde und daß er den Eindruck habe, die meisten Leute, die über den Film redeten, hätten ihn nicht gesehen. Er sagte, sie klebten sehr am Wort des Evangeliums, aber nicht an seinem Geist. Gewiß haben viele Menschen in den mittleren Staaten Amerikas ein hartes Leben; dort gibt es Trunksucht, Drogen, Prostitution, Gewalt gegen Frauen und Mord. Dann erscheint irgendein Bursche im Fernsehen, und durch ihn umarmt so ein Sünder sozusagen Jesus. Ich glaube, das ist ganz in Ordnung, wenn sich daraufhin jemand entschließt, seinem Leben einen Sinn zu geben. Und ich glaube, sie haben große Angst vor allem, was ihre Idee von Jesus bedroht, denn tief im Innern fürchten sie sich sehr davor, zu ihren alten Gewohnheiten zurückzukehren. Ihnen würde ich sagen, wenn sie sich wirklich verletzt fühlen, sollten sie wegbleiben, aber bitte anderen erlauben, sich den Film anzusehen. Einige fundamentalistische Prediger merkten, daß sie sich letzten Endes einen schlechten Dienst erwiesen hatten, indem sie die Kasseneinnahmen des Films gesteigert hatten, denn Leute, die sich meine Filme normalerweise nicht ansahen, gingen in diesen Film. Man befragte Leute, die aus den Kinos kamen, und in der ersten Woche gefiel er 85–90 % der Besucher, die sagten, sie würden ihn ihren Freunden empfehlen.«

Außerhalb der USA und Großbritanniens fand THE LAST TEMPTATION OF CHRIST nicht immer ein scheinbar so vernünftiges Echo. Am 28. September kam der Film unter gewalttätigen Demonstrationen in Paris heraus – es gab einen Aufruhr im Foyer des UGC-Odéon, Molotowcocktails wurden geworfen, und dreizehn Polizisten wurden verletzt. In einem anderen Kino wurde Tränengas versprüht. Ähnliche Zwischenfälle sollten sich in Avignon, Besançon und Marseille ereignen. Am 22. Oktober brannte das Cinéma St. Michel aus, wobei dreizehn Personen verletzt wurden. Diese Gewalttätigkeiten wurden öffentlich von Jack Lang, dem Kulturminister, und dem Erzbischof von Paris, Kardinal Lustiger, verurteilt, aber im Endeffekt bedeutete es, daß die Verbreitung des Films in Frankreich sehr rasch beendet wurde.

In Israel, dem Land, das einst Scorsese eingeladen hatte, seine Landschaften als Schauplätze für den Film zu verwenden, wurde THE LAST TEMPTATION OF CHRIST verboten, weil er »für Christen verletzend« sei. In Griechenland (wo die orthodoxe Kirche 1955 Kazantzakis' Roman auf ihren Index verbotener Bücher gesetzt hatte) kam der Film heraus, wurde aber einen Monat später verboten. Die Premiere in Brasilien provozierte wieder mehr Gewalt. Andererseits erhielt der Film in Westdeutschland von der Bewertungsstelle das Prädikat ›Besonders wertvoll‹, und in Irland wurde er für über Achtzehnjährige zugelassen, allerdings mit der Auflage, daß niemand nach Filmbeginn eingelassen würde, damit man die Erklärung am Anfang, daß es sich um ein fiktives Werk und nicht um die Evangelien handele, nicht verpaßte.

Bis Ende Oktober hatte Universal in etwa $ 8 Millionen brutto eingenommen, und sie gewannen den Eindruck, daß sie wohl einen bescheidenen Profit mit dem Film machen würden. Die Fundamentalisten jedoch bestanden weiterhin auf ihrem Sieg über Scorsese und seine Geldgeber, obwohl eine Initiative, den Verkauf von MCA's Video von E.T. zu boykottieren, ganz und gar gescheitert war. Im Mai 1989 kündigte MCA ganz unspektakulär eine Video-Auflage von THE LAST TEMPTATION OF CHRIST an, was wiederum Androhungen von Vergeltungsmaßnahmen hervorrief. Seither ist der Film in USA und Großbritannien auf Video relativ leicht zugänglich

Scorsese als Passagier in TAXI DRIVER

Filmographie

Abkürzungen: R: Regie (nur wenn andere als Scorsese beteiligt sind); B: Buch; K: Kamera; Kf: Kameraführung; K-Ass: Kameraassistenz; Sch: Schnitt; Sch-A: Schnittassistenz; Sch-Ü: Schnittüberwachung; T: Ton; T-M: Tonmischung; T-Sch: Tonschnitt; T-Sch-Ü: Tonschnitt-Überwachung; M-Sch: Musikschnitt; M: Musik; ML: Musikalische Leitung; M-Ü: Musikalische Überwachung; M-Pd: Musikproduzent; Pro-Des: Roduction Designer; A: Ausstattung; Ba: Bauten; Ko: Kostüme; Ko-Ü: Kostüm-Überwachung; Ma: Maske; SpE: Special-Effects; R-Ass: Regieassistenz; D: Darsteller; P: Produktionsgesellschaft; Pd: Produzent; Co-Pd: Koproduzent; Pk: Produktions-Koordination; Pd-Ass: Produktionsassistenz; AP: Associate Producer; EP: Executive Producer; Pl: Produktionsleitung; P-Ü: Produktionsüberwachung; F: Film; OL: Länge der Orginalfassung; DL: Länge der deutschen Synchronfassung; U: Uraufführung; DE: Deutsche Erstaufführung; V: Verleih.

Regiearbeiten

1963 WHAT'S A NICE GIRL LIKE YOU DOING IN A PLACE LIKE THIS?
B: Martin Scorsese. – K: James Newman. – Fotos (s/w.): Frank Truglio. – M: Richard H. Coll; Song »Swivel Hip Sal« von Sandor Reich (Text) und Richard H. Coll (Musik). – Sch: Robert Hunsicker. – T: Sandor Reich. – T-M: Maria Stiller. – R-Ass: Louise Stephanic. – D: Zeph Michaelis (Harry), Mimi Stark (Harrys Frau), Sarah Braveman (Psychoanalytikerin), Fred Sica (Freund), Robert Uricola (Sänger), Martin Scorsese (Mann auf der Barke, ungenannt).- P: New York University, Department of Television, Motion Picture and Radio Presentations (Summer Motion Picture Workshop). U: Sommer 1963. – F: 16mm, s/w. – OL: 9 Min.

1964 IT'S NOT JUST YOU, MURRAY
B: Martin Scorsese, Mardik Martin. – K: Richard H. Coll. – Fotos: Edwin Grant. – M: Richard H. Coll. – ML: Leo Ursini. – Sch.: Eli F. Bleich (ungenannt: Martin Scorsese). A/Ko: Lancelot Braithwaite, Victor Magnotta. – R-Ass: Mardik Martin. – D: Ira Rubin (Murray), Sam De Fazio (Joe), Andrea Martin (Ehefrau), Catherine Scorsese (Mutter), Robert Uricola (Sänger), Susan Miller, Sydney Anne Seide, Vivian Thompson, Cynthia Koenig, Larraine Brennan (Balettnummer »Love is a Gazelle«), Bernard Weisberger, Victor Magnotta, Richard Sweeton, John Bivona, Mardik Martin, Richard H. Coll, Martin Scorsese. – P: New York University, Department of Television, Motion Picture and Radio Presentations (Summer Motion Picture Workshop). – F: 35 mm (urspgl. 16 mm), s/w. – OL: 15 Min. – U: Okt. 1965, New York Film Festival.

Auszeichnungen: Erster Preis als bester Studentenfilm beim Brown University Film Festival 1965, Preis der Edward L. Kingsley Foundation, Preis der Screen Producers Guild als Bester Studentenfilm 1965.

1969 WHO'S THAT KNOCKING AT MY DOOR? Wer klopft denn da an meine Tür?
(Erste Fassung 1965: BRING ON THE DANCING GIRLS: – Hauptdarstellerin: Ann Hodapp. – OL: 58 Min. / Zweite Fassung 1967: I CALL FIRST (neue Szenen gedreht in 16 mm). Auf Wunsch des Verleihers Joseph Brenner dreht Scorsese 1968 in Amsterdam eine erotische Traumszene nach. – Der Film wurde 1970 in Los Angeles auch unter dem Titel J.R. aufgeführt.).
B: Martin Scorsese, (zusätzliche Dialoge: Betzi Manoogian). – K: Richard H. Coll (erste Fassung), Michael Wadleigh (zweite Fassung), (ungenannt: Max Fisher (erotische Traumsequenz)). – K-Ass: Ron Clabeaux, Ed Grant. – Sch: Thelma Schoonmaker (ungenannt: Martin Scorsese). – T: John Binder, Jim Datri. – M: »Jenny Takes a Ride« von Mitch Ryder and The Detroit Wheels (1967), »The Closer You Are« von The Channels (1965), »I've Had It« von The Bellnotes (1965), »El Watusi« von Ray Baretta (1965), »Don't Ask Me« von The Dubs (1967); »Shotgun« von Jr. Walker and the All Stars (1967), »The End« von The Doors (1968), »Ain't That Just Like Me« von The Searchers (1965), »Who's That Knockning At My Door?« von The Genies (1965), »The Plea« von The Chantells (1965). – A: Victor Magnotta. – R-Ass: Mardik Martin. – D: Zina Bethune (Mädchen), Harvey Keitel (J.R.), Lennard Kuras (Joey), Michael Scala (Sally GaGa), Harry Northup (Harry, der Vergewaltiger), Bill Minkin (Iggy/Radioansager), Phil Carlson (Bergführer), Wendy Russell (Sally GaGas Freundin), Robert Uricola (Bewaffneter), Susan Wood (Susan), Marissa Joffrey (Rosie), Catherine Scorsese (J.R.'s Mutter). Vic Magnotta/Paul De Biondi (Jungen bei der Schlägerei), Anne Colette, Saskia Holleman, Tsuai Yu-Lan (Mädchen im Traum), Thomas Aiello (Freund bei der Party), Martin Scorsese (Gangster, ungenannt). – P: Tri-Mod-Productios. – Pd: Joseph Weill, Betzi und Haig Manoogian. – Pl: Barbara Battle. – Gedreht zwischen 1965 und 1968 in New York City, Copake, N.Y. und Amsterdam. – F: 35 mm, s/w, 1:1,33. – OL und DL: 90 Min. – U: Juni 1965, New York University Film Festival (erste Fassung); Nov. 1967, Chicago Film Festival; New Yorker Premiere (Kinostart): 8.9.1968.
Festivals: Erste Fassung: New York University Film Festival 1965; zweite Fassung: Chicago 1967, Incontri Internazionali Sorrent 1970.

1966 NEW YORK CITY ... MELTING POT. – B, Sch: Martin Scorsese. – P: United States Information Agency. Keine weiteren Angaben.

1967 THE BIG SHAVE. – B: Martin Scorsese. – K: Ares Demertzis. – Sch: (ungenannt) Eli Bleich, Martin Scorsese. – M: »I Can't Get Started« von Bunny Berigan (1939, Text: Ira Gershwin). – A: Ken Gaulin. – SpE: Eli Bleich. – D: Peter Bernuth (Junger Mann). – P: Martin Scorsese, New Jersey, in Zusammenarbeit mit Agfa-Gevaert und der Cinémathèque Royale de Belgique, Brüssel. – Pd: Saul Rubin, Elaine Attias. – F: 16 mm, Farbe (Agfacolor). – OL: 6 Min. – U: 29. 12. 1967, exprmntl 4 (Vierter internationaler Experi-

mentalfilm Wettbewerb), Knokke-le-Zoute. – DE: 4. 4. 1968, Westdeutsche Kurzfilmtage, Oberhausen.
Festivals/Preise/Auszeichnungen: Knokke-le-Zoute 1967 (Prix de L'Age d'Or), Oberhausen 1968, London 1968, New York 1968.

1970 STREET SCENES 1970. – K: Don Lenzer, Harry Bolles, Dany Schneider, Peter Rea, Bob Pitts, Bill Etra, Tiger Graham, Fred Hadley, Ed Summer, Nat Trapp (Teil 1); Nancy Bennett, John Butman, Dick Catron, Fred Elmes, Tom Famighetti, Peter Flynn, Roberta Foresta, David Freeberg, Toni Janetti, Arnold Klein, Ron Levitas, Didier Loiseau, David Ludwig, Laura Primakoff, Gordon Stein, Oliver Stone, Bruce Tabor, Stan Weiser, Bob Zahn (Teil 2). – Sch: Angela Kirby, Maggie Koven, Gary Pallor, Peter Rea, Thelma Schoonmaker, Larry Tisdall. – T/Interviewer: Marty Andrews, Harry Bolles, Michael Eppy, Jay Freund, David Ludwig, Danny Schneider, Josh Stein, Bruce Tabor (Teil 1); Jim Brown, Burget, Dick Catron, Dallas Garad, Ron Levitas, Marty Rattigan, Peter Rea, Stan Weiser, Bob Zahn (Teil 2). – Fotos: Charles Baum, Christie Emanuel, Jeff Feiner, Bonnie Freer, Andrew Goldberg, Harvey Keitel, Ron Levitas, Ira Resnick, Carole Zeitlin. – P: New York Cinetracts Collective. – Postproduction und P-Ü: Martin Scorsese. – Mitarbeit: Rani Kaplan. – Pk: Paul Asselin, Mitchell Block, Harry Bolles, Tim Curnen, Ira Fogel, Chris Norris, Nick Tanis. – Leiter der preproduction: Nick Tanis. – Berater der postproduction: Diana Krumins, Maggie Koven, Peter Rea. – Gedreht im Mai 1970 in der New York University School of Arts. New York und Washington, D.C. – F: 16 mm, Farbe und Sepia. – OL: 75 Min. – U: 14. 9. 1970, New York Film Festival (Philharmonic Hall). (Der Film wurde in der Bundesrepublik nicht verliehen).

1971/72 BOXCAR BERTHA. Die Faust des Rebellen/Boxcar Bertha. – B: Joyce H(oward) und John William Corrington, basierend auf der Autobiografie von Boxcar Bertha Thompson »Sister of the Road«, aufgezeichnet von Dr. Ben L. Reitman, 1937. – K: John Stephens (ungenannt: Gayne Rescher). – Visuelle Beratung: David Nichols. – Sch: Buzz Feitshans. – Sch-Ass: George Trirogoff. – T-M: Don F. Johnson. – M: Gib Guilbeau, Thad Maxwell. – ML: Herb Cohen. – A: David Nichols. – Ko: Bud Modes. – R-Ass: Paul Rapp, Russ Vreeland. – D: Barbara Hershey (Boxcar Bertha), David Carradine (Big Bill Shelley), Barry Primus (Rake Brown), Bernie Casey (von Morton; i.d. deutschen Synchronfassung: Sam), John Carradine (H. Buckram Sartoris), Victor Argo, David R. Osterhout (die McIvers), Harry Northup (Harvey Hall), Graham Pratt (Emeric Pressburger), ›Chicken‹ Holleman (Michael Powell), Ann Morell (Tillie), Marianne Dole (Mrs. Mailer), Joe Reynolds (Joe), Doyle Hall (Würfelspieler), Gayne Rescher, Martin Scorsese (Bordellkunden). – P: American International Pictures. – Pd: Roger Corman. – AP: Julie Corman. – Pl: Paul Rapp. – Gedreht ab 25. 10. 1971 in Arkansas (25 Drehtage). – F: 35 mm, Farbe (De Luxe), 1:1,85. – OL: 88 Min. – DL: 73 Min. (deutsch synchronisierte Fassung); 88 Min. (untertitelte Fassung). – U: Mai 1972 . – DE: 7. 12. 1973 (deutsch synchronisierte Fassung), 30. 10. 1981, Internationale Hofer Filmtage (ungekürzte Originalfassung). Kinostart der ungekürzten Fassung (OmU): 30. 7. 1982, Berlin.

1972/73 MEAN STREETS. Hexenkessel. – B: Martin Scorsese, Mardik Martin nach einer Idee von Martin Scorsese. – Koordination des zweiten Teams: David R. Osterhout. – K: Kent Wakeford, Norman Gerard. – Kf: Gene Talvin. – K-Ass: Pat O'Mara, Harry Young. – Sch: Sid Levin (ungenannt: Martin Scorsese, Brian De Palma). – Sch-Ass: George Trirogoff. – T: Don Johnson. – T-M: John K. Wilkinson, Bud Grenzbach, Walter Goss. – M: »Jumpin' Jack Flash« und »Tell Me« von Mick Jagger und Keith Richard, gespielt von The Rolling Stones; »I Love You So«, gespielt von den Chantells; »Addio Sogni Di Gloria«, »Canta Per Me« und »Monasterio di Santa Chiara«, gesungen von Giuseppe Di Stefano; »Marruzella«, »Scapricciatiello«, gesungen von Renato Carosone; »Please Mr. Postman« von Bert Holland, gespielt von The Marvelettes; »Hideaway« und »I Looked Away« von Eric Clapton und Bobby Whitlock, gespielt von Eric Clapton; »Desiree«, gespielt von The Chants; »Rubber Bisquit«, gespielt von The Chips; »Pledging My Love«, gesungen von Johnny Ace; »Ritmo Sabroso«, gesungen von Ray Baretta; »You« von Walter Donaldson, Harold Adamson, gesungen von The Aquatones; »Ship of Love«, gespielt von The Nutmegs; »Florence«, gespielt von The Paragons; »Malafemmina«, gespielt von Jimmy Roselli; »Those Oldies But Goodies« von Coringa Politi, gespielt von Little Caesar and the Romans; »I Met Him on a Sunday«, gespielt von The Shirells; »Be My Baby« von Phil Spector and Jeff Barry, gespielt von The Ronettes; »Mickey's Monkey« von Dozier & Holland, gespielt von The Miracles. – A: (ungenannt) David Nichols, Doyle Hall. – Ko: Norman Salling. – R-Ass: Russell Vreeland, Ron Satloff. – SpE: Bill Bales. – D: Harvey Keitel (Charlie), Robert De Niro (Johnny Boy), David Proval (Tony), Amy Robinson (Teresa), Richard Romanus (Michael), Cesare Danova (Giovanni), Victor Argo (Mario), Robert Carradine (Mörder), Jeannie Bell (Diane), D'Mitch Davis (Polizist), David Carradine (Betrunkener), George Memmoli (Joey Catucci), Murray Moston (Oscar), Ken Sinclair (Sammy), Harry Northup (Jerry, der Vietnamveteran), Lois Walden (jüdisches Mädchen), Lenny Scarletta (Jimmy), Robert Wilder (Benton), Dino Seragusa (alter Mann), Peter Fain (George), Julie Andelman (Mädchen auf der Party), Jaima Alba und Ken Konstantin (junge Männer aus Riverdale), Nicki »Ack« Aquilino (Mann in den Docks), B. Mitchell Reed (Discjockey), Martin Scorsese (Shorty, der Killer im Auto), Anna Uricola (Nachbarin am Fenster), Catherine Scorsese (Frau auf der Treppe), Ron Satloff (Carl), Barbara Weintraub (Heather Weintraub), Jenny Goldberg (Sarah Klein), Bill Minkin. – P: T-P-S Productions (Eine Taplin-Perry-Scorsese-Produktion). – Pd: Jonathan T. Taplin. – EP: E. Lee Perry. – Pl: Paul Rapp. – Koordination der pre- und postproduction: Sandra Weintraub. – Gedreht im Oktober/November 1972 in New York (6 Drehtage) und Los Angeles, San Pedro, Pasadena (21 Tage). – F: 35 mm, Farbe (Technicolor), 1:1,85. – OL: 110 Min. – DL: 112 Min. – U: 2. 10. 1973, New York Film Festival (Alice Tully Hall); Kinostart: 14. 10. 1973. – DE: 25. 6. 1976
Festivals/Preise/Auszeichnungen: New York Film Festival 1973, Cannes 1974, Locarno 1974; Preis der New Yorker Filmkritiker für Robert De Niro (bester Darsteller 1973).

1974 ALICE DOESN'T LIVE HERE ANYMORE. Alice lebt hier nicht mehr. – B: Robert Getchell (ungenannte Mitarbeit: Martin Scorsese, Ellen Burstyn, Larry Cohen, Sandra Weintraub). – K: Kent L. Wakeford. – Kf: Owen Marsh. – K-Ass: Ray Villalobos. – Sch: Marcia Lucas. – Sch-Ass: C. Timothy O'Meara. – T-M: Don Parker. – M: »All the Way from Memphis« von Ian Hunter, gespielt von Mott the Hoople; »Roll Away the Stone« von Leon Russell, Greg Dempsey, gespielt von Leon Russell; »Daniel« von Elton John, Bernie Taupin, gespielt von Elton John; »Jeepster« von Marc Bolan, gespielt von T. Rex; »Where or When« von Richard Rodgers, Lorenz Hart; »When Your Lover Has Gone« von E. A. Swan; »Gone with the Wind« von Allie Wrubel, Herb Magidson; »I've Got a Crush on You« von George und Ira Gershwin, gesungen von Ellen Burstyn; »I'm So Lonesome I Could Cry« von Hank Williams, gesungen von Kris Kristofferson; »Wildwood Flower« (trad.), arrangiert von Danny Franklin; »Cuddle Up A Little Closer, Lovey Mine« von Otto Harbach, Karl Hoschna, gesungen von Betty Grable (aus dem Film CONEY ISLANDS, 1943); »You'll Never Know« von Harry Warren, Mack Gordon, gesungen von Alice Faye (aus dem Film HELLO, FRISCO, HELLO, 1943). – Zusätzliche M: Richard LaSalle. – Pro-Des: Toby Carr Rafelson. – Ko: Lambert Marks (Männer), Lucia De Martino (Frauen). – Ma: Bob Westmoreland. – Frisuren: Lola ›Skip‹ McNally. – R-Ass: Mike Moder, Mike Kusley. – D: Ellen Burstyn (Alice Hyatt), Kris Kristofferson (David Barrie), Billy Green Bush (Donald Hyatt), Diane Ladd (Flo), Lelia Goldoni (Bea), Lane Bradbury (Rita), Vic Tayback (Mel), Jodie Foster (Audrey); Harvey Keitel (Ben Eberhart), Valerie Curtin (Vera), Murray Moston (Jacobs), Harry Northup (Barmann), Alfred Lutter (Tom Hyatt), Mia Brendixsen (Alice als Achtjährige), Ola Moore (alte Frau), Martin Brinton (Lenny), Dean Casper (Chicken Holleman), Henry M. Kendrick (Ladenangestellter), Martin Scorsese und Larry Cohen (Gäste im Mel and Ruby's), Mardik Martin (Zuhörer beim Vorsingen). – P: Warner Brothers. – Pd: David Susskind, Audrey Maas. – AP: Sandra Weintraub. – EP: Larry Cohen. – Pl: John G. Wilson. – Gedreht Anfang 1974 in Tucson, Arizona und New Mexico und in den Columbia-Studios, Los Angeles (40 Drehtage). – F: 35 mm, Farbe (Technicolor), 1: 1,85. – OL und DL: 112 Min. – U: Dezember 1974, Los Angeles; New Yorker Premiere 29. 1. 1975. – DE: 26. 9. 1975.
Festivals/Preise/Auszeichnungen: Cannes 1975 (Wettbewerb); Oscar 1975 Ellen Burstyn (beste Darstellerin), Oscar-Nominierung Robert Getchell (bestes Originaldrehbuch), Diane Ladd (beste Nebendarstellerin); SFTA (Society for Film and Television) London 1975: bester Film, bestes Originaldrehbuch, beste weibliche Hauptrolle, beste weibliche Nebenrolle (Diane Ladd).

1974 ITALIANAMERICAN. Italianamerican. – Treatment: Mardik Martin, Larry Cohen (ungenannt: Martin Scorsese). – K: Alex Hirshfeld. – K-Ass: Marc Hirshfeld. – Sch: Bertram Lovitt. – Sch-Ass: Randy Jon Morgan. – Associate Editor: Tom Walls. – T: Lee Osborne. – Mitwirkende: Catherine, Charles und Martin Scorsese. – Pd: Saul Rubin, Elaine Attias. – AP: Bertram Lovitt. – Pl: Dale Bell. – Gedreht im April/Mai 1974 in New York. – F: 16

mm, Farbe, 1:1,37. – OL und DL: 49 Min. – U: Oktober 1974, New York Film Festival. – DE: 28. 2. 1978, Berlinale (Info-Schau, Aki am Zoo).

1975/76 TAXI DRIVER. Taxi Driver. – B: Paul Schrader. – K: Michael Chapman. – Kf: Fred Schuler. – K-Ass: Alex Hirshfeld, Bill Johnson, Ron Zarillo. – K (zweites Team): Michael Zingale. – Spezialfotografie: Steve Shapiro. – Visuelle Beratung: David Nichols. – Sch: Tom Rolf, Melvin Shapiro. – Sch-Ass: George Trirogoff, William Weber. – Sch-Ü: Marcia Lucas – T: Les Lazarowitz, Roger Pietschman. – T-M: Tex Rudloff, Dick Alexander, Vern Moore. – T-Sch-Ü: Frank E. Warner. – T-Effekte-Sch: Sam Gemette, Jim Fritch, David Hourton, Gordon Davidson. – M-Sch: Shinichi Yamazaki. – M: Bernard Herrmann; »Late for the Sky«, komponiert und gespielt von Jackson Browne; »Hold Me Close« von Bernard Herrmann, Keith Addis, gesungen von George (Oobie) McKern. – A: Charles Rosen. – Ba: Herbert Mulligan. – Ko: Ruth Morley. – Ma: Irving Buchman. – Frisuren: Mona Orr. – Special Make-Up: Dick Smith. – SpE: Tony Parmelee. – Künstlerische Beratung: Sandra Weintraub. – R-Ass: Peter R. Scoppa, Ralph Singleton, William Eustace. – Ass. von Martin Scorsese: Amy Jones. – D: Robert De Niro (Travis Bickle), Cybill Shepherd (Betsy), Jodie Foster (Iris), Peter Boyle (Wizard), Leonard Harris (Charles Palantine), Harvey Keitel (Matthew/ »Sport«), Martin Scorsese (Fahrgast), Steven Prince (Andy der Waffenverkäufer), Diahnne Abbott (Süßwarenverkäuferin im Pornokino), Frank Adu (wütender Schwarzer), Vic Argo (Melio), Gino Ardito (Polizist bei der Wahlveranstaltung), Garth Avery (Iris' Kollegin), Albert Brooks (Tom), Harry Cohn (Taxifahrer), Copper Cunningham (Prostituierte im Taxi), Peter Savage (Freier), Brenda Dickson (Frau in der TV-Soap-Opera), Harry Fischler (Mann in der Funkzentrale), Nat Grant (Ladenräuber), Richard Higgs (Secret -Service-Mann), Beau Kayser (Mann in der TV-Soap-Opera), Vic Magnotta (Secret-Service-Fotograf), Robert Maroff (Mafioso), Norman Matlock (Charlie T.), Bill Minkin (Toms Assistent), Murray Moston (Aufpasser im Bordell), Harry Northup (Doughboy), Gene Palma (Schlagzeuger an der Straßenecke), Carey Poe und Robin Utt (Wahlhelfer), Robert Shields (Palantines Mitarbeiter), Ralph Singleton (Fernsehinterviewer), Joe Spinell (Personalsachbearbeiter), Maria Turner (zornige Prostituierte). – P: Italo-Judeo für Columbia. Eine Bill-Phillips-Produktion. – Pd: Michael und Julia Phillips. – AP: Phillip M. Goldfarb. – Gedreht vom 9. Juni bis August 1975 in New York. – F: 35 mm, Farbe (MGM Color), 1:1,85. – OL und DL: 114 Min. – U: 7. 2. 1976, New York (Coronet). – DE: 7. 10. 1976. – V: Warner-Columbia (35 und 16 mm).
Festivals/Preise/Auszeichnungen: Cannes 1976 (Goldene Palme), 8. Festival der Nationen, Taormina 1977 (David di Donatello an Martin Scorsese), BAFTA (British Academy of Film and TV) Stella 1976 für Jodie Foster (beste Nebendarstellerin), Anthony Asquith Memorial Award für Bernard Herrmann (beste Filmmusik); Gilde der Londoner Filmkritiker: beste Filmmusik: Bernard Herrmann, bester Nachwuchsdarsteller: Rober De Niro; Gilde der New Yorker Filmkritiker: bester Hauptdarsteller: Robert De Niro.

1976/77 NEW YORK, NEW YORK. New York, New York. – B: Earl Mac
Rauch, Mardik Martin nach einer Idee von Earl Mac Rauch (ungenannte
Mitarbeit: Julia Cameron, Martin Scorsese, Robert De Niro). – K: Lazlo Ko-
vacs (letzte Szene, ungenannt: Vilmos Zsigmond). – Kf: Bobby Byrne, Ro-
bert Stevens. – K-Ass: Joseph E. Thibo. – Visuelle Beratung: David Nichols.
– Sch: Tom Rolf, Bertram Lovitt, David Ramirez. – Sch-Ü: Irving Lerner,
Marcia Lucas. – Sch-Ass: Michael Ripps, Arthur W. Forney, Phyllis Smith
Altenhaus, Scott Burrow, Eric A. Sears, Michael Sheridan. – T: Lawrence
Jost. – T-M: Richard Portman. – T-Sch: Michael Colgan, James Fritch, Da-
vid Holden, Harry Keramidas, Vickie Sampson. – T-Sch-Ü: Kay Rose. –
M-Sch: William Saracino. – M: »Theme from New York, New York«,
»There Goes the Ball Game«, »But the World Goes Round«, »Happy En-
dings« von John Kander und Fred Ebb, gesungen von Liza Minnelli; »Opus
One« von Sid Garris, Sy Oliver; »I'am Gettin' Sentimental over You« von
George Bassman, Ned Washington, »Song of India« von Nicolai Rimsky-
Korsakov (arr. Tommy Dorsey); »You Brought a New Kind of Love to Me«
von Sammy Fain, Irving Kahal, Pierre Norman Connor, gesungen von Liza
Minnelli, »Don't Blame Me« von Jimmy McHugh, Dorothy Fields; »Once
in a While« von Michael Edwards, Bud Green, gesungen von Liza Minnelli;
»You Are My Lucky Star« von Nacio Herb Brown, Arthur Freed, gesun-
gen von Liza Minnelli; »It's a Wonderful World« von Jan Savitt, Johnny
Weston, Harold Adamson; »For All We Know« von J. Fred Coots, S.M.
Lewis; »South America Take It Away« von Harold Rome; »The Man I
Love« von George und Ira Gershwin, gesungen von Liza Minnelli; »Taking
a Chance on Love« von Vernon Duke, John Latouche, Ted Fettler, gesun-
gen von Liza Minnelli; »Just You, Just Me« von Jesse Greer, Raymond Kla-
ges; »Blue Moon« von Richard Rodgers, Lorenz Hart, gesungen von Mary
Kay Place; »Honeysuckle Rose« von Thomas »Fats« Waller, Andy Razaf,
gesungen von Diahnne Abbott; »Do Nothing Till You Hear from Me«,
»Don't Get Around Much Anymore« von Duke Ellington, Bob Russell;
»Don't Be That Way« von Benny Goodman, Edgar Sampson, Mitchell Pa-
rish; »Hold Tight« von Leonard Kent, Edward Robinson, Leonard Ware,
Jerry Biandow, Willie Spottswood; »Bugle Call Rag« von Jack Pettis, Billy
Meyers, Elmer Schoebel; »Avalon« von Vincent Rose, Al Jolson; »Night in
Tunisia« von John Birks, Dizzy Gillespie, Frank Paparelli; »Billets Doux«
gespielt vom Hot Club du France Quintett; »Wonderful Girl«. – ML/M-Ü:
Ralph Burns. – Saxophon-Solos: Georgie Auld. – Pro-Des: Boris Leven. –
A: Harry R. Kemm. – Ba: Robert DeVestel, Ruby R. Levitt. – Ko: Theadora
Van Runkle. – Ma: Michael Westmoreland, (Liza Minnelli) Christina Smith.
– Choreografie: Ron Field. – Technische Beratung: Georgie Auld. – SpE: Ri-
chard Albain. – R-Ass: Melvin D. Dellar, Michael Grillo. – Ass. von Martin
Scorsese: Dayle Michelle, Steven Prince. – D: Liza Minnelli (Francine
Evans), Robert De Niro (Jimmy Doyle), Lionel Stander (Tony Harwell),
Barry Primus (Paul Wilson), Mary Kay Place (Bernice), Georgie Auld
(Frankie Harte), George Memmoli (Nicky), Dick Miller (Besitzer des Palm
Clubs), Murray Moston (Horace Morris), Lennie Gaines (Artie Kirks),
Clarence Clemons (Cecil Powell), Kathi McGinnis (Ellen Flannery), Nor-
man Palmer (Hotelangestellter), Adam David Winkler (Jimmy Doyle Jr.),

Dimitri Logothetis (Hotelangestellter), Frank Sivera (Eddie Di Muzio), Diahnne Abbott (Sängerin im Harlem Club), Margo Winkler (streitlustige Frau), Steven Prince (Plattenproduzent), Don Calfa (Gilbert), Bernie Kuby (Friedensrichter), Selma Archerd (Frau des Friedensrichters), Bill Baldwin (Ansager im Moonlit Terrace), Mary Lindsay (Garderobenfrau im Meadows), Jon Cutler (Musiker in Frankie Hartes Band), Nicky Blair (Taxifahrer), Casey Casem (Discjockey), Jay Salerno (Busfahrer), William Tole (Tommy Dorsey), Sydney Guilaroff (Friseur), Peter Savage (Assistent von Horace Morris), Gene Castle (tanzender Seemann), Louie Guss (Fowler), Shera Danese (Doyles Mädchen im Major Chord), Bill McMillan (Discjockey), David Nichols (Arnold Trench), Harry Northup (Alabama), Marty Zagon (Manager des South Bend Ballroom), Timothy Blake (Krankenschwester), Betty Cole (Putzfrau), De Forest Covan (Gepäckträger), Phil Gray (Trombonespieler in Jimmy Doyles Band), Roosevelt Smith (Rausschmeißer im Major Chord), Bruce L. Lucoff (Taxifahrer), Bill Philipps Murry (Kellner im Harlem Club), Clint Arnold (Trombonespieler im Palm Club), Richard Alan Berk (Schlagzeuger im Palm Club), Jack R. Clinton (Barmann im Palm Club), Wilfred R. Middlebrooks (Bassist im Palm Club), Jake Vernon Porter (Trompeter im Palm Club), Nat Pierce (Pianist im Palm Club), Manuel Escobosa (Kämpfer im Moonlit Terrace), Susan Kay Hunt und Teryn Jenkins (Mädchen im Moonlit Terrace), Mardik Martin (Gönner im Moonlit Terrace), Leslie Summers (Frau in Schwarz im Moonlit Terrace), Brock Michaels (Mann am Tisch), Washington Rucker und Booty Reed (Musiker in der Hiring Hall), David Armstrong, Robert Buckingham, Eddie Garrett, Nico Stevens (Reporter), Peter Fain (grüßender Mann im Up Club), Angelo Lamonea (Kellner im Up Club), Charles A. Tamburro und Wallace McCleskey (Rausschmeißer im Up Club), Ronald Prince (Tänzer im Up Club), Robert Peterson (Fotograf), Richard Raymond (Zugschaffner), Hank Robinson (Francines Leibwächter), Harold Ross (Taxifahrer), Eddie Smith (Mann im Waschraum des Harlem Clubs). – P: Chartoff-Winkler Productions für United Artists. – Pd: Irwin Winkler, Robert Chartoff. – AP: Gene Kirkwood. – EP: Hal E. Polaire. – Gedreht am 14. Juni 1976 in den MGM-Studios, Culver City, den Burbank- und Twientieh Century Fox-Studios (25 Wochen). – F: 35 mm, Farbe (Technicolor, Kopien von De-Luxe), 1:1,85. – OL: 155 Min., kurz nach der Premiere auf 138 Min. gekürzt; rekonstruierte Fassung: 163 Min. – DL: 137 Min. – U: 21. 6. 1977, New York (Alice Tully Hall). EA der rekonstruierten Fassung: 19. 6. 1981. – DE: 1. 9. 1977. – V: UIP.

1976-78 THE LAST WALTZ. The Band. – Treatment und künstlerische Beratung: Mardik Martin. – K: Michael Chapman. – Zusätzliche K: Lazlo Kovacs, Vilmos Zsigmond, David Myers, Boby Byrne, Michael Watkins, Hiro Narita. – Kf: Fred Schuler, Joe Marquette, Ray J. De La Motte, Sean Doyle. – K-Ass: Hans Baumgartner, Dustin Blauvelt, Gary Boren, Lawrence Gruenberg, W. Steven Peterson, Anthony Rivetti, Tibor Sands, George Stevenson, Ted Sugiura, John Toll, Ronald Vargas. – Sch: Yeu-Bun Yee, Jan Roblee (ungenannt: Thelma Schoonmaker). – Sch-Ass: Karen V. Hoenig, Eric Sears. – T: Michael Evje, Don Lusby, Arthur Rochester, Nelson Stoll,

James R. Wright; (Konzert) Ed Anderson, Elliot Mazer, Tim Kramer, Neil Brody, Jeremy Zatkin. – T-M: Steve Maslow, Harold Varney. – T-Effekte-Sch: Richard L. Oswald, Paul Laune. – M-Sch: Ken Wannberg, Robert Raff. – M-Koordination: Sonny J. Olivera. – M: »Don't Do It« von Holland, Dozier und Holland, gespielt von The Band; »Theme from The Last Waltz«, »Up on Cripple Creek«, »Shape I'm In«, »It Makes No Difference«, »Stage Fright«, »The Night They Drove Old Dixie Down«, »Chest Fever«, »Ophelia« von Robbie Robertson, gespielt von The Band; »The Weight« von Robbie Robertson, gespielt von The Staples, The Band; »Evangeline« von Robbie Robertson, gespielt von Emmylou Harris, The Band; »Old Time Religion« (trad.) gespielt von The Band; »Genetic Method« von Garth Hudson, gespielt von The Band; »Sip the Wine« Rick Danko; »Who Do You Love« von Eugene McDaniels, gespielt von Ronnie Hawkins; »Such a Night« von Malcom J. Rebenack, gespielt von Dr. John (= M. J. Rebenack), »Helpless« Neil Young; »Dry Your Eyes« von Robbie Robertson, gespielt von Neil Diamond; »Coyote« Joni Mitchell; »Mystery Train« von Sam Phillips, Herman Parker, gespielt von Paul Butterfield; »Mannish Boy« von Melvin London, Elias McDaniel, McKinley Morganfield, gespielt von Muddy Waters (= McKinley Morganfield); »Further On Up the Road« von Vinton Veasey, Don Robey, gespielt von Eric Clapton; »Caravan« Van Morrison; »Forever Young« Bob Dylan; »Baby Let Me Follow You Down« von Reverend Blind Gary Davis, gespielt von Bob Dylan; »I Shall Be Released« von Bob Dylan, gespielt von Bob Dylan, The Band, Ringo Starr, Ron Wood u.a. – Gedichte: Einleitung zu »The Canterbury Tales« von Geoffrey Chaucer, gelesen von Michael McClure; »Loud Prayer« von und gelesen von Lawrence Ferlinghetti. – Pro-Des: Boris Leven. – Ba: Anthony Mondell. – Ko-Ü: Richard La Motte. – Interviewer: Martin Scorsese. – R-Ass: Jerry Grandey, James Quinn, Linda McMurray. – Ass von Martin Scorsese: Jamie C. Glauber. – Mitwirkende: The Band (Rick Danko: Bass, Violine, Gesang; Levon Helm: Schlagzeug, Mandoline, Gesang; Garth Hudson: Orgel, Akkordeon, Saxophon, Synthesizer; Richard Manuel: Piano, Tasteninstrumente, Schlagzeug, Gesang; Robbie Robertson: Lead-Gitarre, Gesang), Bob Dylan, Joni Mitchell, Neil Diamond, Emmylou Harris, Neil Young, Van Morrison, Ron Wood, Muddy Waters, Eric Clapton, The Staples, Ringo Starr, Dr. John, Ronnie Hawkins, Paul Butterfield, Michael McClure, Lawrence Ferlinghetti, Martin Scorsese; Jim Gordon, Tom Marlone, Howard Johnson, Jerry Hay, Richard Cooper, Charlie Keagle (Bläsergruppe), Larry Packer (elektr. Violine). – P: Last Waltz Productions. – Pd: Robbie Robertson. – AP: Steven Prince. – EP: Jonathan Taplin. – Konzert-Pd: Bill Graham. – Pl: Melvin D. Dellar. – Gedreht am 25. 11. 1976 im Winterland, San Francisco, in den MGM-Studios, Culver City (fünf Tage) und in den Shangri-La Studios, Malibu. – F: 35 mm, Farbe (DeLuxe), Dolby-Stereo, 1:1,85. – OL und DL: 117 Min.. – U: 26.4.1978, New York (Ziegfeld Theatre). – DE: 13.7.1978. – V: UIP (OmU).
Festivals/Preise/Auszeichnungen: Cannes 1978, Toronto 1978.

1977 AMERICAN BOY. A PROFILE OF STEVEN PRINCE. – Treatment: Mardik Martin, Julia Cameron. – K: Michael Chapman. – K-Ass: Peter Salim. –

Sch: Amy Jones, Bertram Lovitt. – Sch-Ass: Barbara Hill, John Lapidese. – T: Darin Knight. – M: »Time Fades Away« komponiert und gespielt von Neil Young. – R-Ass: Arnie Schmidt. – Mitwirkende: Steven Prince, Martin Scorsese, George Memmoli, Mardik Martin, Julia Cameron, Kathy McGinnis, Michael Chapman. – P: New Empire Films/Scorsese Films. – Pd: Bertram Lovitt. – EP: Ken und Jim Wheat. – Gedreht am 13. Januar 1977 im Haus von George Memmoli, Los Angeles. – F: 16 mm, Farbe. – OL: 55 Min. – U: Oktober 1978, New York Film Festival. – DE: 13. 2. 1981, Berlinale (Info-Schau, Aki am Zoo). Der Film wurde in der Bundesrepublik nicht verliehen.
Festivals/Preise/Auszeichnungen: New York 1978, Venedig 1979, Berlin 1981.

1979/80 RAGING BULL. Wie ein wilder Stier. – B: Paul Schrader, Mardik Martin (ungenannte Mitarbeit: Robert De Niro, Martin Scorsese), basierend auf der Autobiografie »Raging Bull, My Story« von Jakob »Jake« La Motta, geschrieben in Zusammenarbeit mit Joseph Carter und Peter Savage. – K: Michael Chapman. – Kf: Joe Marquette, Eddie Gold. – K-Ass: Dustin Blauvelt, Ed Ramirez, Richard Fee, Bruce Mc Callum. – Visuelle Beratung: Gene Rudolf. – Sch: Thelma Schoonmaker. – Associate Editor: George Trirogoff, Yoshio Kishi, Erik T. Ramberg, Mark Warner, Susan E. Morse. – Sch-Ass: Sonya Polonsky. – T: Les Lazarowitz, Michael Evje. – T-M: Donald O. Mitchell, Bill Nicholson, David J. Kimball. – T-Sch-Ü: Frank Warner. – T-Effekte-Sch: William J. Wylie, Chester Slomka, Gery S. Gerlich. – M: »At Last« von Harry Warren, Mack Gordon; »A New Kind of Love« von Sammy Fain, Irving Kahal, Pierre Norman; »Webster Hall« von Garth Hudson, gespielt von Garth Hudson (Piano, Saxophon), Richard Manuel (Schlagzeug), Larry Klein (Bass), Dale Turner (Trompete), arrangiert von Robbie Robertson; Intermezzi aus »Cavalleria Rusticana«, »Guglielmo Ratcliff«; Barkarole aus »Silvano« von Pietro Mascagni, gespielt vom Orchester des Bologna Municop Theater, dirigiert von Arturo Basile; »Stornelli Fiorentini« Carlo Buti; »Scapricciatiello (Infatuation)« von Ferdinando Albano, Pacifico Vento, gespielt von Renato Carosone; »Turi Giuliano« von S. Bella, O. Strano, gespielt von Orazio Strano; »Cow Cow Boogie« von Don Raye, Gene De Paul, Benny Carter, gesungen von Ella Fitzgerald and The Ink Spots; »Whispering Grass« von Fisher, »Do I Worry« von Conan und Worth, gesungen von The Ink Spots; »Stone Cold Dead in the Market« von Wilmouth Houdini, gespielt von Ella Fitzgerald und Louis Jordan; »Till Then« von Wood, Seiler, Marcus, gespielt von The Mills Brothers; »Big Noise from Winnekta« von Bob Haggart, Ray Bauduc, Gil Rodin, Bob Crosby, gespielt von Bob Crosby and The Bobcats; »Heartaches« von Hoffman, Klenner, gespielt von Ted Weems; »Blue Velvet«, gespielt von Tony Bennett; »Flash« von Harry James, Count Basie, Benny Goodman; »All or Nothing At All«, gespielt von Harry James; »Drum Boogie« von Weybright, gespielt von Gene Krupa; »Jersey Bounce« von Bobby Plater, Edward Johnson, Bradshaw, Robert B. Wright, gespielt von Benny Goodman; »Come Fly With Me« von Jimmy Van Heusen, Sammy Cahn; »Mona Lisa« von Livingstone, Evans, gesungen von Nat King Cole; »I Ain't Got

316

Nobody« von Williams und Graham, gespielt von Louis Prima, Keely Smith; »Nao Tenho Lagrimas« von Max Bulhoes, Milton de Oliviera, gesungen von Patricio Teixeira; »Prisoner of Love« von Columbo, Robin, Gaskill, gesungen von Perry Como, (zweite Fassung) Russ Columbo; »Frenesi« von Dominguez, Charles, Russel, gespielt von Artie Shaw; »My Reverie« von Claude Debussy, arrangiert von Larry Clinton, gespielt von Larry Clinton und seinem Orchester; »Just One More Chance« von Caslow, Johnston; »That's My Desire« von Kresa, Loveday, gesungen von Frankie Laine; »Bye, Bye, Baby« von Styne, Robin, gesungen von Marilyn Monroe; »Lonely Nights« von Claude Cavanaugh, Dave Dexter, gespielt von The Hearts; »Tell the Truth« Ray Charles. – Pro-Des: (New York) Gene Rudolf. – A: (Los Angeles) Alan Manser, Kirk Axtell, (New York) Sheldon Haber. – Ba: Fred Weiler, Phil Abramson. – Ko: Richard Bruno, John Boxer. – Ma: Michael Westmore. – SpE: Raymond Klein, Max E. Wood. – R-Ass: Jerry Grandey, Allan Wertheim, Joan Feinstein, Elie Cohn. – Ass. von Martin Scorsese: Donna Gigliotti, Deborah Schindler. – Beratung: Jake La Motta. – Technische Beratung: Frank Topham, (Boxen) Al Silvani. – D: Robert De Niro (Jake La Motta), Cathy Moriarty (Vickie La Motta), Joe Pesci (Joey La Motta), Frank Vincent (Salvy), Nicholas Colasanto (Tommy Como), Theresa Saldana (Lenore), Mario Gallo (Mario), Frank Adonis (Patsy), Joseph Bono (Guido), Frank Topham (Toppy), Lori Anne Flax (Irma), Charles Scorsese (Charlie, Mann bei Como), Don Dunphy (er selbst), Bill Hanrahan (Eddie Eagan), Rita Bennett (Emma , Miss 1948), James V. Christy (Dr. Pinto), Bernie Allen (Komiker), Michael Badalucco (Sodaverkäufer), Thomas Beansy Lobasso (Beansy), Paul Forrest (Monsignore), Peter Petrella (Johnny), Sal Serafino Thomassetti (Rausschmeißer in Webster Hall), Geraldine Smith (Janet), Mardik Martin (Kellner im Copa), Maryjane Lauria (erstes Mädchen), Linda Artuso (zweites Mädchen), Peter Savage (Jackie Curtie), Daniel P. Conte (Promoter im Detroit), Joe Malanga (Leibwächter), Sabine Turco Jr., Steve Orlando, Silvio Garcia Jr. (Rausschmeißer im Copa), John Arceri (Oberkellner), Joseph A. Morale (erster Mann am Tisch), James Dimodica (zweiter Mann am Tisch), Robert Uricola (Mann am Taxi), Andrea Orlando (Frau im Taxi), Allan Malamud (Reporter), D. J. Blair (Staatsanwalt Bronson), Laura James (Mrs. Bronson), Richard McMurray (J. R.), Mary Albee (minderjähriges bg-Mädchen), Liza Katz (Frau mit I.D.-Mädchen), Candy Moore (Linda), Richard A. Berk (erster Musiker), Theodore Saunders (zweiter Musiker), Noah Young (dritter Musiker), Nick Trisko (Barmann Carlo), Lou Tiano (Ricky), Rob Evans Collins (erster Deputy bei der Verhaftung), Wally Berns (zweiter Deputy), Allan Joseph (Juwelenhändler), Bob Aaron (erster Gefängniswärter), Glenn Leigh Marshall (zweiter Gefängniswärter), Martin Scorsese (Bühnenarbeiter im Barbizon); Reeves-Kampf: Floyd Anderson (Jimmy Reeves), Gene Lebell (Ringansager), Harold Valan (Schiedsrichter), Victor Magnotta (kämpfender Soldat); erster Robinson-Kampf: Johnny Barnes (»Sugar« Ray Robinson), John Thomas (Trainer), Kenny Davis (Schiedsrichter), Paul Carmello (Ringansager); zweiter Robinson-Kampf: Jimmy Lennon (Ringansager), Bobby Rings (Schiedsrichter); Janiro-Kampf: Kevin Mahon (Tony Janiro), Martin Denkin (Schiedsrichter), Shay Duffin (Ringansager); Box-

317

Kampf: Eddie Mustafa Muhammad (Billy Fox), »Sweet« Dick Whittington (Ringansager), Jack Lotz (Schiedsrichter), Kevin Breslin (Heckler); Cerdan-Kampf: Louis Raftis (Marcel Cerdan), Frank Shain (Ringansager), Coley Wallace (Joe Louis), Fritzie Higgins (Frau bei Vickie), George Latka (Schiedsrichter), Fred Dennis (erster Mann in der Ecke), Robert B. Loring (zweiter Mann in der Ecke); Dauthuille-Kampf: Johnny Turner (Laurent Dauthuille), Jimmy Lennon (Ringansager), Vern De Paul (Dauthuilles Trainer), Chuck Hassett (Schiedsrichter), Ken Richards (Reporter), Peter Fain (Mann in Dauthuilles Ecke); dritter Robinson-Kampf: Count Billy Varga (Ringansager), Harvey Parry (Schiedsrichter), Ted Husing (Fernsehansager). – P: United Artists. Eine Robert Chartoff, Irwin Winkler-Produktion. – Pd: Robert Chartoff, Irwin Winkler, in Zusammenarbeit mit Peter Savage. – AP: Hal W. Polaire. – Pl: James D. Brubaker. – Gedreht vom 16. 4. bis August 1979, November bis Dezember 1979, in Los Angeles (Olympic Auditorium: zehn Drehtage), New York und in den Culver City Studios (12 Wochen). – F: 35 mm, s/w mit Farbteilen (Home Movies, gedreht in 16 mm; Kopien von Technicolor), Dolby-Stereo, 1: 1,66. – Ol und DL: 129 Min. – U: 14. 11. 1980; New York (Sutton, Cinerama 1). – DE: 13. 2. 1981, Berlinale (Eröffnungsfilm des Wettbewerbs, außer Konkurrenz; Zoo Palast); Kinostart 12. 3. 1981. – V: UIP.
Festivals/Preise/Auszeichnungen: Berlin 1981. – Oscars 1981 für Robert De Niro (beste männliche Hauptrolle), Thelma Schoonmaker (bester Schnitt), Nominierung: Martin Scorsese (beste Regie).

1981/82 THE KING OF COMEDY. The King of Comedy. – B: Paul D. Zimmerman. – K: Fred Schuler. – Kf: Dick Mingalone. – Steadicam Operator: Garrett Brown, Ted Churchill. – Video-Beratung: Loretta Lorden. – Sch: Thelma Schoonmaker. – T: Les Lazarowitz. – T-M: Dick Vorisek, Tom Fleischman. – T-Sch: William Wylie, Gary Gerlich, Victoria Martin, Rebecca Einfeld. – T-Sch-Ü: Frank Warner. – M: »Jerry Langford Theme«, »Rupert's Theme« Bob James; »Come Rain or Come Shine« von Johnny Mercer, Harold Arlen; »Sweet Sixteen Bars« Ray Charles; »The Finer Things« von Donald Fagan, gespielt von David Sanborn; »Back on the Chain Gang« von Chrissie Hynde, gespielt von The Pretenders; »Fly Me to the Moon« von Bart Howard, gesungen von Frank Sinatra; »Swamp« Talking Heads; »Rainbow Sleeves« von Tom Waits, gesungen von Rickie Lee Jones; »Between Trains« Robbie Robertson; »T' Ain't Nobody's Buziness if I Do« von Granger, Robbin, gespielt von B. B. King; »Steal the Night« Ric Ocasek; »The Best of Everything« Tom Petty; »Wonderful Remark« Van Morrison. – M-Pd: Robbie Robertson. – M-Beratung: Mark Del Costello. – Pro-Des: Boris Leven. – A: Edward Pisoni, Lawrence Miller. – Ba: George De Titta Sr., Daniel Robert. – Ko: Richard Bruno. – Ma: Philip Goldblatt. – R-Ass: Scott Maitland, Lewis Gould. – D: Robert De Niro (Rupert Pupkin), Jerry Lewis (Jerry Langford), Diahnne Abbott (Rita), Sandra Bernhard (Masha), Ed Herlihy (er selbst), Lou Brown (Orchesterleiter), Loretta Tupper, Peter Potulski, Vinnie Gonzales (Fans am Bühneneingang), Whitey Ryan (Wachmann), Doc Lawless (Chauffeur), Marta Heflin (junges Mädchen), Katherine Wallach, Charles Kaleina (Autogrammjäger), Richard Ba-

ratz (Karikaturist), Catherine Scorsese (Ruperts Mutter), Cathy Scorsese (Dolores), Chuck L. Low (Mann im China-Restaurant), Leslie Levinson (Roberta Posner), Alan Potashnick, Michael Kolba, Robert Colston, Ramon Rodriguez, Chuck Coop, Sel Vitella (Männer am Telefon), Margo Winkler (Empfangsdame), Tony Boschetti (Mr. Gangemi), Shelley Hack (Cathy Long), Mick Jones, Joe Strummer, Paul Simonon, Kosmo Vinyl, Ellen Foley, Pearl Harbour, Gaby Salter, Jerry Baxter-Worman, Don Letts (Straßengesindel, vor der Premiere geschnitten), Matt Russo (Taxifahrer), Thelma Lee (Frau in Telefonzelle), Dr. Joyce Brothers (sie selbst), George Kapp (Überraschungsgast), Victor Borge (er selbst), Ralph Monaco (Raymond Wirtz), Rob-Jamere Wess (erster Wachmann), Kim Chan (Jonno), Audrey Dummett (Köchin), June Prud'homme (Audrey), Fred De Cordova (Bert Thomas), Edgar J. Scherick (Wilson Crockett), Thomas M. Tolan (Gerrity), Ray Dittrich (Giardello), Richard Dioguardi (Captain Burke), Jay Julien (Langfords Anwalt), Harry Ufland (Langfords Agent), Scotty Bloch (Crokketts Sekretärin), Jim Lyness (Kartenabreißer), Bill Minkin (McCabe), Diane Rachell (McCabes Frau), Dennis Mulligan, Tony Devon, Peter Fain, Michael F. Stodden, Jerry Murphy (Geheimpolizisten), Jimmy Raitt (Bühnenmanager), Martin Scorsese (Fernsehregisseur), Tony Randall (er selbst), Charles Scorsese (erster Mann in der Bar), Mardik Martin (zweiter Mann in der Bar), William Jorgensen, Marvin Scott, Chuck Stevens, William Littauer (Stimmen der Nachrichtensprecher), Jeff David (Ansager). – P: Embassy International. – Pd: Arnon Milchan. – EP: Robert Greenhut. – AP/Pl: Robert F. Colesberry. – P-Ü: Thelma Schoonmaker. – Postproduction-Ü: Barbara De Fina. – Gedreht ab 1. 6. 1981 in New York (vier Monate). – F: 35 mm, Farbe (Technicolor, Kopien von DeLuxe), 1:1,85. -OL und DL: 109 Min. – U: 18. 2. 1983, New York (The Coronet). – DE: 4. 3. 1983. – V: FiFi Ge/AG Kino.
Festivals/Preise/Auszeichnungen: Cannes 1983

1984/85 AFTER HOURS. Die Zeit nach Mitternacht. – B: Joseph Minion. – K: Michael Ballhaus. – K-Ass: David M. Dunlap, Sebastian Ballhaus, Susan Starr, Florian Ballhaus. – Steadicam Operator: Larry McConkey. – Sch: Thelma Schoonmaker. – Sch-Ass: Victoria Martin, James Kwei. – T-M: Chat Gunter. – T-Sch: Neil Kaufman, Michael Jacobi, Magdaline Volaitis. – T-Sch-Ü: Skip Lievsay. – M-Sch: Thomas Drescher. – M: Howard Shore; Sinfonie D-Dur, KV 73, 1. Satz von Wolfgang Amadeus Mozart, gespielt von der Academy of Ancient Music, Jaap Schroder; Suite Nr. 3 D-Dur, Arie, von Johann Sebastian Bach, gespielt vom Collegium Aureum; »En la cueva« Cuadro Flamenco; »Sevillanas« Manitas de Plata; »Night and Day« Cole Porter; »Body and Soul« von John Green (Musik), Edward Heyman, Robert Sour und Frank Eyton (Text); »Quando, Quando, Quando« von Tony Renis (Musik), A. Testa und Pat Boone (Text); »Someone to Watch over Me« von George und Ira Gershwin; »You're Mine« von Johnnie Mitchell und Robert Carr, gesungen von Robert and Johnnie; »We Belong Together« von Robert Carr, Johnnie Mitchell und Hy Weiss, gesungen von Robert and Johnnie; »Angel Baby« von Rose Hamlin, gespielt von Rosie and the Originals; »Last Train to Clarksville« von Bobby Hart und Tommy Boyce, gespielt von The Monkees; »Chelsea Morning« Joni Mitchell; »I Don't Know Where I Stand« Joni Mitchell; »Over the Mountain and Across the Sea« von Rex Gavin, gesungen von Johnnie and Joe; »One Summer Night« von Danny Webb, gespielt von The Danleers; »Pay to Cum« Bad Brains; »Is That All There Is?« von Jerry Leiber und Mike Stoller, arrangiert von Randy Newman, gesungen von Peggy Lee. – Pro-Des: Jeffrey Townsend. – A: Stephen J. Lineweaver. – Ba: Leslie Pope. – Ko: Rita Ryack. – Ma: Valli. – Frisuren: Medusah. – R-Ass: Stephen J. Lim; Christopher Griffin. – Skulpturen: Nora Chavooshian. – D: Griffin Dunne (Paul Hackett), Rosanna Arquette (Marcy), Verna Bloom (June), Thomas Chong (Pepe), Linda Fiorentino (Kiki), Teri Garr (Julie), John Heard (Barmann Tom), Richard Cheech Marin (Neil), Catherine O'Hara (Gail), Dick Miller (Peter, der Kellner), Will Patton (Horst), Robert Plunket (Mark), Bronson Pinchot (Lloyd), Rocco Sisto (Kassierer in der Cafeteria), Larry Block (Taxifahrer), Victor Argo (Kassierer im Restaurant), Murray Moston (U-Bahn-Angestellter), John P. Codiglia (Polizist), Clarke Evans, Victor Bumbalo, Bill Elverman (Nachbarn), Joel Jason, Rand Carr (Radfahrer), Clarence Felder (Türsteher), Henry Baker (Jett), Margo Winkler (Frau mit Gewehr), Victor Magnotta (Toter), Robin Johnson (Punkerin), Stephen J. Lim (Barmann im Club Berlin), Frank Aquilino, Maree Catalano, Paula Raflo, Rockets Redglare (zornige Menge), ungenannt: Catherine und Charles Scorsese (Cafeteria-Gäste). – P: Double Play Productions, New York, für The Geffen Company. – Pd: Amy Robinson, Griffin Dunne, Robert F. Colesberry. – AP: Deborah Schindler. – EP: Nellie Nugiel. – Pl: Michael Nozik. – Gedreht ab 9. 7. 1984 in New York (42 Drehtage). – F: 35 mm, Farbe (Duartcolor), 1:1,85. – OL und DL: 97 Min. – U: 13. 9. 1985, New York (SuttonTheater). – DE: 22. 5. 1986. – V: Warner-Columbia; Festival/Preise/Auszeichnungen: Cannes 1986. – Preis für die beste Regie an Martin Scorsese.

1985 MIRROR, MIRROR. – B: Joseph Minion, nach einer Geschichte von Steven Spielberg. – K: Robert Stevens. – Sch: Joe Ann Fogle. – M: Michael Kamen. – D: Sam Waterston (Jordan), Helen Shaver (Karen), Dick Cavett (er selbst), Tim Robbins (Jordan's phantom), Dana Gladstone (Produzentin), Valerie Grear (Gastgeberin), Michael C. Gwynne (Gefängnis-Angestellter), Peter Iacangelo (Getränkefahrer), Jonathan Luria (Kameramann), Harry Northup (Wachmann), Glenn Scarpelli (Jeffrey Gelb), Jack Thibeau (»tough Guy«). – P: Amblin. – Pd: David E. Vogel. – Gedreht im Herbst 1985 (6 Drehtage). – F: 16 mm, Farbe. – OL: 30 Min. – U: 13. 4. 1986 (NBC-TV). Anmerkungen: Episode der Fernsehserie »Amazing Stories«.

1986 THE COLOR OF MONEY. Die Farbe des Geldes. – B: Richard Price, nach dem gleichnamigen Roman von Walter Tevis. – K: Michael Ballhaus. – Kf: Frank M. Miller. – K-Ass: Donald C. Carlson. – Sch: Thelma Schoonmaker. – T: Glenn Williams. T-M: Tom Fleischman. – T-Sch: Jess Soraci, Harry Peck Bolles, Ron Bochar, Thomas Gulino, Dick Goldberg. – T-Sch-Ü: Skip Lievsay. – M-Sch: Todd Kasow. – M: Robbie Robertson; »Strangers in the Night« Charles Singleton, Eddie Synder, Bert Kämpfert; »I'll Never Smile Again« Ruth Lowe; »Anema e Cora« Harry Akst, Salve d' Esposito,

320

Tito Manilo, Mann Curtis; »The Day the Rain Comes« von Gilbert Bécaud, Pierre Delanoe, Carl Sigman; »The Girl from Ipanema« von Antonio Carlos Jobim, Norman Gimbel, Vinicius De Moraes; »I'll Remember April« von Don Raye, Gene De Paul, Pat Johnston, gespielt von Charlie Parker; »Feel Like Going Home« von Scott Kempner, gespielt von Del Lords; »Walk on the Wilde Side« von Elmer Bernstein, Mack David, gespielt von Jimmy Smith; »Still a Fool« Muddy Waters; »My Baby's in Love with Another Guy« Lawrence Lucie, Herman Brightman; »Let Yourself in for It« Robert Palmer; »She's Fine – She's Mine« Bo Diddley; »It's My Life Baby« von Don Robey, Ferdinand »Fats« Washington, gespielt von Eric Clapton & The Big Town Playboys; »Who Owns This Place« von Don Henley, Danny Kortchmar, J. D. Souther, gespielt von Don Henley; »It's in the Way You Use It« von Eric Clapton, Robbie Robertson, gespielt von Eric Clapton; »Two Brothers and a Stranger« Mark Knopfler; »Don't Tell Me Nuthin'« von Willie Dixon, Robbie Robertson, gespielt von Willie Dixon; »Standing On the Edge« von Jerry Williams, gespielt von B. B. King; »One More Night« Phil Collins; »Still the Night« von Sammy Llana, Kurt Neumann, Guy Hoffmann, gespielt von Bodeans; »Werewolves of London« von Leroy Marivell, Robert Wachtel, Warren Zevon, gespielt von Warren Zevon; »Out of Left Field« von Carl Oldham, Dan Penn, gepielt von Percy Sledge. – A: Karen A. O'Hara. – Ba: Boris Leven. – Ko: Cheryl A. Weber. – Ma: Monty Westmore. – SpE: Curt Smith. – R-Ass: Joseph Reidy, Richard Feld, Judith S. Friedman. – D: Paul Newman (»Fast« Eddie Felson), Tom Cruise (Vincent Lauria), Mary Elizabeth Mastrantonie (Carmen), Helen Shaver (Janelle), John Turturro (Julian), Bill Cobbs (Orvis), Keith McCready (Grady Seasons), Robert Agins (Earl bei Chalkies), Alvin Anastasia (Kennedy), Elizabeth Bracco (Diane an der Bar), Joe Guastaferro (Barkeeper Chuck), Grady Matthews (Dud), Steve Mizerak (Duke), Jerry Piller (Tom), Forest Whitaker (Amos), Bruce A. Young (Moselle), Vito D'Ambrosio (Lou in der Kinderwelt), Randall Arney (1. Child World Kunde), Lisa Dodson (2. Child World Kundin), Ron Dean (Mann in der Menge), Donald A. Feeney (erster Schiedsrichter), Andy Nolfo (zweiter Schiedsrichter), Paul Geier (»Two Brothers/Stranger« – Spieler), Cary Goldenberg, Lawrence Linn, Rick Mohr, Rodrick Selby (gratulierende Zuschauer), Jimmy Mataya (Julians Freund im grünen Raum), Carol Messing (Sängerin der Casino-Band), Peter Saxe, Brian Sunina, Jim Widlowski (Musiker), Paul Herman (Spieler in der Casino Bar), Lloyd Moss (Sprecher), Michael Nash (Moselles Gegner), Miguel A. Nino, Juan Ramirez, Mario Nieves (Latinos), Ernest Perry Jr. (Augenarzt), Iggy Pop (Straßenmusiker), Richard Price (Junge, der Dud anruft), Alex Ross (Barkeeper), Charles Scorsese, Fred Squillo (Angeber), Christina Sigel (Kellnerin), Harold L. Simonsen (Oberster Richter), Wanda Christine (Casinoangestellte). – P: Touchstone Picture Inc., in Zusammenarbeit mit Silver Screen Partners, für Buena Vista Distribution Comp. – Pd: Irving Axelrad, Barbara De Fina. – Pl: Dodie Foster. – Gedreht vom 20. 1.-27. 3. 1986 in Chicago (zusätzlich ein Drehtag in Atlantic City). – F: 35 mm, Farbe (DeLuxe), Dolby-Stereo, 1:1,85. – OL und DL: 119 Min. – DE: 20. 02. 1987, Berlinale (Wettbewerb, außer Konkurrenz). – V: UIP.

Preise/Auszeichnungen: César 1987 für Paul Newman (bester Darsteller).
1986 ARMANI COMMERCIAL (I) (Werbefilm). – B: Martin Scorsese. – K:
Nestor Almendros. – D: Christophe Bouquin, Christina Marsilach. – P:
Emporio Armani. – Pd: Barbara De Fina. – F: s/w. – OL: 30 Sek.

1987 BAD. Bad. – B: Richard Price. – K: Michael Chapman. – Sch: Thelma
Schoonmaker. – T: John Bolz. – T-Sch: Frank Lievsay. – M-Sch: Todd Kas-
sow. – M-Mischung: L. Leon Pendarvis, Bruce Swedien. – M: »Bad« Mi-
chael Jackson. – ML: Dennis Price. – M-Ü: Quincy Jones.- M-Pd: Quincy
Jones, Michael Jackson. – Ba: Adrienne Lobel. – Ko: Rita Ryack. – Ma: Allen
Weisinger, Karen Faye (für Michael Jackson). – Frisuren: Frank Bianlo. –
Choreographie: Michael Jackson, Gregg Burge, Jeffrey Daniel. – R-Ass: Joel
Segal, Michael Ingher. – D: Michael Jackson (Daryl), Adam Nathan (Tip),
Pedro Sanchez (Nelson), Wesley Sniper (Mini Max), Greg Holtz Sr. (Cow-
boy), Jaime Perry (Ski), Paul Calderon (Dealer), Alberto Alejandrino (Lati-
no), Horace Baily (Penner), Marvin Foster (Crack Käufer), Roberta Flack
(Daryls Mutter). – P: Quincy Jones Productions (New York), MJJ Prods.
Inc. (New York). – Pd: Quincy Jones, Barbara De Fina. – Gedreht in New
York. – F: 35 mm (umkopiert auf Video), s-w/Technicolor, 1:1,33. – OL: 17
Min.

1987/88 THE LAST TEMPTATION OF CHRIST. Die letzte Versuchung Chri-
sti. – B: Paul Schrader, nach dem Roman »Die letzte Versuchung« von Ni-
kos Kazantzakis. – K: Michael Ballhaus. – K (zweiter Stab): David Slama,
David Dunlap. – K-Ass: Florian Ballhaus, Pamela Katz, Adil Abdelwahab.
– Sch: Thelma Schoonmaker. – Dialogschnitt: Phillip Stockton. – T: Douglas
L. Murray. – T-M: Tom Fleischman, Amelio Verona. – T-Sch: Jeffrey Stern,
Thomas A. Gulino. – T-Sch-Ü: Skip Lievsay. – M-Sch: Bob Nichols. – M:
Peter Gabriel. – Musiker: Adzido Dance Company (Percussion); Nusrat
Fateh Ali Kahn (Qualli-Gesang); Antranik Askarian (armenischer Duduk);
Vatche Housepian (armenischer Duduk); Abdul Aziz (Kanun); Bill Cob-
ham (Schlagzeug); Manny Elias (Schlagzeug); Djalma Correa (brasil. Per-
cussion); Nathan East (Bass); Richard Evans (Pfeifer); Kudsi Erguner (türk.
Flöte); Jon Hassell (Trompete); Manu Katché (zusätzl. Percussion); Les Mu-
siciens du Nil (ägypt. Percussion); Hossam Ramzy (ägypt. Percussion); Baa-
ba Maal (senegalesische Stimme); Youssou N' Dour (senegalesische
Stimme); Doudou N' Diaye (Percussion); David Rhodes (Gitarre); Davis
Sancious (Orgel, Keyboards, Stimme); Shankar (Violine, Viola); Mahmoud
Tabrizi-Zadeh (pers. Kamanche); Julian Wilkins (Chorgesang); Peter Gabri-
el (Schlagzeug, Keyboards, Stimme). – A: Giorgio Desideri. – Ba: Andrew
Sanders. – Ko: Jean-Pierre Delifer. – Ma: Luigi Rocchetti, Mario Michisanti,
Maurizio Silvi, Federico Laurenti. – Choreographie: Lahcen Zinoue. – SpE:
Iginio Fiorentini. – R-Ass: Joseph Reidy, Fabio Jephcott, Ahmed Hatimi. –
D: Willem Dafoe (Jesus Christus), Harvey Keitel (Judas), Paul Greco (Ze-
lot), Steven Shill (Zenturio), Verna Bloom (Maria), Barbara Hershey (Maria
Magdalena), Roberts Blossom (alter Meister), Barry Miller (Jeroboam),
Gary Basaraba (Apostel Andreas), Irvin Kershner (Zebedäus), Victor Argo
(Apostel Petrus), Michael Been (Apostel Johannes), Paul Herman (Apostel

Philippus), John Lurie (Apostel Jakobus), Leo Burmester (Apostel Nathaniel), André Gregory (Johannes der Täufer), Peggy Gormley (Martha), Randy Danson (Maria, Lazarus' Schwester), Robert Stafford (Mann bei Hochzeit), Doris von Thury (Frau bei Jesus' Mutter), Tomas Arana (Lazarus), Alan Rosenberg (Apostel Thomas), Del Russel (Geldwechsler), Nehemiah Persoff (Rabbiner), Donald Hudson (Sadduzäer), Harry Dean Stanton (Saulus/Paulus), Peter Berling (Bettler), David Bowie (Pontius Pilatus), Juliette Caton (Engel), Russell Case (Mann beim Gebet), Mary Seller, Donna Marie (Frauen beim Gebet), Mohamed Mabsout, Ahmed Nacir, Mokhtar Salouf, Mahamed Ait Fdil Ahmed (Apostel), Penny Brown, Gabi Ford, Dale Wyatt, Domenico Fiore, Tomas Arana, Ted Rusoff, Leo Damian, Jonathan Zhivago, Illeana Douglas, David Sharp (Stimmen in der Menge), Leo Marks (Stimme des Teufels), Khalid Benghrib, Redouane Farhane, Souad Rahal, Otomane Chbani Idrissi, Jamal Belkhayat (Tänzer), Fabienne Panciatili, Naima Skikes (Tänzerinnen). – P: Universal City Studios Inc. (Los Angeles), Cineplex Odeon Films Canada Inc. (Toronto). – Pd: Barbara De Fina. – Pd-Ass: Sebastian Ballhaus, Aicha Benhaddou. – Pl: Laura Fattori. – Gedreht in Marokko. – F: 35 mm, Farbe (Technicolor), Dolby-Stereo, 1:1,85. – OL: 163 Min. – DE: 10. 11. 1988, Hamburger Filmtage. – V: UIP.

1988 SOMEWHERE DOWN THE CRAZY RIVER (Videoclip für Robbie Robertson). – B: Martin Scorsese. – K: Mark Plummer. – A: Marina Levikova. – D: Robbie Robertson, Sammy BoDean, Maria McKee. – P: Limelight. – Pd: Amanda Pirie, Tim Clawson. – OL: 4.30 Min.

1988 ARMANI COMMERCIAL (II) (Werbefilm). – B: Martin Scorsese. – K: Michael Ballhaus. – D: Jens Peter, Elisabeth Ranella. – P: Emporio Armani. – Pd: Barbara De Fina. – OL: 20 Sek.

1988/89 LIFE LESSONS. Lebensstudien. – Episode des Films: NEW YORK STORIES. New Yorker Geschichten. – B: Richard Price. – K: Nestor Almendros. – Kf: Tony Jannelli. – Steadicam-Operator: Kyle C. Rudolph. – Sch: Thelma Schoonmaker. – Sch-Ass: Geraldine Perron. – T: James Sabat, Frank Graziadei. – T-M: Tom Fleischman. – T-Sch: Bruce Pross, Tony Martinez. – T-Sch-Ü: Skip Lievsay. – M: »Whiter Shade of Pale« von Keith Reid und Gary Broker, gespielt von Procul Harum; »Politician« von Jack Bruce, Peter Brown, gespielt von Cream; »The Right Time« von Nappy Brown, Ozzie Cadena, Lew Harman, gespielt von Ray Charles; »Like A Rolling Stone« Bob Dylan; »It Could Happen to You« Johnny Burke, Jimmy Van Heusen; »That Old Black Magic« Johnny Mercer, Harold Arlen; »Stella by Starlight« Ned Washington, Victor Young; »Conquistador« von Keith Reid, Gary Brooker, gespielt von Procul Harum; »Sex Kick« von Nick Christian Sayer, gespielt vonTransvision Vamp; »What Is this Thing Called Love« Cole Porter; »Bolero de Django« von Django Reinhardt, gespielt von Django Reinhardt & Le Hot Club de France. – A: Nina F. Ramsey. – Ba: Wray Steven Graham. – Ko: John Dunne. – Ma: Allen Weisinger. – R-Ass: Joseph Reidy, Vebe Borge. – D: Nick Nolte (Lionel Dobie), Patrick O'Neal (Phillip Fowler), Rosanna Arquette (Paulette), Phil Harper (Geschäftsmann), Jesse Borrego (Reuben Toro), Gregorij von Leitis (Kurt Bloom), Steve Buscemi (Gregory Stark), Lo Nardo (Frau in Blind Alley), Peter Gabriel (er selbst), Mark Boone Jr. (Hank), Illeana Douglas (Paulettes Freundin), Paul Mougey (Junge in Blind Alley), Deborah Harry (Mädchen in Blind Alley), Paul Herman, Victor Argo (Polizisten), Victor Trull (Empfangschef), Richard Price (Künstler), Brigitte Bako (junge Frau). – P: Touchstone Pictures (Burbank). – Pd: Barbara De Fina. – Pl: Bruce S. Pustin. – Gedreht in New York. – F: 35 mm, Farbe (Technicolor; Kopien: Metrocolor), 1:1,66. – OL: 45 Min. – DE: 2. 7. 1989 Filmfest München. – V: Warner.

1989/90 GOODFELLAS. Goodfellas – Drei Jahrzehnte in der Mafia. – B: Nicholas Pileggi, Martin Scorsese nach Nicholas Pileggis Tatsachenbericht »Wiseguy«. – K: Michael Ballhaus. – Kf: David Dunlap. – Sch: Thelma Schoonmaker. – Sch-Ass: James Kwei. – T: James Sabat. – T-Sch: Philip Stockton, Marissa Littlefield, Fred Rosenberg, Jeff Stern. – T-Sch-Ü: Skip Lievsay. – M-Sch: Christopher Brooks. – M: »Rags to Riches« von Jerry Ross, Richard Adler, gesungen von Tony Bennett; »Can't We Be Sweethearts« von Morris Levy, Herbert Cox, gespielt von The Cleftones; »Hearts of Stone« von Eddie Ray und Rudy Jackson, gespielt von Otis Williams and the Charms; »Sincerely« von Harvey Fuqua, Alan Freed, gespielt von The Moonglows; »Firenze sogna« von Cesarini, gesungen von Giuseppe Di Stefano; »Speedo« von Esther Navarro, gespielt von The Cadillacs; »Parlami d'amore mariu« von Enrico Neri, C.A. Bixio, gesungen von Giuseppe Di Stefano; »Stardust« von Hoagy Carmichael, Mitchell Parish, gespielt von Billy Ward and His Dominoes; »This World We Love In« von Toang, Mogal, Raye, gesungen von Mina; »Playboy« von Brian Holland, Robert Bateman, William Stevenson, gespielt vonThe Marvelettes; »It's Not For Me to Say"von Robert Allen, Al Stillman, gespielt von Johnny Mathis; »I Will Follow Him« von Norman Gimpel, Arthur Altman, J. W. Stole, Del Roma, gesungen von Betty Curtis; »Then He Kissed Me« von Phil Spector, Ellie Greenwich, Jeff Barry, gespielt von The Crystals; »Look in My Eyes« von Richard Barret, gespielt von The Chantels; »Roses Are Red« von Al Byron, Paul Evans, gesungen von Bob Vinton; »Life Is But a Dream« von Paul Cita, Hy Weiss, gespielt von The Harptones; »Leader of the Pack« von George Morton, Jeff Barry, Ellie Greenwich, gespielt von The Shangri-Las; »Toot, Tootsie Goodbye« von Ernie Erdman, Ted Fiorito, Gus Kahn, gesungen von Dean Martin; »Happy Birthday to You« von Mildred J. und Patty S. Hill, gesungen von Dean Martin; »Ain't That a Kick in the Head« von Sammy Cahn, Jimmy Van Heusen, gesungen von Dean Martin; »He's Sure the Boy I Love« von Barry Mann und Cynthia Weil, gespielt von The Crystals; »Atalantis« Donovan Leitch, »Pretend You Don't See Her« von Steve Allen, gesungen von Jerry Vale; »Remember / Walkin' In the Sand« von George Morton, gespielt von The Shangri-Las; »Baby I Love You« von Ronny Shannon, gesungen von Aretha Franklin; »Beyond the Sea« von Jack Lawrence, Charles Trenet, gespielt von Bobby Darin; »The Boulevard of Broken Dreams« von Al Dubin, Harry Warren, gespielt von Tony Bennett; »Gimme Shelter«, »Monkey Man« von Keith Richards, Mick Jagger, gespielt von The Rolling Stones; »Memo from Turner« von Keith Richards,

Mick Jagger, gesungen von Mick Jagger; »Wives And Lovers« von Burt
Bacharach, Hal David, gespielt von Jack Jones; »Frosty the Snowman« von
Steve Nelson, Jack Rollins, gespielt von The Ronettes; »Christmas« von Phil
Spector, Ellie Greenwich, Jeff Barry, gesungen von Darlene Love; »Bells of
St. Mary's« von Douglas Furber, Emmett Adams, gespielt von The Drifters;
»Unchained Melody« von Hy Zaret, Alex North, gespielt von Vito and The
Salutations; »Danny Boy« von Frederick E. Weatherly; »Sunshine of Your
Life« von Jack Bruce, Peter Brown, Eric Clapton, gespielt von Cream;
»Layla« von Eric Clapton, Jim Gordon, gespielt von Derek and The Domi-
nos; »Jump into the Fire« Harry Nilsson; »Magic Bus« von Pete Townsend,
gespielt von The Who; »What Is Life« George Harrison; »Mannish Boy«
von McKinley Morganfield, Mel London, Ellas McDaniel, gespielt von
Muddy Waters; »My Way« von Claude Francois, Jacques Reveaux, Paul
Anka, gespielt von Steve Jones. – A: Les Bloom. – Ba: Maher Ahmad. – Ko:
Richard Bruno. – Ma: Allen Weisinger, Carl Fullerton, Ilona Herman (für
Robert De Niro). – SpE: Conrad Brink Sr. – R (zweiter Stab): Joseph Reidy.
– R-Ass: Joseph Reidy, Vebe Borge, Deborah Lupard. – D: Robert De Niro
(James Conway), Ray Liotta (Henry Hill), Joe Pesci (Tommy DeVito), Lor-
raine Bracco (Karen Hill), Paul Sorvino (Paul Cicero), Frank Sivero (Fran-
kie Carbone), Tony Darrow (Sonny Bunz), Mike Starr (Frenchy), Frank
Vincent (Billy Batts), Chuck Low (Morris Kessler), Frank DiLeo (Tuddy
Cicero), Henry Youngman (er selbst), Gina Mastrogiacomo (Janice Rossi),
Catherine Scorsese (Tommys Mutter), Charles Scorsese (Vinnie), Suzanne
Shepherd (Karens Mutter), Debi Mazar (Sandy), Margo Winkler (Belle
Kessler), Welker White (Lois Byrd), Jerry Vale (er selbst), Julie Garfield
(Mickey Conway), Christopher Serrone (junger Henry), Elaine Kagan
(Henrys Mutter), Beau Starr (Henrys Vater), Kevin Corrigan (Michael
Hill), Michael Imperioli (Spider), Robbie Vinton (Bobby Vinton), John
Williams (Johnny Roastbeef), Daniel P. Conte (Dr. Dan), Tony Conforti
(Tony), Frank Pellegrino (Johnny Dio), Ronald Maccone (Ronnie), Tony
Sirico (Tony Stacks), Joseph D'Onofrio (junger Tommy), Steven Forleo,
Richard Dioguardi (Polizisten), Frank Adonis (Anthony Stabile), John
Manca (Nickey Eyes), Joseph Bono (Mikey Franzese), Katherine Wallach
(Diane), Mark Evan Jacobs (Bruce), Angela Pietropinto (Mrs. Cicero), Ma-
rianne Leone (Tuddys Frau), Marie Michaels (Mrs. Carbone), Lo Nardo
(Frenchys Frau), Melissa Prophet (Angie), Illeana Douglas (Rosie), Susan
Varon (Susan), Elizabeth Whitcraft (Tommys Freundin bei Copa), Clem
Caserta (Joe Buddha), Samuel L. Jackson (Stacks Edwards), Fran McGee
(Mrs. Roastbeef), Paul Herman (Dealer), Edward McDonald (er selbst), Ed-
ward Hayes (Verteidiger), Daniela Barbosa, Gina Mattia (Henrys Schwe-
stern), Joe Calendrillo (Henrys älterer Bruder), Anthony Valentin (junger
Michael), Edward D. Murphy, Michael Citriniti (Alkoholfahnder), Peter
Hock (Postbote), Erasmus C. Alfano (»Wiseguy« auf der Grillparty), John
DiBenedetto (blutender Mann), Manny Alfano (spielender Portier), Tho-
mas Lowry (entführter Fahrer), Margaret Smith (Schulaufseherin), Richard
Mullally (Polizist), Frank Albanese (Gangsteranwalt), Paul McIssac (Richter im Jahr 1956), Bob Golub (betrunkener Fahrer beim Dinner), Louis Ep-
polito (Fat Andy), Tony Lip (Frankie), Mikey Black (Freddy No Nose),

Peter Cicale (Peter the Killer), Anthony Powers (Jimmy Two Times), Vinny Pastore (Mann mit Kleiderstange), Anthony Alessandro, Victor Colicchio (Henrys Komplizen 1960), Mike Contessa, Philip Suriano (Ciceros Komplizen 1960), Paul Mougey (terrorisierter Kellner), Norman Barbara (Ansager), Anthony Polemini (Copa Captain), James Quattrochi, Lawrence Sacco, Dino Laudicina (Leute, die Henry grüßen), Thomas E. Camuti, Andrew Scudiero (Mr. Tonys Gangster), Irving Welzer (Ansager im Copa), Jesse Kirtzman (Kellner im Beach Club), Russel Halley, Spencer Bradley (Bruces Brüder), Bob Altman (Karens Vater), Joanna Bennett (erste Marie), Gayle Lewis (zweite Marie), Gaetano Lisi (Paul), Luke Walker (LKW-Fahrer), Ed Deacy (Polizist Deacy), Larry Silvestri (Polizist Silvestri), Vito Picone (Vito), Janis Corsair (Vitos Freundin), Lisa Dapolito (Lisa), Michael Calandrino (Pate am Tisch), Vito Antuofermo (Preisboxer), Vito Balsamo, Peter Fain, Vinnie Gallo, Gaetano Lo Giudice, Garry Blackwood (Henrys Komplizen 1970), Nicole Burdette (Carbones Freundin), Stella Kietel (Henrys Tochter Judy), Dominique DeVito (Henrys Baby Ruth), Michaelangelo Graziano (Barbesitzer), Paula Gallo, Nadine Kay (Janices Freundinnen), Tony Ellis (Besitzer des Brautmoden-Ladens), Peter Onorati (Buchmacher), Jamie DeRoy (Schwester des Buchmachers), Joel Blake (Richter 1971), H. Clay Dear (Bodyguard), Thomas Hewson (Dealer), Gene Canfield (Gefängnisaufseher in Booth), Margaux Guerard (Judy Hill, zehnjährig), Violet Gaynor (Ruth Hill, achtjährig), Toin Bell (Bewährungshelfer), Berlinda Tolbert (Stacks Freundin), Nancy Ellen Cassaro (Mrs. Buddha), Adam Wandt (Kid), Joseph P. Gioco (Müllmann), Isiah Whitlock Jr. (Arzt), Alysen Jones (Judy Hill dreizehnjährig), Ruby Gaynor (Ruth Hill, elfjährig), Richard »Bo« Dietl (Verhaftender). – P: Irwin Winkler Productions. – Pd: Irwin Winkler. – Co-Pd: Bruce Pustin. – Pl: Bruce Pustin. – Gedreht in New York. – F: 35 mm, Farbe (Technicolor), Dolby-Stereo, 1:1,85. – U: 1990. – V: Warner.
Festivals/Preis/Auszeichnungen: Venedig 1990, Silberner Löwe für Martin Scorsese (beste Regie); Los Angeles Film Critics Award an Michael Ballhaus (beste Kamera); Oscar 1991: Joe Pesci (bester Nebendarsteller).

1990 MADE IN MILAN. (Dokumentarfilm über Giorgio Armani). – B: Jay Cocks. – K: Nestor Almendros. – Sch: Thelma Schoonmaker. – M: Howard Show. – P: Mercurio Cinematographica S.r.l. – Pd: Barbara De Fina. – F: 35 mm, Farbe, Dolby-Stereo, 1:1,66. – OL: 27 Min. – U: 14. 9. 1990, Fimfestspiele Venedig (Nebenprogramm). – V: C.A.A. Inc:, Beverly Hills.

1991 CAPE FEAR. Kap der Angst. – B: Wesley Strick nach dem Roman »The Executioners« von John D. MacDonald und einem Drehbuch von James R. Webb. – K: Freddie Francis. – K (zweiter Stab): Pete Romano. – Kf: Gordon Hayman. – Sch: Thelma Schoonmaker. – T: Tod Maitland. – T-Sch-Ü: Skip Lievsay. – M-Sch: Kathy Durning. – M: Bernard Herrmann, Elmer Bernstein; »Per te d'immenso giubilo« (Auszug aus »Lucia Di Lammermoor") von Gaetano Donizetti; »Tipitina« von Alice Byrd, gespielt von Professor Longhair; »Patience« Guns N' Roses; »Do Right Woman-Do Right Man« von Dan Penn und Chips Moman, gesungen von Aretha Franklin. – Pro-

Des: Henry Bumstead. – A: Alan Hicks. – Ba: Jack G. Taylor Jr. – Ko: Rita Ryack. – Ma: Elizabeth Lambert, Illona Herman (Robert De Niro), Edouard Henriques III (Nick Nolte), Jessica Lange (Dorothy Pearl). – SpE: David A. Duvall, Cary Jones, J. B. Jones Jr., John F. Patterson. – Stunts: Billy Judkins, Daniel Barringer, Bob Stevens. – R-Ass: Joseph Reidy, Nathalie Vadim, Deborah Lupard. – D: Robert De Niro (Max Cady), Nick Nolte (Sam Bowden), Jessica Lange (Leigh Bowden), Juliette Lewis (Danielle Bowden), Joe Don Baker (Claude Kersek), Robert Mitchum (Lieutenant Elgart), Gregory Peck (Lee Heller), Martin Balsam (Richter), Illeana Douglas (Lori Davis), Fred Dalton Thompson (Tom Broadbent), Zully Montero (Graciella), Craig Henne, Forest Burton, Edgar Allan Poe IV, Rod Ball, W. Paul Bodie (Gefangene), Joel Kolker, Antoni Corone (Gefängnisbeamte), Tamara Jones (Eisverkäuferin), Roger Pretto, Parris Buckner (Squash-Spieler), Margot Moreland (Sekretärin), Will Knickerbocker (Polizist), Robert L. Gerlach, Bruce E. Holdstein (Polizisten), Richard Wasserman, Paul Nagle Jr., Paul Froehler, Mary Ellen O'Brien, Jody Wilson (Zuschauer bei der Parade), Kate Colburn (Bedienung), Domenica Scorsese (Dannys Freundin), Garr Stevens, Billy Lucas, Ken Collins (Big Men), Linda Perri, Elizabeth Moyer (Ticket-Verkäuferinnen), Catherin Scorsese, Charles Scorsese (Kunden am Obststand), Jackie Davis (Jimmy). – P: Universal. – Pd: Barbara De Fina. – EP: Katheleen Kennedy, Frank Marshall. – F: 35 mm, Farbe (Technicolor), Dolby-Stereo. – OL: 128 Min. – V: UIP.

1992/93 THE AGE OF INNOCENCE. Zeit der Unschuld. – B: Jay Cocks und Martin Scorsese, nach dem gleichnamigen Roman von Edith Wharton. – K: Michael Ballhaus. – Kf: David Dunlap. – Steadicam-Operator: Larry McConkey, Anastos Michos. – Sch: Thelma Schoonmaker. – T: Tom Maitland. – T-M: Tom Fleischman. – T-Sch-Ü: Skip Lievsay. – M-Sch: Suzana Peric, Suki Buchman. – M: Elmer Bernstein; »Faust« von Charles F. Gounod, »Klaviersonate Nr. 8 in C-Dur, Opus 13« von Ludwig van Beethoven, »Radetzky Marsch« von Johann Strauß I., gespielt vom Radio Symphonie Orchester Berlin; »Kaiserwalzer«, »Geschichten aus dem Wienerwald« von Johann Strauß II., gespielt vom London Philharmonic Orchestra; »Künstlerleben« von Johann Strauß II., gespielt von Leonard Bernstein & The New York Philharmonic Orchestra; »Quintett in B-Moll, Op. 87« von Felix Mendelssohn-Bartholdy, gespielt vom Academy Chamber Ensemble; »Marble Halls« von Enya, Roma und Nicky Ryan, gespielt von Enya. – A: Robert J. Franco, Amy Marshall. – Ba: Speed Hopkins, Jean-Michel Hugon (in Paris). – Ko: Gabriella Pescucci. – Ma: Allen Weisinger, Ronnie Spector. – Frisuren: Michael Kriston. – SpE: Ronnie Ottesen, Mike Maggi. – R-Ass: Joseph Reidy, Joseph Burns, Susan Fiore, Vincent Lascoumes (in Paris). – D: Daniel Day-Lewis (Newland Archer), Michelle Pfeiffer (Ellen Olenska), Wiona Ryder (May Welland), Richard E. Grant (Larry Lefferts), Alec McCowen (Sillerton Jackson), Geraldine Chaplin (Mrs. Welland), Mary Beth Hurt (Regina Beaufort), Stuart Wilson (Julius Beaufort), Miriam Margolyes (Mrs. Mingott), Sian Phillips (Mrs. Archer), Carolyn Farina (Janey Archer), Michael Gough (Henry van der Luyden), Jonathan Pryce (Rivière), Robert Sean Leonard (Ted Archer), Linda Faye

Farkas (Opernsängerin), Michael Rees Davis, Terry Cook, Jon Garrison (Opernsänger), Howard Erskine (Gast der Beauforts), John McLoughlin, Christopher Nilsson (Partygäste), Kevin Sanders (Duke), W. B. Brydon (Urban Dagonet), Tracey Ellis (Gertrude Lefferts), Crisina Pronzati (Dienstmädchen der Gräfin Olenska), Norman Lloyd (Mr. Letterblair), Cindy Katz (Schauspielerin), Thomas Gibson (Schauspieler), Zoe (Zoe), June Squibib (Mingotts Dienstmädchen), Domenica Scorsese (Katie Blenker), Mac Orange (Archers Dienstmädchen), Brian Davies (Philip), Thomas Barbour (Archers Gast), Henry Fehren (Bischop), Patricia Dunnock (Mary Archer), Joanne Woodward (Erzählerin). – P: Columbia Picture Industries, Inc. (New York/Culver City). – Pd: Barbara De Fina. – AP: Joseph Reidy. – Pl: Bruce S. Pustin, Jean-Pierre Avice (in Paris). – Gedreht in New York und Paris. – F: Super 35, Farbe (Technicolor), Dolby-Stereo. – OL: 138 Min. – V: Columbia Tri Star Filmgesellschaft mbH.
Preise: 1993, National Board of Review für Martin Scorsese (beste Regie).

1994/95 A CENTURY OF CINEMA – A PERSONAL JOURNEY WITH MARTIN SCORSESE THROUGH AMERICAN MOVIES. Bilder in Bewegung – Das Jahrhundert des Kinos (1–3). – B: Martin Scorsese, Michael Henry Wilson. – K: Nancy Schreiber, Frances Reid, William G. Webb, Jean-Yves Escoffier. – Sch: David Lindblom, Kenneth I. Levis. – Sch-Ü: Thelma Schoonmaker. – T: Beau Baker, Raoul A. Bruce, Sarah Chin, Linda Coffey, William Flick, Tom Paul. – M: Elmer Bernstein. – A: Sharon Spargue. – Mitwirkende: Martin Scorsese, Gregory Peck, Billy Wilder, Clint Eastwood, Howard Hawks, George Lucas, Francis Ford Coppola, Brian De Palma, Fritz Lang, Andre De Toth, Douglas Sirk, Nicholas Ray, Sam Fuller, Orson Welles, Elia Kazan, Arthur Penn, John Cassavetes. – P: British Film Institute TV für Channel 4, in Zusammenarbeit mit Miramax Films. – Pd: Florence Daumann. – EP: Colin MacCabe, Bob Last. – OL: 1. Teil: 73 Min., 2.Teil: 79 Min., 3. Teil: 74 Min. – U: 5. und 6. 5. 1995, British Film Institute, London.
Festivals: Cannes, 1995.

1995 CASINO. Casino. – B: Nicholas Pileggi, Martin Scorsese, nach dem gleichnamigen Roman von Nicholas Pileggi. – K: Robert Richardson. – K (zweiter Stab): Tom Sigel, Philip Pfeifer. – Kf: M. Todd Henry, Daniel C. Gold. – Steadicam-Operators: Garret Brown, Chris Haarhoff, Jim Muro. – Sch: Thelma Schoonmaker. – T: Charles M. Wilborn. – T-Sch: Eugene Gearty, Lewis Goldstein, Glenfield Payne. – T-Sch-Ü: Skip Lievsay. – M-Sch: Bobby Mackston. – M: Robbie Robertson (Beratung); »Angelina« Allan Roberts, Doric Fisher; »Zooma Zooma« Paolo Citarella, Louis Prima; »Basin Street Blues/When It's Sleeping Time Down South« von Clarence Music, Leon und Ottis Rene, gespielt von Louis Prima; »Moonglow« von Morris Stoloff; »You're Nobody 'Til Somebody Loves You« von Russ Morgan, Larry Stock, gesungen von Dean Martin; »Sing, Sing (With A Swing)« Louis Prima; »Hoochie Coochie Man« von Willie Dixon, gespielt von Muddy Waters; »Fa-Fa-Fa-Fa-Fa (Sad Song)« von Otis Redding und Steve Cropper, gesungen von Otis Redding; »Long Long While«, »I Can't Get No Satisfaction«, »Heart of Stone«, »Sweet Virginia«, »Can't You Hear

Me Knocking«, »Gimme Shelter« von Mick Jagger, Keith Richards, gespielt von The Rolling Stones; »The 'In' Crowd« von Billy Page, gespielt von (1.) Ramsey Lewis, (2.) Dobie Gray; »Compared to What« von Eugene McDaniels, gespielt von Les McCann, Eddie Harris; »Slippin' and Slidin'« von Richard Penniman, Albert Collins, James Smith, Edwin Bocage, gespielt von Little Richard; »Love Is Strange« Sylvia Robinson, Mickey Baker; »Love Is the Drug« von Bryan Ferry, Andrew Mackay, gespielt von Roxy Music; »Takes Two to Tango« von Al Hoffman, Dick Manning, gespielt von Ray Charles & Betty Carter; »How High the Moon« von Nancy Hamilton, Morgan Lewis, gespielt von Les Paul, Mary Ford; »I Ain't Superstitious« von Willie Dixon, gespielt von Jeff Beck; »Happy Birthday to You« Patty und Mildred Hill; »Unforgettable« von Irving Gordon, gespielt von Dinah Washington; »Stardust« von Hoagy Carmichael; »What a Difference a Day Makes« von Stanley Adams, Maria Grever, gespielt von Dinah Washington; »I'll Take You There« von Alvertis Isbell, gespielt von The Stapel Singers; »Love Me the Way I Love You« von Charles Tobias, gespielt von Jerry Vale; »Stella By Starlight« von Ned Washington, Victor Young, gespielt von Ray Charles; »Sweet Dreams« von Don Gibson, gespielt von Emmylou Harris; »Hurt« Jimmie Crane, Al Jacobs; »The Glory of Love« von Billy Hill, gespielt von The Velvetones; »Nights in White Satin« von Justin Howard, gespielt von The Moody Blues; »Walk on the Wild Side« von Elmer Bernstein, Mack David, gespielt von Jimmy Smith; »That's the Way I Like It« Harry Wayne Casey; »Venus« Edward H. Marshall; »Whip It« von Mark Mothersbaugh, Gerald Casale, gespielt von DEVO; »Get Your Own Way« von Lindsey Buckingham, gespielt von Fleetwood Mac; »The Thrill Is Gone« von Roy Hawkins, Rick Darnell, gespielt von B. B. King; »I Am Confessin' (That I Love You)« von Doc Dougherty, Al Neiburg, Ellis Reynolds, gespielt von Louis Prima, Keely Smith; »Who Can I Turn To (When Nobody Needs Me)« von Leslie Bricusse, Anthony Newley, gespielt von Tony Bennett; »The House of the Rising Sun« von Alan Price, gespielt von The Animals; »Matthäus-Passion« von J. S. Bach, gespielt vom Chicago Symphony Orchestra, Sir George Solti; »Sunrise« (aus 2001: A Space Odyssey), von Richard Strauss, gespielt vom Chicago Symphony Orchestra; »Flight of the Bumblebee« aus »Selections from The Heifetz CD«, »Theme De Camille« von George Delerue. – Pro-Des: Dante Ferretti. – A: Rick Simpson. – Ba: Jack G. Taylor Jr. – Ko: Rita Ryack, John Dunn. – Ma: Joanne Smith-Ojeil. – Frisuren: Paul LeBlanc. – SpE: The Effects House, N. Y., Matte World Digital. – D: Robert De Niro (Sam »Ace« Rothstein), Sharon Stone (Ginger McKenna), Joe Pesci (Nicky Santoro), James Woods (Lester Diamond), Ben Rickies (Billy Sherbert), Alan King (Andy Stone), Kevin Pollak (Phillip Green), L. Q. Jones (Pat Webb), Dick Smothers (Senator), Frank Vincent (Frank Marino), John Bloom (Don Ward), Pasquale Cajano (Remo Gaggi), Melissa Prophet (Jennifer Santoro), Bill Allison (John Nance), Vinny Vella (Artie Piscano), Oscar Goodman (er selbst), Catherine Scorsese (Piscanos Mutter), Phillip Suriano (Dominick Santoro), Erika von Tagen (Amy), Frankie Avalon, Steve Allen, Jayne Meadows, Jerry Vale (sie selbst), Joseph Rigano (Vincent Borelli), Gene Ruffini (Vinny Forlano), Dominick Grieco (Americo Capelli), Richard Amalfitano, Richard F. Strafella (Kasinobesucher), Casper Molee, David Leavitt (Kasinoangestellte), Peter Conti (Arthur Capp), Catherine Scorsese (Piscanos Tochter), Rick Crachy (terrorisierter Kartengeber), Larry E. Nadler (Lucky Larry), Salvatore Petrillo (Capo), Joey De Pinto (erstochener Spieler), Heidi Keller (blonde Frau in der Bar), Millicent Sheridan (Prostituierte), Nobu Matsuhisa (Ichikawa), Toru Nagai (Ichikawas Partner), Barbara Spanjers (Kartenverkäuferin), Dom Angels, Frankie Allison (Kasinoangestellte), Joe Molinaro (Schichtleiter), Ali Pirouzkar (High Roller/Angeber), Jeff Scott Anderson, Frank Washke Jr. (Parkplatzwächter), Jennifer M. Abbott (Kassiererin), Christian A. Azzinaro (der siebenjährige Nicky), Robert C. Tetzlaff (Zollbeamter), Anthony Russell (Buchmacher), Carol Wilson (unterrichtende Nonne), Joe Lacoco (Bob Johnson), John Manca (Eddy), Ronald Maccone (Jerry), Buck Stephens (Kasinobankier), Joseph Reidy (Gewinner), Fred Smith, Sonny D'Angelo, Greg Anderson (Sicherheitsbeamte), Stuart Nisbet (L. A. Bankier), Tommy De Vito (betrügerischer Kartengeber), Frank Adonis (Rokky), Joseph Bono (Moosh), Craig Vincent (Cowboy), Daniel P. Conte (Dr. Dan), Paul Dottore (Slim), Richard T. Smith (Sicherheitsbeamter/Cowboy), David Rose (David), Jonathan Kraft (Jonathan), Michael McKensie Pratt (Show-Inspizient), Patti James, Ruth Gillis, Carol Cardwell (Frauen im Country Club), Dean Casper (älterer Mann), Nan Brennan, Karyn Amalfitano, C. C. Carr (Frauen), Dave Varriale (flirtender Geschäftsmann), Carol Krolick (ohrfeigende Frau), Frank Regich (geohrfeigter Mann), Herb Schwartz, Gino Bertin (Geschäftsführer), Max Raven (Bernie Blue), Clem Caserta (Sal Fusco), Jed Mills (Jack Hardy), Janet Denti (Vorzimmerdame), Cameron Milzer (Sekretärin), Leain Vashon (Gepäckträger), Jim Morgan Williams (Spielmacher), Brian Le Baron (Parkplatzwächter), Mortiki Yerushalmi (Besitzer des Juwelenladens), Mufid M. Khoury, Khosrow Abrishami (Juweliere), Richard Riehle (Charlie Clark), Mike Maines, Bobby Hitt (Polizisten im Restaurant), Shellee Renee (Tänzerin im Parking Lot), Alfred Mitolli (belästigter Spieler), Carl Ciarfalio (Tony Dogs), Jack R. Orend (Bäcker), Linda Perri (Aces Sekretärin), F. Le Coque (Anna Scott), J. Charles Thompson (Richter), Michael Paskevich, Mike Weatherford, Eric Randall (Reporter am Flughafen), Gwen Castaldi (Reporter), Mike Bradley, David Courvoisier (TV Newsmen), George Comando (Piscanos Schwager), Andy Jarrell (Bell), Paige Novodor (Female Newcaster Nachrichtensprecherin), Claudia Haro (Trudy), Sasha Semenoff (Orchesterchef), Gil Bova (Jongleur), George W. Allf (FBI Agent), Madeline Parquegte (Kartengeberin beim Black Jack), Mitch Kolpan, Csaba Maczala (Polizisten), Randy Sutton, Jeff Corbin (Polizisten in Aces Haus), Sly Smith, Joe Anastasi, F. Marcus Casper (FBI Agenten), Jeffrey Azzinaro (der zehnjährige Nicky), Richard Wagner (FBI Agent), Carrie Cipollini (Piscanos Frau), Loren Stevens, Gary C. Rainey (Polizisten bei der Razzia), David Acerio (FBI Agent), Haven Earle Haley (Richter), Sam Wilson (Krankenwagenfahrer), Michael Toney (Fat Sally). – P: Syalis, Legende, Cappa für Universal Pictures. – Pd: Barbara De Fina. – Associate Producer: Joseph Reidy. – Pl: Georgia Kacandes. – F: 35 mm, Farbe (Technicolor), Dolby-Stereo. – OL: 178 Min. – V: UIP.

1997 KUNDUN. – B: Melissa Mathison. – K: Roger Deakins. – Sch: Thelma Schoonmaker. – M: Philip Glass. – Pro-Des: Dante Ferretti. – A: Dante Ferretti. – Ko: Dante Ferretti. – Casting Director: Ellen Lewis. – D: Tenzin Thuthob Tsarong (der erwachsene Dalai Lama), Gyurme Tethong (der 12jährige Dalai Lama), Tulku Jamyang Kunga Tenzin (der 5jährige Dalai Lama), Tenzin Yeshi Paichang (der 2jährige, der als Reinkarnation Buddhas erkannt wird; der später der Dalai Lama sein wird), Tencho Gyalpo (die Mutter des Dalai Lama), Tsewang Migyur Khangsar (der Vater des Dalai Lama), Lobsang Samten (Küchenmeister), Tenzin Trinley (Ling Rinpoche, der Lehrer), Gyatso Lukhang (Lord Chamberlain), Sonam Phuntsok (Reting Rinpoche), Tsewang Jigme Tsarong (Taktra Rinpoche). – P: Cappa / De Fina. – Pd: Barbara De Fina. – Co-Pd: Melissa Mathison. – EP: Laura Fattori. Gedreht in Marocco. – F: 35 mm, Farbe (Technicolor), Dolby-Stereo. – U: New York, 11. Dezember 1997. Kinostart: 25. 12. 1997. – DE: 26. Februar 1998. – V: Touchstone Pictures / Kinowelt Filmverleih.

Sonstige Filmarbeiten (Auswahl):

1968 OBSESSION. Besessen – Das Loch in der Wand. – R: Pim de la Parra. – B: Martin Scorsese mit Pim de la Parra und Wim Verstappen.

1968 THE HONEYMOON KILLERS. Honeymoon Killers. – R: Leonard Kastle. – preproduction: Martin Scorsese (nach einer Woche Drehzeit durch Leonard Kastle ersetzt).

1969 WOODSTOCK. Woodstock. – R: Michael Wadleigh. – R-Ass: (ungenannt) Martin Scorsese. – Sch-Ü: Martin Scorsese.

1971 MEDICINE BALL CARAVAN. (in England: We have come for your daughters). – R: Francoise Reichenbach. – Postproduction Associate, Sch-Ü: Martin Scorsese.

1971 MINNIE AND MOSKOWITZ. Minnie und Moskowitz. – R: John Cassavetes. – (ungenannte Mitarbeit von Martin Scorsese bei Schnitt und Toneffekten).

1972 ELVIS ON TOUR. Elvis on Tour. – R: Pierre Adidge, Robert Abel. – Montage Supervisor: Martin Scorsese (Scorsese distanziert sich von der fertigen Schnittfassung).

1973 UNHOLY ROLLERS. – R: Vernon Zimmerman. – Sch-Ü: Martin Scorsese.

1976 CANNONBALL/CARQUAKE. Cannonball. – R: Paul Bartel. – D: Martin Scorsese (Gastrolle als Mafioso).

1977 MOVIES ARE MY LIFE. Die Straßen von New York, die Kirche und das Kino. – R: Peter Hayden. – Dokumentation über Martin Scorsese.

1978 ROGER CORMAN: HOLLYWOOD'S WILDE ANGEL. Frisches Blut für Hollywood. – R: Christian Blackwood. – Dokumentation über Roger Corman (Interview mit Scorsese über Corman und die Arbeit an BOXCAR BERTHA).

1980 IL PAP'OCCHIO. TELE VATICANO – Das Auge des Papstes. – R: Renzo Arbore. – D: Martin Scorsese (Gastrolle als Fernsehregisseur).

1983 PAVLOVA – A WOMAN FOR ALL TIME/ANNA PAVLOVA. – R: Emil Lotianou. – D: Martin Scorsese (Gastrolle als Direktor der Metropolitan Opera).

1985/85 'ROUND MIDNIGHT. Um Mitternacht. – R: Bertrand Tavernier. – D: Martin Scorsese (Gastrolle als Besitzer des Birdland).

1988/89 HOLLYWOOD MAVERICKS. Hollywood Mavericks (Dokumentarfilm). – R: Todd McCarthy, M. H. Wilson. – Mitwirkender: Martin Scorsese

1990 THE GRIFTERS. Grifters. – R: Stephen Frears. – Pd: Martin Scorsese, Robert Harris, James Painten.

1990 KONNA YUME WO MITA/AKIRA KUROSAWA'S DREAMS. Träume. – R: Akira Kurosawa. – D: Martin Scorsese (Van Gogh).

1993 MAD DOG AND GLORY. Sein Name ist Mad Dog. – R: John McNaughton. – Pd: Barbara De Fina, Martin Scorsese.

1995 SEARCH AND DESTROY. The Moviemaker. – R: David Salle. – D: Martin Scorsese (Steuerbeamter).

1995 CLOCKERS. Clockers. R: Spike Lee. – Pd: Martin Scorsese, Spike Lee, Jon Kilik.

Die Filmographie wurde zusammengestellt von Arne Zimmermann mit freundlicher Unterstützung von Rüdiger Koschnitzki.
Quellen: Filmographie von Frank Arnold in *Martin Scorsese*. München, Wien 1986; *Sight and Sound*, London; *Lexikon des Internationalen Films* (CD-ROM, München 1997); Kinowelt Filmverleih; Touchstone Pictures; Archiv des Deutschen Instituts für Filmkunde, Frankfurt am Main).

Filmtitelregister

Auswahlbibliographie – Monographien

Frank Arnold, Peter W. Jansen, Christa Maerker, Hans Günther Pflaum, Hans-Dieter Rusche: *Martin Scorsese.* München 1986.

Gian Carlo Bertolina: *Martin Scorsese.* Firenze 1981.

Michael Bliss: *Martin Scorsese and Michael Cimino.* Metuchen, N.J. 1985.

Edoardo Bruno: *Martin Scorsese.* Roma 1992.

Gustavo Cabrera/Alberto Farina: *De Palma, Scorsese en el nuevo cine americano.* o.O. 1985.

Michel Cieutat: *Martin Scorsese.* Paris 1986.

Marie K. Connelly: *The films of Martin Scorsese: a critical study.* Ann Arbor, Mich. 1991 (Diss.)

dies.: *Martin Scorsese: an analysis of his feature films, with a filmography of his entire directional career.* Jefferson, N.C. 1993.

Jean-Philippe Domecq: *Martin Scorsese. Un rêve italo-américain.* Rennes 1986.

Robert Ebert/Gene Siskel: *The future of the movies: interviews with Martin Scorsese, Steven Spielberg and George Lucas.* Kansas City 1991.

David Ehrenstein: *The Scorsese Picture. The Art and Life of Martin Scorsese.* New York 1992.

Kenneth R. Von Gunden: *Five postmodern auteurs: Coppola, Lucas, DePalma, Spielberg, Scorsese.* Ann Arbor, Mich. 1989 (Diss.).

Diane Jacobs: *Hollywood Renaissance: Altman, Cassavetes, Coppola, Mazursky, Scorsese and others.* New York 1977.

Steven G. Kellman (Hg.): *Perspectives on* RAGING BULL. New York 1994.

Mary P. Kelly: *Martin Scorsese: The first decade.* Pleasantville, N.Y. 1980.

dies.: *Martin Scorsese: a journey.* New York 1991.

Les Keyser: *Martin Scorsese.* New York 1992.

Robin Standefer (Hg.): THE AGE OF INNOCENCE: *Ein Portrait des Films nach dem Roman von Edith Wharton.* Bergisch Gladbach 1993.

Lesley Stern: *The Scorsese Connection.* London, Bloomington, Indiana 1995.

Bella Taylor: *Martin Scorsese.* Metuchen, N.J. 1981.

Marion Weiss: *Martin Scorsese: a guide to references and resources.* Boston 1987.

Lina Wertmüller: *Martin Scorsese.* Zürich 1986.

Wirbel um Martin Scorseses Film DIE LETZTE VERSUCHUNG CHRISTI. epd, Frankfurt a. M. 1989.

Zu den Herausgebern

David Thompson

Nach seinem Abbschluß auf der University of Cambridge arbeitete David Thompson im Filmverleih und als Programmgestalter (im Electric Cinema in der Londoner Portobello Road), bevor er 1983 beim BBC-Fernsehen für das Filmprogramm verantwortlich wurde. Nach der ›Film Club‹-Serie produzierte und inszenierte er zahlreiche Dokumentationen zu Kinothemen, unter anderem über Roberto Rossellini, Peter Greenaway, Michael Powell, Jean Renoir, Josef von Sternberg und Quentin Tarantino. Er stellte auch Programm-Schwerpunkte für das National Film Theatre zusammen, arbeite als freier Journalist für *Time Out* und *Sight and Sound* und war Herausgeber von *Levinson on Levinson* und Mitherausgeber von *Jean Renoir: Letters*.

Ian Christie

Ian Christie gehört zum Kollegium des Magdalen College und ist Lehrbeauftragter für Film an der Oxford University und zugleich Mitherausgeber von *Sight and Sound*. Zuvor war er Leiter der Verleih-Abteilung und zuständig für Special Projects am British Film Institute, für das er eine BBC-Serie, THE LAST MACHINE, über das frühe Kino schrieb und mit Terry Gilliam koproduzierte. Er hält regelmäßig Vorlesungen und macht Sendungen über Kinogeschichte. Zu seinen Veröffentlichungen gehören *Arrows of Desire: The Films of Michael Powell and Emeric Pressburger* und *Eisenstein Rediscovered*.